O CÓDIGO DOS CRIADORES

O CÓDIGO DOS CRIADORES

AS SEIS HABILIDADES ESSENCIAIS DOS GRANDES EMPREENDEDORES

AMY WILKINSON

Copyright © 2016 HSM do Brasil S.A. para a presente edição
Original work copyright © 2015 Amy Wilkinson

Coordenação de produção: Alexandre Braga
Tradução: Bruno Alexander
Preparação de texto: Lizandra M. Almeida
Revisão: Hed Ferri e Virgínia Vicari
Capa e diagramação: Carolina Palharini

Todos os direitos reservados. Nenhum trecho desta obra pode ser reproduzido — por qualquer forma ou meio, mecânico ou eletrônico, fotocópia, gravação etc. —, nem estocado ou apropriado em sistema de imagens sem a expressa autorização da HSM do Brasil.

1ª edição

Dados Internacionais de Catalogação na Publicação (CIP)
Angélica Ilacqua CRB-8/7057

    Wilkinson, Amy
       O código dos criadores : as seis habilidades essenciais dos grandes empreendedores / Amy Wilkinson ; tradução de Bruno Alexander. — São Paulo : HSM do Brasil, 2016.
       240 p.

    Bibliografia
    ISBN: 978-85-67389-68-4
    Título original: The creator's code: The Six Essential Skills of Extraordinary Entrepreneurs

1. Empreendedorismo 2. Liderança 3. Capacidade executiva I. Título II. Alexander, Bruno

16-0413   CDD 658.421

Índices para catálogo sistemático:

1. Empreendedorismo

Alameda Tocantins, 125 — 34º andar
Barueri-SP. 06455-020
Vendas Corporativas: (11) 4689-6494

Dedicado às coisas que não aconteceram ainda
e aos sonhadores que as tornarão realidade

Sumário

INTRODUÇÃO: **Decifrando o código**   **9**

CAPÍTULO 1: **Encontrar a lacuna**   **23**

CAPÍTULO 2: **Orientar-se para a frente**   **57**

CAPÍTULO 3: **Dominar o ciclo OODA**   **81**

CAPÍTULO 4: **Falhar com inteligência**   **107**

CAPÍTULO 5: **Unir esforços intelectuais**   **139**

CAPÍTULO 6: **Oferecer pequenos gestos de bondade**   **175**

CONCLUSÃO: **O poder dos seis**   **195**

AGRADECIMENTOS   **201**

APÊNDICE   **205**

METODOLOGIA DE PESQUISA   **205**

REFERÊNCIAS   **209**

ÍNDICE REMISSIVO   **227**

INTRODUÇÃO

Decifrando o código

Kevin Plank foi expulso do ensino médio e transferido para uma academia militar, vendo seu sonhosde jogar futebol americano praticamente desvanecer ao não ser recrutado por nenhuma universidade da National Collegiate Athletic Association. Em 1991, porém, cavou uma posição no time da University of Maryland, jogando como *fullback* secundário.

Plank esforçava-se em campo mais do que os outros. Era o jeito. Às cotoveladas, abaixava a cabeça e arremessava-se contra os adversários. Eric Ogbogu, um homem de defesa de Maryland, com 1,95 m e 110 kg, futuro integrante do New York Jets, do Cincinnati Bengals e do Dallas Cowboys, conta que ele sofreu apenas uma concussão ao longo de sua carreira universitária, elogiando o baixinho Plank, com 1,55 m e 103 kg.

Plank suava a camisa, literalmente. Um dia, resolveu pesar a camiseta de algodão, empapada de suor, que usava por baixo do uniforme e descobriu que ela acrescentava quase um quilo e meio a seu peso total. Menor e menos atlético do que seus companheiros de divisão, ele não poderia se dar ao luxo de perder velocidade por causa da vestimenta. Será que uma camiseta menos absorvente não lhe daria uma vantagem?

Plank descobriu uma loja de tecidos perto do campus de Maryland e explicou o que desejava. Informaram-lhe que os tecidos de fibras sintéticas absorvem menos suor do que os de algodão. Resolvido. Plank comprou uma peça de microfibra elástica, procurou um alfaiate e mandou fazer uma nova camiseta. A brincadeira custou-lhe US$ 450, mas, sete protótipos depois, ele conseguiu o que queria: uma camiseta confortável, que pesava somente 85 g seca e 200 g molhada.

Plank deu uma para cada jogador. Depois do jogo seguinte, todos vibravam com a novidade.

"O que quase ninguém sabe é que, por baixo daquele uniforme pesado da Under Armour, os brutamontes do futebol americano estão usando o mesmo material da lingerie feminina", disse Plank, com um sorriso.

Depois de se formar, Plank pegou seu Ford Bronco e se dirigiu ao Garment District de Nova York em busca de um fornecedor de tecido. Encontrou uma pequena fábrica em Ohio disposta a produzir as camisetas. Convocou, então, os gerentes de lojas de produtos esportivos da Atlantic Coast Conference (a liga atlética de Maryland na época) e foi de vestiário em vestiário entregando amostras de suas camisetas antiumidade. Sediado no porão da casa de sua avó, em Washington, D.C., Plank, junto com um amigo, Kip Fulks, passava vinte horas por dia na batalha, correndo atrás de pessoas interessadas e empacotando os pedidos.

"Não foi fácil", contou-me Plank, "mas jamais achei que não fosse possível." Mesmo depois de torrar US$ 17 mil, todo o dinheiro que tinha guardado, e acumular uma dívida de US$ 40 mil no cartão de crédito, Plank não se deu por satisfeito. Quando os representantes da Nike rejeitaram seu produto nas feiras comerciais, Plank decidiu enviar um cartão de Natal para o cofundador da Nike, Phil Knight, com a mensagem: "Você ainda não ouviu falar de nós, mas ouvirá".

Logo começaram a chegar encomendas. Plank fez sua primeira grande venda para o Georgia Institute of Technology e, em seguida, para a University of North Carolina. Quando o pessoal do Atlanta Falcons ligou perguntando se ele vendia camisetas de manga comprida, Plank não titubeou: "Claro". Agora precisava descobrir como. Os jogadores de beisebol, lacrosse e rúgbi passaram a cobiçar o uniforme da Under Armour. Pouco tempo depois, uma empresa fundada por um jogador de futebol americano para jogadores de futebol americano começou a atender até o mercado feminino. Atualmente, a Under Armour é uma marca global, avaliada em US$ 2,9 bilhões.

Plank não é especialista em tecidos, fabricação de roupas ou varejo. Nunca jogou na National Football League, a liga norte-americana de futebol. Não tem um diploma de uma universidade da Ivy League. Plank é um criador que decifrou o código do criador.

"O que define nossa marca é essa mentalidade de que não há nada capaz de me deter, não há nada que possa me impedir de alcançar o sucesso", disse Plank, enquanto caminhávamos pelo campus da Under Armour, em uma região arenosa de Baltimore.

O caminho para a lucratividade miojo

Em 2007, do outro lado dos Estados Unidos, Joe Gebbia recebeu uma carta do proprietário de seu apartamento em São Francisco: "Prezado Joe, venho, por meio desta, avisar que o aluguel subiu 25%". Gebbia e seu companheiro de quarto, Brian Chesky, ficaram sem saber como arcariam com o aumento.

Recém-formados pela Rhode Island School of Design, os dois planejavam participar do seminário da Industrial Designers Society of America que aconteceria aquela semana. Navegando pelo site dos organizadores, depararam com uma notícia: "Lamentamos informar, mas todos os hotéis de São Francisco estão lotados. Não há mais quarto disponível". Gebbia e Chesky olharam em volta e chegaram à conclusão de que tinham espaço no quarto, só não tinham mais camas. "Eu tenho um colchão inflável no armário", exclamou Gebbia.

Foi a inspiração. Os rapazes encheram o colchão inflável que tinham e conseguiram mais dois emprestados, pensando no que poderiam oferecer aos clientes. E se eles fossem pegá-los no aeroporto? Por que não deixar um agradinho sobre o travesseiro? Eles poderiam também preparar o café da manhã. Daí surgiu o nome. Não seria um serviço de *bed-and-breakfast*, mas sim de *airbed-and--breakfast*[1]. Nascia a Airbnb.

"Foi um prazer receber Kat, Emil e Michael naquele fim de semana inaugural", disse Gebbia, lembrando-se das três primeiras pessoas que se hospedaram em sua "pousada de colchões infláveis". A experiência positiva, o dinheiro extra e a conexão com os hóspedes deram o que pensar: e se eles incentivassem mais pessoas a alugar o próprio apartamento por temporada?

A dupla convidou o programador Nathan Blecharczyk para ajudá-los a desenvolver o site da Airbnb. Público-alvo: pessoas que participam de seminários.

No início, o negócio rendia apenas US$ 200 por semana, mas o aperto fez com que eles se tornassem mais frugais e criativos. Durante a campanha presidencial de 2008, os designers criaram uma edição limitada de caixas de cereais matinais, que batizaram de "'O' de Obama – Esperança em cada tigela" e "Capitão McCain – Um dissidente a cada colherada". A princípio, os cereais foram oferecidos para blogueiros, como ferramenta de divulgação, mas depois passaram a ser vendidos por US$ 40 a caixa. O produto esgotou, gerando uma receita de US$ 25 mil, o que salvou a Airbnb. "Foi algo totalmente contrário aos manuais de estratégia de como iniciar uma empresa", disse Gebbia, com uma risada.

A Airbnb atingiu a lucratividade miojo em 2010. "Aquele momento em que você está ganhando o suficiente para pagar o alu-

---

1. N.T.: Bed-and-breakfast (bnb), literalmente "cama e café da manhã". Airbed-and-breakfast, colchão inflável e café da manhã.

Introdução: Decifrando o código

guel e comer macarrão instantâneo. Se você conseguir chegar a esse ponto, tem um caminho ilimitado à sua frente."

Em uma única noite, mais de 200 mil pessoas em 34 mil cidades de 192 países hospedam-se pela Airbnb. A título de comparação, o Hilton tem, no mundo inteiro, 600 mil quartos disponíveis. Em abril de 2014, pouco tempo depois de meu encontro com Gebbia (que trajava blusão de moletom, óculos fundo de garrafa e tênis vermelhos) na sede da Airbnb em São Francisco, a empresa já havia faturado US$ 450 milhões em capital adicional. A análise que assegurou o investimento catapultou a companhia, avaliada em US$ 10 bilhões, tornando-a uma das startups mais valiosas do mundo.

Sonhadores que concretizam seus sonhos

Brian Chesky, Joe Gebbia e Nathan Blecharczyk descobriram uma forma de alugar espaço por meio da tecnologia, criando uma empresa que resolveria não apenas seu problema particular – o alto custo da moradia –, mas também possibilitaria que outras pessoas participassem da solução. E a empresa deles cresceu, exatamente como a Under Armour.

Abrir uma empresa de economia compartilhada não estava na moda. Nenhum capitalista de risco afirmou que financiaria "a ideia maluca" de alugar camas e quartos extras para desconhecidos. A ideia dos fundadores da Airbnb foi um tiro no escuro. Será?

Chesky, Gebbia e Blecharczyk são como muitas pessoas. Encontraram um conceito de negócios em que acreditavam. Nada impressionante, mas com forte apelo. A ideia prometia, mas podia não dar certo. Eles decidiram seguir em frente. "Mesmo com toda a lógica nos dizendo para desistir, havia algo dentro de nós, uma força, que não podíamos ignorar", explicou Gebbia.

Cada um de nós tem essa capacidade de identificar oportunidades, desenvolver produtos e construir negócios – às vezes negócios milionários. Podemos influenciar o futuro. Podemos criar.

O código dos criadores

Uma nova geração de sonhadores está fazendo justamente isso – transformando ideias comuns em empreendimentos extraordinários. Esses homens e mulheres, definidos pelo domínio das seis habilidades essenciais descritas neste livro, decifraram o código do criador, provando que um pouquinho de ousadia e disciplina pode gerar grandes resultados e que o empreendedorismo é para todo mundo.

Os criadores não se esforçam para serem os primeiros, como fazem os melhores alunos da turma. Eles procuram ser únicos – os únicos a detectar uma necessidade, descobrir um novo uso para uma tecnologia existente ou divisar uma solução original. A curiosidade suplanta as credenciais.

No passado, utilizávamos abordagens "industriais" em relação aos negócios e à educação. O método antigo consistia em resolver uma equação e reproduzir a solução. Esse tipo de pensamento linear favorece os processos padronizados, mas os criadores, cientes de que não existe uma fórmula para o sucesso no tumulto da economia atual, inventam novos caminhos.

Um criador não precisa de MBA, milhões de dólares, um *timing* perfeito ou autorização. Não carece de anos de experiência. Peter Thiel, Max Levchin e Elon Musk, criadores da gigante PayPal, não eram banqueiros. Steve Chen, Chad Hurley e Jawed Karim, fundadores do YouTube, não eram especialistas em vídeos. Hamdi Ulukaya, responsável pela Chobani, marca de iogurte tipo grego, líder nos Estados Unidos, jamais havia pisado em uma fábrica. Sara Blakely, criadora da Spanx, um negócio bilionário de roupas íntimas modeladoras, começou como vendedora porta a porta de aparelhos de fax.

Os criadores descobrem o que os motiva e depois coadunam esforço com um senso de missão que transcende o desejo material. "Com certeza, nossa paixão não se restringe a tacos e burritos. Quero mudar a forma de comer fast-food", declarou Steve Ellis, fundador da rede de restaurantes Chipotle. "Habitar Marte é tão importante quanto foi o processo de evolução da vida dos oceanos para a terra", disse-me Elon Musk, fundador da SpaceX, empresa americana de transporte espacial. "Não há nada garantido", observou Alex Laskey, cofundador da Opower, companhia de softwares para poupar energia. "Podemos fracassar tentando fazer algo importante."

Neste livro, você verá como os grandes empreendedores de hoje alcançam resultados significativos. Entenderá por que Reid Hoffman, cofundador da rede social de negócios LinkedIn, diz que "precisamos nos jogar de um penhasco e montar um avião durante a queda. Os bons empreendedores dão muita importância ao tempo, pois sabem que, a cada segundo, estamos mais próximos do solo. A ideia toda é construir uma aeronave autossustentável". Conhecerá a história de Robin Chase, cofundadora da Zipcar, que começou como mãe quarentona de três filhos e se tornou uma das maiores empresas de compartilhamento de veículos dos Estados Unidos, com "carros na hora que você quiser". E descobrirá por que Jeremy Stoppelman, cofundador da Yelp, do site de resenhas sobre estabelecimentos comerciais, não esperava que sua primeira tentativa fosse vingar. "Eu estava buscando apenas um vislumbre de dado inusitado para explorar", conta.

Como essas pessoas estão mudando nossa forma de viver? Que ferramentas, características, práticas e hábitos os ajudaram a ter sucesso? Para responder a essas perguntas é que escrevi este livro.

O próximo Steve Jobs

Elizabeth Holmes deixou a Stanford University aos 19 anos para abrir uma empresa. Fascinada por microfluidos e nanotecnologia, idealizou uma forma de revolucionar os testes de laboratório, tornando-os mais rápidos, menos dolorosos e mais precisos. Hoje em dia, a Theranos, companhia que ela fundou, está abalando a indústria de testes de diagnóstico, pelo aumento da velocidade e qualidade do serviço, a custos reduzidos. No futuro, a ideia é acelerar os tratamentos médicos, prevenindo doenças ao detectá-las precocemente.

"Quando alguém que amamos fica doente, nada é mais importante para nós. O problema é que só descobrimos os tumores em estágio avançado, quando eles já se espalharam. É de cortar o coração", disse Holmes. "Não acho que precise ser assim."

Holmes abriu a Theranos em 2003, usando o dinheiro da mensalidade como capital. Trabalhava no subsolo de um prédio de dormitórios universitários, onde criou um aparelho, pequeno, mas sofisticado, capaz de tirar algumas gotas de sangue com uma simples espetada no dedo e armazenar o sangue em um "nanocontainer". Mas a verdadeira inovação veio em seguida. "Tínhamos de desenvolver exames ou metodologias de teste que acelerassem os resultados", disse-me Holmes. "O método tradicional nos casos de vírus ou bactéria é utilizar uma cultura. Nós medimos o DNA de um patógeno, conseguindo resultados muito mais rápidos."

No outono de 2013, Holmes anunciou uma parceria com a Walgreens, o que colocaria a Theranos em mais de 8,2 mil pontos no país inteiro. Em vez de marcar uma consulta com um médico para tirar sangue e esperar dias pelo resultado, os pacientes podem ir à farmácia do bairro e solicitar que os resultados sejam entregues eletronicamente ao médico no mesmo dia. O serviço custa menos da metade do reembolso dos planos de saúde para testes de laboratório. Além disso, são apresentados em gráficos digitais de fácil compreensão, que os médicos e pacientes podem acessar, sem qualquer dificuldade, no computador ou no smartphone.

Apesar da crescente contribuição da Theranos para o serviço de saúde norte-americano, Holmes não se dá por satisfeita. "Meu sonho é fornecer informações a médicos e pacientes em tempo de fazer alguma coisa para possibilitar a prevenção", disse. "Não há nada que eu deseje mais do que isso."

As seis habilidades essenciais

Como uma pessoa que abandonou a faculdade pode desenvolver uma tecnologia capaz de revolucionar a área médica? Como

Introdução: Decifrando o código

dois designers de São Francisco, sem dinheiro, conseguiram criar um negócio inovador de economia compartilhada? O que faz com que um jogador de futebol americano da University of Maryland transforme seu problema com suor em uma marca esportiva conhecida no mundo inteiro? As histórias inusitadas desses criadores são surpreendentes só porque ninguém decifrou o código que explica como esses iconoclastas chegaram aonde chegaram.

Até agora.

O código dos criadores baseia-se em entrevistas com 200 empreendedores, cujas empresas faturam mais de US$ 100 milhões anuais ou cuja organização social atende a mais de 100 mil pessoas. Alguns desses criadores têm negócios que geram mais de US$ 1 bilhão todo ano.

Indo de uma ponta a outra do país, passei horas entrevistando criadores das áreas de tecnologia, varejo, energia, saúde, mídia, aplicativos, biotecnologia, imóveis, hotelaria e turismo, para entender sua maneira de pensar. Ao longo de minha pesquisa, presenciei muitos casos de indivíduos que transformaram pequenas ideias em grandes negócios.

Em uma avaliação dos criadores do sistema de armazenagem on-line Dropbox (faturamento anual: US$ 200 milhões), da rede de restaurantes mexicanos Chipotle (US$ 3,9 bilhões), da JetBlue (US$ 5,7 bilhões) e de uma série de outras empresas bem-sucedidas, cheguei à conclusão de que todos eles alcançaram o sucesso de uma forma bastante parecida.

Todos os criadores, sem exceção, descrevem seu trabalho como uma atividade que vai muito além das ambições financeiras. Eles querem fazer diferença no mundo, deixar um legado. "Essa geração de profissionais de tecnologia quer reunir pessoas para criar todo tipo de coisas interessantes", disse-me Pierre Omidyar, fundador do eBay. "É algo incrivelmente motivador, que cria um estágio de desenvolvimento humano que, em essência, é bastante novo."

Analisando quase 10 mil páginas de entrevistas transcritas e mais de 5 mil textos de arquivo e documentos, meu objetivo era compreender como os criadores, às vezes rebaixados à categoria

O código dos criadores

de sonhadores delirantes, além de superarem a concorrência, são capazes de reconfigurar toda uma indústria. Minha pesquisa se baseia no método da teoria fundamentada, amplamente utilizada em análise qualitativa. Todas as entrevistas foram gravadas, e as transcrições resultantes, esquadrinhadas e agrupadas em conceitos, de acordo com os atributos comuns codificados. Os resultados permitiram-me identificar as categorias que formam a base do desenvolvimento da teoria das seis habilidades essenciais que possibilitam o sucesso de todo e qualquer criador.

Para testar e respaldar minhas conclusões, mergulhei na literatura relativa ao assunto nas áreas de comportamento organizacional, psicologia, sociologia, empreendedorismo, economia, estratégia, teoria da decisão e criatividade. Revisei mais de 4 mil páginas de pesquisa acadêmica, examinei centenas de estudos e experimentos e consultei eminentes pesquisadores. (Para saber mais a respeito de minha metodologia de pesquisa, ver apêndice.)

Foi uma odisseia de cinco anos que me levou às seis habilidades que fazem os criadores alcançarem o sucesso.

Os criadores não nascem com uma capacidade inata de criar e construir negócios de US$ 100 milhões. Eles a desenvolvem. Verifiquei que todos eles enxergam o ato de criação de uma forma muito parecida. As habilidades responsáveis por seu sucesso podem ser aprendidas, praticadas e transmitidas. Cada uma delas é um capítulo deste livro:

1. Encontrar a lacuna

Ficando alerta, um criador detecta oportunidades onde os outros não veem nada. O segredo é manter os olhos abertos em busca de um potencial inesperado, uma lacuna a preencher ou uma necessidade não atendida. Os criadores costumam usar uma das três técnicas seguintes: transplantar ideias de uma área para outra, traçar um novo caminho ou combinar conceitos discrepantes. Caracterizo os criadores que dominam essas abordagens como Polinizadores, Arquitetos ou Integradores.

Introdução: Decifrando o código

2. Orientar-se para a frente

Assim como os pilotos de corrida mantêm os olhos fixos na estrada à sua frente, os criadores focam no futuro, cientes de que seus olhos vão primeiro. Eles são velozes demais para movimentar-se com base nas delimitações de pista ou na posição de seus concorrentes. A saída é olhar para o horizonte, prestar atenção aos lados e evitar a nostalgia. Só assim serão capazes de estabelecer o ritmo em um mercado sempre acelerado.

3. Dominar o ciclo OODA

Os criadores estão sempre revendo suas premissas. Em rápida sucessão, eles observam, orientam, decidem e agem. Como o lendário piloto de caça John Boyd, idealizador do "ciclo OODA", os criadores se movem com agilidade de uma decisão para outra. Dominam a rápida iteração do ciclo e sobrepujam os concorrentes menos ágeis.

4. Falhar com inteligência

Os criadores entendem que ter uma série de pequenos fracassos é essencial para evitar erros catastróficos. Ao longo da prática para dominar essa habilidade, eles determinam um "índice de fracasso", fazem pequenas apostas para testar suas ideias e desenvolvem a resiliência. Ou seja, aprimoram a habilidade de transformar vicissitudes em sucesso.

5. Unir esforços intelectuais

Para resolver problemas multifacetados, os criadores reúnem a capacidade intelectual de diversos indivíduos por meio de fóruns on-line e off-line, lançando mão da diversidade cognitiva para ampliar as ideias uns dos outros. De que maneira eles fazem isso? Criando espaços compartilhados, formando equipes-relâmpago, promovendo competições e desenvolvendo jogos relacionados ao trabalho. Os criadores contam com aliados insólitos.

6. Oferecer pequenos gestos de bondade
Os criadores desencadeiam a generosidade ajudando os outros, normalmente compartilhando informações, envolvendo-se na conclusão de uma tarefa ou abrindo novas oportunidades para os colegas. Ter pequenos gestos de bondade pode não parecer uma habilidade, mas é uma excelente maneira de fortalecer relacionamentos. Em um mundo cada vez mais transparente e interconectado, a generosidade resulta em produtividade.

As seis habilidades essenciais não são práticas isoladas, independentes. Cada habilidade reforça a próxima, criando sinergia e dinâmica. O diagrama abaixo mostra essa relação.

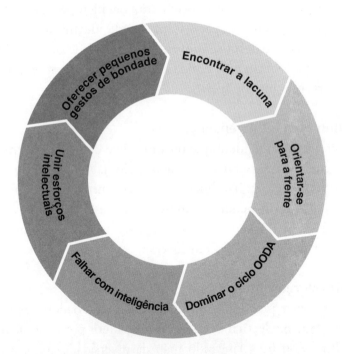

Não é necessária qualquer expertise ou diploma para dominar as seis habilidades. A capacidade de transformar ideias em negócios de sucesso está disponível para qualquer pessoa disposta a aprender e trabalhar. Embora cada um tenha seus pontos fortes e

Introdução: Decifrando o código

fracos, dependendo da habilidade, quanto mais as exercitarmos, mais seremos capazes de aproveitar as oportunidades.

Quando um criador reúne as seis habilidades, ocorre uma espécie de magnetismo: ele atrai aliados – funcionários, clientes, investidores e todo tipo de colaborador. Os clientes passam a divulgar o negócio. Os funcionários vestem a camisa da empresa. Os investidores oferecem um respaldo que transcende o retorno financeiro.

Nas páginas seguintes, você verá como um criador consegue ser bem-sucedido em qualquer iniciativa que empreender. Uma dica: os criadores se envolvem em trabalhos significativos com o objetivo de fazer a diferença. Para se tornar um deles, tudo o que você precisa é entender e praticar as seis habilidades essenciais.

CAPÍTULO 1

Encontrar a lacuna

Descobrir significa ver o que todo mundo já viu e pensar o que ninguém pensou.

| ALBERT SZENT-GYÖRGYI

Desde muito cedo, Elon Musk metralhava os pais com perguntas. Queria resposta para tudo. "Acho que já vim curioso", disse-me. Nascido em Pretória, na África do Sul, Musk devorava histórias em quadrinhos e livros de ficção-científica na juventude. Leu a enciclopédia de cabo a rabo. Amava computadores. Aos dez anos de idade, aprendeu a escrever código-fonte. Aos 12, já havia desenvolvido, com o irmão, Kimbal, um jogo de videogame ambientado no espaço, chamado Blaster. Com o livro *O guia do mochileiro das galáxias*, de Douglas Adams, aprendeu a questionar o pensamento convencional. Segundo o livro, o segredo é saber o que perguntar. Uma grande lição!

A curiosidade de Musk fortaleceu o desejo de mudar-se para os Estados Unidos. "É o país dos exploradores", disse. Primeiro, Musk foi para o Canadá, hospedando-se na casa de parentes. Para pagar a fa-

O código dos criadores

culdade, arrumou os empregos mais bizarros: carregou grãos, esvaziou caldeiras em uma serraria, foi responsável pela limpeza de materiais químicos, com direito a uniforme de segurança e tudo. Musk formou-se pela University of Pennsylvania, onde perguntava a professores, companheiros de turma, amigos e até namoradas: "Quais são as três coisas que terão maior impacto no futuro da humanidade?"

Em 1995, chegou à conclusão de que a internet era uma delas. "Com o advento da internet, é como se a humanidade adquirisse um sistema nervoso", disse. "Anteriormente, éramos como células que se conectam por osmose. Não passávamos de uma massa disforme. Mas com um sistema nervoso, as informações vão diretamente da ponta do dedo para o cérebro, que retorna o sinal para o dedo. A internet transforma a humanidade em uma espécie de superorganismo."

Musk decidiu fazer doutorado em Física Aplicada pela Stanford University, mas abandonou o curso dois dias depois. Decidido a explorar a lacuna entre o potencial da internet e sua forma de utilização na época, enviou um currículo para a America Online (AOL) – uma empresa em alta em meados da década de 1990 –, ligou diversas vezes para certificar-se de que haviam recebido o papel e chegou a aparecer no edifício da empresa, esperando que alguém falasse com ele. Ninguém falou.

Com um capital inicial de US$ 2 mil, ele e Kimbal inauguraram a Zip2, uma das primeiras empresas a colocar conteúdo on-line. Os dois alugaram um escritório e, para economizar, mobiliaram o local com futons, que usavam como sofá de dia e cama à noite. Tomavam banho na academia. "Vocês acham mesmo que vão conseguir substituir isso?", perguntou um potencial investidor, em tom irônico, exibindo uma cópia das Páginas Amarelas. Musk fez que sim com a cabeça e foi embora. Poucos meses depois, a Zip2 disponibilizava na internet mapas e conteúdo online para empresas de mídia como a New York Times Company e a Hearst Corporation. Quatro anos mais tarde, em 1999, a divisão AltaVista da Compaq comprou a Zip2 por mais de US$ 300 milhões.

Capítulo 1: Encontrar a lacuna

Agora com dinheiro na conta, Musk decidiu dedicar-se à questão dos cheques, que lhe pareciam uma forma difícil e antiquada de realizar pagamentos. As transações podiam levar semanas, entre o envio e a compensação do cheque. Para preencher essa lacuna, Musk lançou uma empresa de pagamentos on-line chamada X.com. Pouco tempo depois, a empresa se fundiu com a startup Confinity, dando origem à PayPal, adquirida pelo eBay em 2002 por US$ 1,5 bilhão. E era só o começo.

Musk fundaria ainda a SpaceX, a Tesla Motors e a SolarCity. O que podemos aprender com esse extraordinário criador? O que faz com que um sujeito como Musk consiga aproveitar toda oportunidade que lhe aparece pela frente?

Contatos, expertise, talento e recursos têm a sua importância, é verdade, mas muita gente com todos esses ingredientes não consegue realizar nada. E outros, com quase nada, realizam muito. E se eu lhe disser que a resposta envolve formas específicas de pensar e de enxergar o mundo? E que Musk, e outros como ele, têm uma sensibilidade e uma curiosidade que lhe permitem identificar necessidades não atendidas?

Este capítulo trata daquilo que diferencia os criadores, explicando por que eles são capazes de encontrar e preencher lacunas de tantas maneiras. Alguns desses criadores − que batizei de *Polinizadores* − transportam soluções bem-sucedidas de uma área para outra, geralmente com pequenas modificações. Os *Arquitetos* identificam espaços e oferecem o que está faltando. Detectam problemas e criam novos produtos e serviços para satisfazer essas necessidades. Misturando conceitos existentes para combinar abordagens díspares, os *Integradores* produzem resultados mesclados.

Embora nossa experiência nos leve a enxergar o mundo de um único jeito e escolher apenas uma dessas perspectivas, podemos aprender a identificar oportunidades de outras formas. Os criadores transitam entre padrões de descoberta com muita liberdade.

Polinizadores: de um domínio para o outro

"Observo um problema e penso: 'Não devemos focar em como lidaram com este problema em nossa área, mas ir a setores completamente diferentes e conhecer tecnologias capazes de resolvê-lo", disse o inventor Dean Kamen. Kamen criou, por exemplo, o Segway PT, um patinete computadorizado movido a bateria de lítio, a bomba de infusão AutoSyringue, um pequeno equipamento que possibilita a pacientes crônicos receber medicamentos intravenosos sem internação, e a iBOT, uma cadeira de rodas que permite ao usuário ficar na mesma altura das outras pessoas e subir escadas. "Encontro alguém que resolveu o problema em outro campo e faço uma pequena adaptação", explicou Kamen, acrescentando, com ironia: "De vez em quando funciona".

Kamen é o perfeito cientista maluco. Mora numa mansão hexagonal em Bedford, New Hampshire, onde guarda, entre outras excentricidades, um gigantesco motor a vapor que já pertenceu a Henry Ford. Kamen pilota o próprio helicóptero para ir ao trabalho todos os dias. O helicóptero serviu de inspiração para a criação de um stent coronário. A Baxter Healthcare, frustrada com os stents do mercado, encomendou a Kamen um modelo mais resistente. Kamen observou que as hélices do helicóptero são bastante resistentes e decidiu estudar sua função e o modo de fabricação para desenvolver o novo stent.

Kamen identifica soluções que funcionam em uma área e as adapta. Na criação do Segway PT, utilizou a tecnologia giroscópica da indústria aeroespacial para garantir a estabilidade. No caso da iBOT, implementou dois conjuntos de rodas capazes de girar uma sobre a outra, permitindo, como já dissemos, que os usuários subam escadas e cheguem a uma altura de 1,80 m. O braço robótico Luke Arm – nome dado em homenagem a Luke Skywalker, de *Guerra nas Estrelas* – possibilita quase todos os movimentos. A engenhoca foi projetada com 14 sensores, capazes de detectar temperatura e pressão, permitindo que os usuários abram uma porta trancada ou segurem uma garrafa de água.

Talvez sua maior invenção seja a FIRST (For Inspiration and Recognition of Science and Technology), uma empresa sem fins lucrativos que utilizou o manual de estratégia do mundo dos esportes para fazer com que o ensino da matemática e da ciência se tornasse interessante. "Tive essa epifania de criar um esporte de tecnologia e ciência que não se limitasse a chutes e arremessos", explicou Kamen. Com base no conceito esportivo de eliminatórias, ele idealizou um torneio de ciência e tecnologia de seis semanas, em que grupos de estudantes se enfrentam na criação de um robô, a partir dos mesmos componentes. "Se você quiser ver um time de verdade, eu lhe mostro um esporte de verdade", brincou Kamen. "O outro ponto positivo é que não importa se você pesa mais de 100 quilos, tem dois metros de altura ou é mulher. Todos podem jogar no mesmo time." Em 2014, mais de 400 mil estudantes participaram das competições da FIRST.

O que faz com que alguém seja um Polinizador? O primeiro critério, e o mais óbvio, é que os Polinizadores transportam um modelo que já existe para outra área, criando algo novo. Ou seja, eles deslocam e reformulam conceitos existentes, além de atualizar antigas ideias.

Por definição, a polinização é o transporte do grão de pólen da antera para o estigma, realizado por agentes polinizadores como o vento, a água ou animais. Um exemplo de animal polinizador é o beija-flor, que se alimenta de néctar e transfere o pólen de uma flor para outra.

Há uma forma simples de descrever como um criador Polinizador identifica oportunidades. Ele colhe conceitos funcionais, provando que a readaptação de ideias pode ser uma poderosa forma de descoberta. Os Polinizadores transportam soluções de um lugar para atender às necessidades de outro.

O CEO da Starbucks, Howard Schultz, por exemplo, não inventou os cafés que vendem expresso. Ele copiou a ideia. Mas teve o cuidado de adaptar o conceito para outro local e a sagacidade de escolher os Estados Unidos.

Em uma viagem de negócios para a Itália, Schultz ficou intrigado ao ver pessoas reunidas nos cafés locais, colocando o papo em dia enquanto degustavam um bom café. "Esses lugares ofereciam conforto, uma sensação de acolhimento, como se fossem uma extensão da nossa casa", disse. Era uma parte importante da cultura de cidades como Milão. Na época, se os norte-americanos tomassem café no dia a dia, provavelmente seria no jantar. Schultz identificou a tradição da cafeteria como "lugar neutro", ou seja, um lugar que não era nem o trabalho, nem a própria casa. Esse tipo de lugar estava faltando nos Estados Unidos. Schultz viu a oportunidade de transplantar uma ideia bem-sucedida.

Isso não significa que ele tenha acertado de cara. A Il Giornale foi sua primeira tentativa de abrir uma cafeteria nos Estados Unidos, reproduzindo fielmente a atmosfera dos cafés italianos, com garçons de gravata borboleta e ópera como música de fundo. Schultz percebeu logo que seus clientes de Seattle não curtiram e resolveu fazer uma adaptação: jazz e blues em vez de ópera, e bancos em frente ao balcão, para que os clientes não tivessem que tomar café em pé. O que motivou a reforma foi a constatação de que os americanos desejavam um ambiente em que pudessem se sentir à vontade para trabalhar no laptop enquanto bebericavam um café.

Os Polinizadores identificam um conceito funcional e procuram uma forma de implementá-lo em outro lugar, não sem antes examinar como e por que o conceito deu certo e o que poderá fazer com que ele dê certo novamente. Polinizadores como Schultz vivem se readaptando.

O café instantâneo Starbucks VIA surgiu de outra ação polinizadora. O processo utilizado para conservar o sabor encorpado dos grãos de café moídos deriva de uma tecnologia médica criada para conservar células sanguíneas. O biólogo Don Valencia ofereceu a Schultz uma xícara de café instantâneo feito a partir de um concentrado liofilizado que processara no laboratório. Quer dizer, Valencia desenvolvera uma tecnologia

Capítulo 1: Encontrar a lacuna

para liofilizar células sanguíneas e acabou descobrindo que o mesmo método se aplicava ao café. Empolgado com a descoberta, Schultz convidou Valencia para liderar a equipe de pesquisa e desenvolvimento da Starbucks. Já no primeiro ano, o Starbucks VIA conquistou 30% do mercado de café em cápsula nos Estados Unidos.

Quanto mais para longe os Polinizadores transportarem soluções, maior a probabilidade de resultados fantásticos. As lacunas podem ser estreitas, conduzindo a inovações graduais, ou amplas, levando a criações mais originais.

O poder da analogia

Para transportar conceitos que a maioria de nós não vê, os Polinizadores lançam mão do poder da analogia.

A analogia funciona em dois níveis: as analogias superficiais se baseiam em semelhanças, enquanto as analogias estruturais refletem elementos paralelos subjacentes.

Howard Schultz utilizou uma analogia superficial ao observar a cultura de cafés da Europa e trazê-la para os Estados Unidos. Quando investiu na tecnologia originalmente desenvolvida para a liofilização de células sanguíneas e criou o café instantâneo VIA, seguiu uma analogia estrutural.

As chances de sucesso de um Polinizador aumentam se os conceitos e aplicações em vista tiverem semelhanças estruturais. Gutenberg ficou famoso por criar a primeira prensa tipográfica, adaptando a estrutura mecânica da prensa de lagar. Ao observar o processo empregado pelos agricultores para extrair suco das uvas, chegou à conclusão de que o mesmo mecanismo poderia ser utilizado para aplicar tinta em papéis.

Os Polinizadores examinam o que não está visível. George de Mestral teve a ideia do velcro ao observar como os carrapichos aderiam ao pelo de seu cachorro. Bill Bowerman, treinador de atletismo da University of Oregon, criou o primeiro tênis de corrida da Nike, com pinos de borracha na sola, a partir da observação do padrão formado pela máquina de fazer waffles da esposa.

Identificar e transportar ideias nem sempre é tão fácil quanto parece. Os incas criavam carrinhos de brinquedo para os filhos, com roda e tudo, mas jamais desenvolveram carroças de verdade. Seu meio de transporte eram animais de carga. O povo sabia prever as estações do ano com base na observação das estrelas. Tinha grandes conhecimentos médicos e matemáticos, com os quais construiu uma complexa malha de estradas e edifícios. E, no entanto, foi incapaz de fazer a conexão entre as rodas dos carrinhos de brinquedo e sua própria necessidade de transporte.

"Se você parar um minuto para pensar nas coisas, terá duas ou três vezes mais chances de fazer descobertas a partir de princípios conhecidos", disse Dedre Gentner, diretora do Programa de Ciência Cognitiva da Northwestern University. O envolvimento ativo aciona o cérebro, transformando o que vemos em novas ideias. Em experiências com consultores gerenciais, contadores e estudantes de negócios, Gentner verificou que fazer comparações nos ajuda a utilizar o que já sabemos. "Abuse das analogias. É o que criará grandes avanços", afirmou a diretora. "Em vez de dizer 'Droga, não deu certo', pergunte: 'Que paralelo posso traçar?'"

"Quando terminei o doutorado em engenharia, fiz uma coisa bem inusitada para um engenheiro: comecei a trabalhar em um laboratório de medicina", contou-me Bob Langer, fundador do Langer Lab do Massachusetts Institute of Technology (MIT). "Eu queria usar a engenharia para resolver problemas médicos." Ao transportar os princípios da engenharia química para o corpo humano, Langer ajudou a isolar um inibidor angiogênico, capaz de impedir que um tumor forme vasos sanguíneos a partir de vasos existentes para crescer, e inventou um novo polímero para encapsular o tratamento, que pode ser implantado diretamente no tumor, onde é liberado lentamente. A descoberta deu origem a um sistema completamente novo de administração de drogas,

Capítulo 1: Encontrar a lacuna

constituindo uma poderosa arma na luta contra o câncer e outras doenças, como diabetes e esquizofrenia.

No MIT, Langer coordena o maior laboratório acadêmico de engenharia biomédica do mundo, responsável pelo surgimento de mais de 25 startups biotecnológicas, cada uma com um faturamento de mais de US$ 100 milhões. Langer busca inspiração nas mais variadas fontes, inclusive natureza, literatura, mídia e ciência, entre outras. No caso de uma invenção recente, a inspiração veio da indústria de computadores. "Tudo começou com um programa de televisão em que eles mostravam como se fabricam microchips de computador", contou-me Langer em uma conversa que tivemos em seu laboratório, cercados de centrífugas. "Quando vi isso, pensei que talvez pudesse ser uma forma totalmente nova de administrar medicamentos."

O chip de polímeros segue o padrão de um microprocessador Intel. "Podemos fazer furos no microchip para administrar o remédio", explicou Langer. O microchip humano funciona por meio de um pequeno dispositivo que pode ser implantado no paciente no próprio consultório médico. O aparelho não tem fios e é programado por radiofrequência: um sinal enviado de um celular ou outro dispositivo eletrônico informa ao chip o medicamento e a posologia, registrando toda a operação. "Ele pode ser acionado por controle remoto, da mesma forma como abrimos o portão da garagem", disse Langer, valendo-se de outra analogia para descrever seu funcionamento. Esse "chip-farmácia" foi utilizado com sucesso na administração de doses diárias de um medicamento contra osteoporose em 2012. O tratamento da osteoporose pode exigir que o paciente precise tomar injeções todos os dias. Nesse caso, o uso de um microchip interno poderia inaugurar uma nova era de tratamento simples e indolor.

Em outra ação polinizadora, Langer foi buscar inspiração nas patas das lagartixas para criar uma bandagem cirúrgica capaz de colar tecidos dentro do corpo. Com base na capacidade da lagartixa de aderir à parede, Langer fabricou um polímero revestido

O código dos criadores

de cola capaz de grudar organicamente ao tecido. O resultado é uma bandagem adesiva que tem tudo para substituir os métodos tradicionais de sutura, como a sutura mecânica. Além de aderir a superfícies irregulares, desfaz-se naturalmente dentro do corpo, sem malefícios à saúde.

Os Polinizadores não se pautam por estigmas sociais ou de mercado na hora de redefinir o uso que fazemos das coisas. Mas eles não identificam oportunidades somente transplantando ideias atuais. Um Polinizador também sabe renovar conceitos ultrapassados.

A história dos bazares em garagens é quase tão antiga quanto a própria história das garagens. Isso não impediu, porém, que Pierre Omidyar, engenheiro de software de 28 anos, decidisse atualizar o conceito em 1997. "O que eu resolvi fazer foi pegar algo que funcionava superbem no mundo off-line e transpor para o mundo on-line", disse Omidyar, fundador do eBay. Uma analogia polinizadora no cerne do conceito da empresa.

"Uma coisa que costumo fazer é ouvir os outros. E não só os grandes estrategistas, mas gente comum", disse-me Omidyar. "Procuro me expor ao choque cultural que ocorre quando conversamos com pessoas de uma outra língua."

De modo similar, Craig Newmark inovou o mundo dos anúncios classificados com a criação da Craigslist. Jessica Herrin, fundadora da Stella & Dot, atualizou o modelo de venda direta da Mary Kay e desenvolveu um negócio de venda de joias on-line e off-line de US$ 220 milhões, criando uma oportunidade de renda para 16 mil mulheres. E muita gente se esquece de que Larry Page e Sergey Brin chegaram ao algoritmo de busca do Google atualizando o PageRank, um método de avaliação que eles criaram para classificar os artigos acadêmicos da biblioteca da Stanford University.

"Muitos achavam que a questão da ferramenta de busca já estava resolvida", disse-me o reitor de Stanford, John Hennessy, em uma reunião que tivemos em seu ensolarado escritório no campus da universidade. "O AltaVista realizava um excelente trabalho

Capítulo 1: Encontrar a lacuna

em termos de buscar e apresentar informações na ordem em que elas apareciam." Mas a enxurrada de informações era praticamente inavegável. Faltava organização. "Você digita *Hennessy*, por exemplo, e a primeira coisa que aparecia eram 50 sites diferentes sobre o conhaque Hennessy. Não era esse Hennessy que eu queria", disse o reitor, bem-humorado. "Quando Gerhard Casper era reitor da universidade, reclamava que buscava *Casper* e só apareciam páginas do Gasparzinho, o fantasminha camarada[2]. Imagine se um advogado constitucionalista alemão achava alguma graça nisso." Page e Brin, ainda estudantes na época, perceberam que a ideia por trás do PageRank poderia ser aplicada à classificação das buscas on-line. "O Google baseou-se em um novo uso de uma tecnologia existente", observou Hennessy. "Tudo graças a dois jovens, que, insatisfeitos com o mecanismo de busca da época, decidiram transportar a antiga tecnologia à incipiente web."

Como aumentar nossas chances de criar inovações polinizadoras? Ser flexível para considerar informações que parecem irrelevantes é um bom primeiro passo. Os Polinizadores brincam com analogias e estão sempre se perguntando como adaptar o conhecimento existente. Refletir sobre uma situação parecida no passado costuma dar bons resultados em termos de novas ideias. Os Polinizadores avaliam como e por que uma estratégia funcionou e depois procuram saber o que é necessário para transpor essa estratégia a uma nova área.

Em vez de tentar inventar um novo stent, observe uma hélice de helicóptero. Em vez de desenvolver uma nova forma de administrar medicamentos, considere um chip da Intel. Em vez de preparar café instantâneo comum, transporte a tecnologia médica de liofilização para manter o sabor característico do grão. Para entender melhor como os Polinizadores pensam, considere o seguinte problema:

---

2. N.T.: Casper the Friendly Ghost, no original.

O código dos criadores

Imagine que você é médico e um paciente seu está com um tumor maligno no estômago, inoperável. O tumor precisa ser destruído, caso contrário a pessoa morrerá. Existe uma espécie de radiação capaz de destruir o tumor, mas ela precisa chegar diretamente nele, e a uma alta intensidade. Infelizmente, a intensidade da radiação acaba destruindo todo o tecido saudável no caminho. Em intensidades mais baixas, a radiação é inofensiva aos tecidos saudáveis, mas também não destrói o tumor. O que fazer para destruir o tumor sem destruir os tecidos saudáveis?

Quando Mary Gick e Keith Holyoak, da University of Michigan, apresentaram esse problema como parte de uma experiência de psicologia cognitiva, menos de 10% dos participantes encontraram uma solução. Existe, no entanto, uma forma de aumentar as chances de salvar o paciente. Consideremos a seguinte história, aparentemente desconexa:

Uma pequena cidade era governada por um ditador, que vivia em uma fortaleza. A fortaleza situava-se no meio da cidade, cercada por aldeias e povoados, e havia várias formas de chegar lá. Um general adversário declarou que tomaria a fortaleza. Ciente de que ele alcançaria seu propósito graças a seu grande exército, reuniu as tropas em uma das estradas que conduzia à fortaleza e se preparou para um ataque direto, a fogo máximo. Uma questão: o general ficou sabendo que o ditador havia espalhado minas pelo campo. As minas foram dispostas de maneira que pequenos grupos de homens pudessem passar sobre elas sem perigo, uma vez que o ditador também precisava que seus guardas e trabalhadores tivessem acesso à fortaleza. Mas um grupo maior detonaria as minas. Além de destruir a estrada, a explosão destruiria também os vilarejos próximos. Ou seja: a tomada da fortaleza parecia impossível.

O general traçou um plano simples. Dividiu o exército em pequenos grupos e ordenou que cada grupo pegasse uma es-

Capítulo 1: Encontrar a lacuna

trada diferente. Tudo preparado, e, a um sinal do general, os grupos partiram. Marchando todos no mesmo ritmo, o exército inteiro chegou à fortaleza ao mesmo tempo, sãos e salvos. O general derrubou o ditador e tomou a fortaleza.

Quando os participantes ouviam a história da fortaleza antes de lhe apresentarem o problema do tumor, cerca de 75% descobriam como salvar o paciente, transportando as informações do cenário militar para a situação médica. A saída era dividir a radiação em pequenas doses, a serem administradas de diferentes ângulos. Assim, a intensidade que chegaria no tumor seria suficiente para destruí-lo, preservando o tecido ao redor. Normalmente, as pessoas que tentam resolver o problema do paciente com câncer de estômago focam no tumor e no protocolo da radiação. Conclusão: o paciente morrerá. Quando nos abrimos para diferentes analogias, porém, damos lugar a abordagens alternativas.

Os Polinizadores procuram de propósito em lugares que os outros ignoram. Sua vantagem reside no fato de eles saberem um pouco sobre uma porção de coisas e de saberem adaptar o conhecimento de áreas aparentemente sem relação com o assunto em questão.

Seria um erro, contudo, pensar que importar e exportar ideias, como os Polinizadores fazem, é a única maneira de identificar oportunidades. Alguns criadores desenvolvem soluções de baixo para cima.

Arquitetos: criando novos modelos a partir do zero

Em 2001, Elon Musk e seu amigo Adeo Ressi, ex-colega de quarto da University of Pennsylvania, um dia, presos no trânsito da Long Island Expressway, começaram a discutir sobre os próximos passos de suas carreiras. Ambos eram empreendedores bem-sucedidos. Ressi tinha uma empresa de desenvolvimento de softwares, a Methodfive, e a PayPal, de Musk, ia abrir o capital em breve. A conversa tomou o rumo da exploração espacial interplanetária. O que se poderia fazer para que fosse uma realidade? No início, eles levaram a ideia na brincadeira. As viagens espaciais eram caras e complexas demais. Mas, à medida que avançavam lentamente no engarrafamento, resolveram aprofundar-se: complexo quanto? Poucos quilômetros à frente, puseram-se a calcular os custos de uma nave espacial, especificando os elementos de uma viagem pelo espaço. Encontravam-se no Midtown Tunnel em direção a Manhattan quando abordaram o caso da exploração de Marte pela NASA.

Musk pegou o computador e começou a buscar informações no site da agência sobre a missão, mas não encontrou nenhuma data. Por quê? "Eu achava que o plano já estava adiantado, mas não havia qualquer informação", contou. Uma das coisas que Musk desejava fazer com a nova fortuna era reavivar o interesse pelo espaço. Decidiu, portanto, financiar um experimento para ver se uma planta da Terra crescia em solo marciano. A ideia era enviar uma pequena estufa para o planeta vermelho, onde as plantas seriam alimentadas por um gel nutriente reidratado. A estufa foi batizada de "oásis marciano". "As pessoas ficarão empolgadíssimas com o projeto", disse Musk, entusiasmado. No entanto, ao avaliar os diversos componentes necessários para concretizá-lo, o empresário deparou-se com um problema. "Eu podia reduzir o custo de tudo, mas não do foguete."

Musk viajou para a Rússia com o intuito de negociar a compra de mísseis balísticos intercontinentais mais baratos. Embora tenha conseguido chegar ao preço de US$ 20 milhões por míssil, uma pechincha perto dos US$ 65 milhões cobrados por um foguete nos Estados Unidos, o valor ainda lhe parecia proibitivo.

Na esperança de conseguir desenvolver um foguete mais avançado capaz de diminuir drasticamente o custo da exploração do espaço, Musk recrutou o engenheiro espacial e consultor empresarial Jim Cantrell e foi atrás de Tom Mueller, engenheiro de propulsão que vivia na fronteira do deserto de Mojave. Mueller construíra um motor de foguete na própria garagem. Trabalhando com Cantrell e Mueller, Musk reuniu uma equipe para reali-

Capítulo 1: Encontrar a lacuna

zar um estudo de viabilidade e determinar se poderiam criar um veículo de lançamento mais barato. Segundo o estudo, não havia qualquer impedimento material. "Acho que nós mesmos podemos construí-lo", afirmou Musk.

Racionalizar a partir dos primeiros princípios

O que faz de alguém um Arquiteto? Esse tipo de criador identifica oportunidades e, como um escritor diante de uma folha em branco, desenvolve soluções a partir do zero. Exatamente como os arquitetos profissionais, que projetam arranha-céus, os criadores dessa categoria têm a capacidade de detectar espaços vazios e juntar peças, formando um todo coeso e lógico.

Os Arquitetos começam buscando o que não está lá. Em vez de focar nas soluções existentes, eles procuram o que está faltando. Ouvem o silêncio e dão atenção ao que os outros ignoram. Ao se deparar com a menor anormalidade, um Arquiteto se pergunta: "Por quê?" A maioria de nós identifica anormalidades ou lacunas, mas costumamos enquadrar as discrepâncias em padrões de referência conhecidos. Os Arquitetos não desprezam contradições, fazendo uso do que detectam.

Musk não sabia por que os foguetes custavam tão caro e começou a investigar o caso. O problema, segundo verificou, é que eles eram desenvolvidos para desempenho máximo, sem preocupação com os custos. Quase todos os foguetes eram fabricados sob encomenda e só podiam ser utilizados uma vez. Se cada Boeing 747 fosse descartado depois de um voo entre Nova York e Londres, o transporte aéreo seria caríssimo também. Musk chegou à conclusão de que a capacidade de reutilização era o xis da questão. Além disso, os governos compravam foguetes de companhias aeroespaciais com base em contratos de gestão, para evitar riscos. A Boeing, a Raytheon, a Lockheed Martin e outras usavam, nos foguetes desenvolvidos na década de 1960, componentes fabricados por subcontratantes, aumentando ainda mais

O código dos criadores

os custos e a complexidade do projeto. "Como precisávamos de uma nova empresa para criar a função de aperfeiçoamento tecnológico, abrimos a SpaceX", explicou Musk.

Os Arquitetos ignoram premissas e testam diversas variáveis para chegar a novas soluções. Acreditam que a base da descoberta é a curiosidade e conservam certa ingenuidade infantil, a maneira de enxergar do iniciante. "Será que isso pode ser feito de outra forma"?

Musk começou com a pergunta: "Do que são feitos os foguetes?" Ligas de alumínio aeroespacial, titânio, cobre, fibra de carbono, entre outros materiais. Qual o valor desses materiais no mercado de commodities? Por incrível que pareça, o custo dos materiais de um foguete representa menos de 2% do preço médio. Ou seja, seria possível fabricar um foguete muito mais barato, sim. Com o motor caseiro de Tom Mueller, Musk começou a construir um veículo de lançamento, peça por peça. Quando um fornecedor lhe disse que a fabricação de uma pequena válvula custaria US$ 250 mil e levaria um ano, Musk decidiu fabricá-la por conta própria. Quando outro fornecedor aumentou o preço dos domos de alumínio que cobrem os tanques de combustível, Musk inaugurou uma divisão de fabricação de domos, nos fundos da fábrica da SpaceX, em Hawthorne, na Califórnia. Hoje, a SpaceX fabrica 80% das peças que utiliza em seus foguetes.

"Quando criei a SpaceX, jamais tinha construído qualquer coisa física na vida", contou-me Musk. "Nem sabia direito como objetos grandes eram feitos." Mas o empreendedor se voltou para as verdades fundamentais da área e começou a racionalizar a partir daí. "Costumo recorrer à abordagem da estrutura de primeiros princípios", disse.

Os primeiros princípios são elementos essenciais sobre os quais uma teoria se fundamenta. Na matemática, são os postulados ou axiomas, enquanto na física é o que se desenvolve a partir das verdades fundamentais. Aristóteles descreve-os como a origem sobre as quais um sistema se baseia. Para racionalizar a partir dos

Capítulo 1: Encontrar a lacuna

primeiros princípios, os Arquitetos, sempre em busca de brechas, identificam as premissas individualmente, procurando compreender qual a complexidade de cada elemento.

Para desbravar um terreno e demarcar novas sendas, é necessário coragem, normalmente sem validação. "Tivemos muitos problemas, claro", admitiu Musk. No dia 24 de março de 2006, em um campo de testes das Ilhas Marshall, ele tentou realizar seu primeiro lançamento de foguete. Logo após a decolagem, um vazamento de combustível desencadeou um incêndio no motor, fazendo o foguete cair. Um ano mais tarde, a falha se deveu a uma oscilação do veículo espacial. No dia 3 de agosto de 2008, um terceiro foguete caiu no mar, levando junto uma carga útil da NASA e as cinzas do ator James Doohan, o Scotty da série de TV *Jornada nas Estrelas* original. "Foi terrível. Uma situação muito desagradável", disse Musk. John Gleen, o primeiro norte-americano a orbitar a Terra, criticou publicamente a iniciativa de Musk de comercializar o espaço. Musk desembolsara US$ 100 milhões do próprio dinheiro e arrecadara investimentos para outro lançamento. Quatro dias após a terceira queda, porém, escreveu no blog da SpaceX que tinha "certeza da origem do problema".

Três. Dois. Um. Decolar. Chamas alaranjadas e nuvens de fumaça e fogo irrompem do foguete de 22 andares, enquanto um empuxo de 1,3 bilhão de libras o propele ao céu noturno. Na ponta, a espaçonave Dragon, que em breve se acoplará à Estação Espacial Internacional a fim de levar cargas de alimentos e roupas novas para a tripulação e realizar alguns experimentos científicos. Aplausos na torre de controle da NASA, em Cabo Canaveral, pelo sucesso do lançamento. Mas *não* são os engenheiros da NASA ou os líderes do complexo industrial militar que comemoram. De short cáqui e camiseta, o pequeno grupo reunido na torre de controle é encabeçado por Elon Musk. Data: 22 de maio de 2012.

Nove dias depois, ou seja, no dia 31 de maio de 2012, tendo feito história como a primeira espaçonave projetada, fabricada e lançada com capital privado a reabastecer a Estação Espacial Internacional, a Dragon se separa da estação e se prepara para retornar à atmosfera terrestre.

"Sucesso absoluto!", anuncia Musk pelo Twitter ao término da missão (dois minutos antes do programado).

Atualmente, a SpaceX executa mais de US$ 1,6 bilhão em contratos com a NASA para o reabastecimento da Estação Espacial Internacional, com 36 lançamentos agendados e 3 mil pessoas trabalhando em motores de foguete.

Musk conseguiu desenvolver uma série de foguetes inovadores capazes de lançar cargas úteis no espaço a um preço muitíssimo mais baixo do que os foguetes desenvolvidos pelos programas espaciais nacionais, como os da NASA e da Agência Espacial Europeia. Engenheiro autodidata, Musk criou um foguete cujo lançamento custa cerca de um décimo do lançamento de um ônibus espacial.

O grande objetivo de Musk, no entanto, é tornar a vida multiplanetária. Depois de uma breve e estonteante revisão de bilhões de anos de história evolutiva, ele me garantiu que o próximo passo é ocupar Marte, o que só será possível com custos muito mais baixos, e isso significa desenvolver tecnologia reutilizável. "Estamos realizando os primeiros testes da versão vertical de decolagem e aterrissagem do foguete", contou Musk, com brilho nos olhos. "Coisa de ficção científica: o foguete decola e pousa numa cama de fogo. É assim que um foguete deveria funcionar".

Os Arquitetos sabem localizar problemas. Identificam pontos de atrito, obstáculos e conflitos e criam novas soluções.

Um ano depois de criar a SpaceX, Musk acompanhou o recall obrigatório do Electric Vehicle 1 pela General Motors e a subsequente destruição dos carros dos clientes (todos eles em sistema de leasing). Os motoristas do EV1 ficaram revoltados e organizaram um protesto. "Foi quando eu pensei em criar a Tesla para movimentar a indústria do transporte sustentável", disse Musk.

Assim como na ocasião em que detalhou as peças de um foguete para descobrir como montar um mais barato, Musk analisou os

Capítulo 1: Encontrar a lacuna

componentes das baterias, avaliou custos e lançou mão dos primeiros princípios para desenvolver um novo tipo de veículo, totalmente elétrico. Embora o sistema de energia custasse US$ 600 por quilowatt-hora, o empreendedor resolveu sondar o valor de mercado à vista do conjunto de carbono, níquel, alumínio e aço que compunha a bateria na London Metal Exchange, chegando à conclusão de que a combinação de todos esses elementos lhe custaria US$ 80 por quilowatt-hora. Segundo Musk, os veículos elétricos continuarão melhorando em termos de desempenho e custo.

Em 2006, o incansável Musk observou que, devido ao alto custo, os norte-americanos não instalavam painéis solares em casa. Ao identificar a necessidade de consolidar um sistema de distribuição e instalação de painéis solares, criou a SolarCity, com os primos Lyndon e Peter Rive. A SolarCity projeta, instala e monitora painéis solares, em parceria com bancos e grandes empresas. O retorno sobre o investimento para os consumidores está na considerável e sistemática economia com aquecimento.

"Onde dói?", perguntam os Arquitetos, acreditando que identificar um problema já é meio caminho andado para resolvê-lo. Os desafios podem estar em um âmbito cósmico, como a busca de Elon Musk para "solucionar os problemas da humanidade", ou mais prático, como fabricar roupas de baixo mais confortáveis. Os Arquitetos detectam oportunidades observando irritações, como no caso de Sara Blakely, que já estava à beira de um ataque de nervos.

Em seu trabalho como vendedora porta a porta de aparelhos de fax em Atlanta, Sara Blakely passava a maior parte do expediente indo de escritório em escritório no calor da Geórgia. Para compor um visual mais profissional, usava meia-calça por baixo da roupa. Ela gostava de como o náilon modelava sua silhueta, mas detestava o desconforto. Além do mais, a bendita meia sempre desfiava na ponta do pé, bem onde apareciam os dedos no sapato alto. Para remediar o problema, Blakely resolveu cortar aquela parte da meia, mas não deu certo, porque a meia acabava subindo-lhe pelas pernas.

Foi a diversas lojas de departamento e perguntou o que poderia usar embaixo da calça. "Eles sempre me levavam à seção de modeladores e me mostravam aquelas bermudas grossas de ciclista, com elásticos enormes", lembra. Aquilo não funcionaria de jeito algum embaixo de uma calça branca. Algumas vendedoras sugeriram usar uma tanga. "Isso não vai ajudar a esconder minha celulite. Ainda me sinto insegura", protestou. Como as outras mulheres faziam? Blakely lembra que uma moça na Neiman Marcus lhe disse: "Muitas mulheres cortam o pé da meia-calça e usam um elástico para prendê-la". A vendedora de aparelhos de fax não precisava de mais nada. "Eu vi a oportunidade!"

Blakely não sabia nada de negócios, nem de moda. Era especializada em comunicações jurídicas, mas tomou bomba no LSAT (Legal Scholastic Aptitude Test[3]) duas vezes. Antes de vender faxes, trabalhou na Disney World, onde ajudava as pessoas a embarcar nos brinquedos trajando um terno marrom de poliéster.

De qualquer maneira, Blakely sempre foi independente na forma de pensar. Criou um protótipo caseiro de meia-calça sem pé e começou a ligar para fábricas de meias elásticas. Ninguém quis saber da novidade. "Melhor pessoalmente", disse-me Blakely. "Tirei uma semana de folga no trabalho e fui à Carolina do Norte encontrar as pessoas que tinham desligado o telefone na minha cara. Foi aí que eu vi que *eram todos homens*."

Blakely tentou explicar a ideia da meia-calça sem pé e por que ela queria usar o material das meias-calças. Os caras não entendiam. "Deve ser por isso que as meias-calças são tão desconfortáveis!", concluiu. Quem as fabrica não é a mesma pessoa que as usa. "Você tem ideia de quanto sofremos?", perguntava aos fabricantes. "Não dá nem para respirar. Na hora do almoço, cortamos o cós da meia."

---

3. N.T.: Teste Psicotécnico para Escola de Direito. Prova de aptidão aplicada aos interessados em estudar em uma faculdade de Direito nos Estados Unidos.

Capítulo 1: Encontrar a lacuna

Nas visitas às fábricas, ela identificou o problema. Os fabricantes, para reduzir custos, faziam todas as meias com o mesmo cós. Ou seja, o cós elástico da meia-calça tamanho P era igual ao da meia-calça tamanho G. Para testar os produtos, os homens utilizam manequins de plástico para chegar a uma média. "Sim", diziam, de prancheta na mão, olhando para o manequim, "esse tamanho deve ser M". Nenhuma mulher experimentava as meias.

Mesmo conversando pessoalmente com os fornecedores, Blakely não conseguiu o que queria. Duas semanas depois, contudo, recebeu uma ligação. Era o gerente de uma fábrica de Highland Mills. "Sara, decidi investir naquela sua ideia doida", anunciou. As três filhas dele o haviam convencido durante o jantar, dizendo: "Pai, a ideia é ótima. Você deveria ajudar essa moça".

Os Arquitetos são incansáveis e seguem adiante mesmo sem aprovação externa. No primeiro ano, Blakely compartilhou sua ideia somente com os fabricantes e advogados capazes de ajudá-la. "Queremos logo contar para o pessoal no trabalho, para os amigos, para o marido, mas com que propósito? Para eles dizerem: 'Adorei a ideia'! Queremos aprovação. Só que as ideias, antes de serem concretizadas, ainda são muito frágeis", disse Blakely. "Por amor e preocupação, os amigos e familiares nos apresentarão milhões de motivos para não seguirmos adiante. Eu não queria correr esse risco." O desenvolvimento de conceitos novos leva tempo, e é preciso coragem para encarar um problema de outro ângulo.

"Da mesma forma como o jogador fica empolgadíssimo quando marca um gol, eu fico empolgadíssima procurando novas formas de fazer as coisas", contou-me Blakely. "Mas tive de ser muito forte para conseguir que fosse do meu jeito."

Para patentear a ideia, Blakely visitou diversos escritórios de advocacia de Atlanta, onde tinha que explicar seu produto sempre para homens. Era evidente que eles tinham dificuldade para atinar com o potencial da invenção. Um dos advogados ficou olhando para os lados, visivelmente nervoso. Mais tarde, confessou que havia pensado que se tratava de uma pegadinha para a televisão. Por US$ 3 mil, ela conseguiria ajuda para registrar a patente. Diante do valor exorbitante, resolveu comprar um livro e aprender a patentear o produto sozinha. Convidou a mãe, artista plástica, a criar a marca e encontrou um advogado disposto a redigir a única cláusula legal de que ela precisava por US$ 700. Blakely ouviu dizer que o som da letra "k", como em Coca-Cola ou Kodak, atraía a atenção dos consumidores. Um dia, dentro do carro, deu com o nome: Spanks. Mais tarde, rebatizou o produto de Spanx, por questões de marketing.

A confiança geralmente é resultado de um processo de aprendizagem orientada e tempo de prática, mas os Arquitetos criam novos produtos sem que ninguém lhes mostre como fazer. Eles simplesmente confiam no próprio taco e seguem em frente, sem necessidade de aprovação.

"Ainda bem que ninguém me ensinou como construir uma empresa e fazer negócios", disse Blakely. Por exemplo, ela conseguiu vender pela Neiman Marcus ligando e convencendo uma compradora a encontrá-la por dez minutos. Para demonstrar o problema e a solução que tinha a oferecer, conduziu a moça para a seção feminina, entrou em uma cabine e apareceu pouco tempo depois com uma lingerie Spanx por baixo da calça branca. Mais tarde, as pessoas lhe perguntavam: "Como é que você conseguiu entrar na Neiman Marcus"? A norma do setor é promover demonstrações dos produtos em feiras comerciais. "Simples: eu liguei para lá", respondia Blakely, com um sorriso. Na época, ela nem sabia que existiam feiras comerciais.

"Hoje, pergunto às minhas funcionárias: 'Se você não soubesse como se faz seu trabalho, como o faria?'", contou-me Blakely. "Esqueça tudo o que sabe. Você tem 15 minutos para me dizer como faria seu trabalho se ninguém lhe mostrasse como se faz." A título de exemplo, ela explica o processo de desenvolvimento de um determinado sutiã. "Vejo um sutiã e penso: 'Por que este sutiã é assim? Por que eles o fizeram deste jeito? Porque era a única tecnologia disponível? Como tornar este sutiã mais confortável?

Para que essas duas tiras de elástico nas costas que apertam a pele? Como fazer diferente'?" O sutiã Bra-llelujah ("sutiãleluia"), campeão de vendas, foi criado em resposta a essas perguntas. Os Arquitetos observam elementos do cotidiano e se perguntam: "Por que isto é assim? O que pode ser melhorado"?

Todo mundo, de Julia Roberts, Gwyneth Paltrow e Jessica Alba até a vizinha de porta e a colega do trabalho, elogia a Spanx: os modeladores da empresa causaram sensação, promovendo forte boca a boca. Em 2012, a Footless Pantyhose e as Power Panties já haviam vendido mais de 15 milhões de unidades no total.

Sara Blakely, fundadora da Spanx: a bilionária independente mais jovem do mundo.

Devido à tendência dos Arquitetos de descontruir e reconstruir premissas para fazer descobertas, eles não param de *pensar*. "Pensar, no meu caso, é uma forma de lazer", disse Blakely em seu escritório, uma sala vermelha com uma parede coberta de capas da antiga revista *Life*. "Não tenho hobbies, nem vejo TV. Vivo pensando." Blakely contou que reserva um tempo para pensar antes do trabalho diário. "Moro a cinco minutos da Spanx, mas pego o carro 45 minutos antes do meu horário de entrada e vou dar uma volta", explicou. De alguma forma, dirigir a ajuda a espairecer e encontrar novas ideias. Elon Musk disse algo parecido: "A coisa está lá, nos bastidores. Sem perceber, vou elaborando as ideias aos poucos, durante o sono, no banho, o tempo todo". Jack Dorsey, cofundador do Twitter e da Square (empresa de pagamentos via celular), pensa ao caminhar na ida e na volta do trabalho, em São Francisco. Sua casa e seus dois escritórios foram estabelecidos de modo a dar-lhe tempo para refletir.

No que esses criadores pensam? Eles aproveitam as anomalias melhor do que a maioria de nós. Agem como uma espécie de detetive treinado para encontrar inconsistências factuais, discrepâncias nos depoimentos ou falhas em uma sequência de eventos. Sabemos quando algo não está certo. Temos um "conhecimento tácito", como dizem os acadêmicos, mas a maior parte das pessoas ignora a própria capacidade. Não os Arquitetos, que fazem perguntas como: "Haverá aqui um detalhe imperceptível capaz de abrir uma nova perspectiva? Existirá outra forma de enxergar esta situação? Que estratégias foram descartadas?"

Os Arquitetos estão sempre abertos para descobrir novas soluções. O trabalho do psicólogo Jacob Getzels, especialista em criatividade, corrobora a noção de que algumas pessoas não se limitam por ideias preconcebidas de desafio. O seguinte exemplo ilustra a importância do que os acadêmicos chamam de "descoberta de problemas":

Um sujeito está dirigindo em uma estrada deserta quando fura um pneu. Ele vai até o porta-malas e descobre que não tem macaco para levantar o carro. Seu dilema agora é: "Onde arranjar um macaco?" Olha em volta, mas só vê celeiros vazios. O sujeito, então, lembra que passou por um posto de gasolina, muitos quilômetros antes, e decide ir até lá, para ver se consegue o macaco.

Enquanto caminha, vê um carro parado do outro lado da estrada. Pneu furado. O motorista do outro carro vai até o porta-malas e descobre que não tem macaco. Seu dilema, à diferença do outro, é: "Como levantar o automóvel sem macaco"? Olhando em volta, ele vê um celeiro e, lá dentro, uma polia utilizada para içar grandes quantidades de feno. Leva seu carro até lá, levanta-o com a polia, troca o pneu e vai embora.

A maneira de definir o problema determinará que soluções poderão ser encontradas. "Gosto de pensar da forma mais abrangente possível", disse Elon Musk. "Quando vejo um problema, começo a fazer perguntas", contou Sara Blakely. "Procuro uma brecha." Com esse passo para trás, os criadores ganham espaço para considerar alternativas.

Capítulo 1: Encontrar a lacuna

Ao remover camadas de ideias preconcebidas, os Arquitetos desconstroem e reconstroem premissas de baixo para cima.

Mas existe também um seleto grupo de criadores com a capacidade de integrar soluções de diversas fontes, produzindo resultados híbridos. Chamo-os de Integradores.

Integradores: combinando conceitos

"Eu quero AMBOS!", disse Steve Ells, fundador da rede de restaurantes mexicanos Chipotle (um negócio que fatura US$ 3,6 bilhões por ano), em uma conversa que tivemos no escritório da empresa, em Nova York. "Eu nunca soube abrir mão das coisas. Já na infância, quando meus pais me apresentavam duas opções, eu respondia: 'Eu quero as duas'! Acho que é exatamente assim que eu penso."

Criado em Boulder, Colorado, Ells vivia grudado na televisão. Não assistia a desenhos do Mickey ou do Pernalonga, mas *The Galloping Gourmet* e Julia Child[4]. Ainda na escola primária, aprendeu a fazer molho holandês. No ensino médio, começou a colecionar livros de receitas e a realizar jantares em casa. Na University of Colorado, "todo mundo vivia duro, e Steve preparava 'confit de pato com redução de vinho'", lembra o amigo Monty Moran, um dos atuais CEOs do Chipotle. "Ele usava a manteiga mais cara que encontrava e o melhor sal. Steve deve ter gastado de supermercado mais do que qualquer outra pessoa na história."

Como era de se esperar, após se formar, Ells matriculou-se no Culinary Institute of America, no Hyde Park, Nova York. "Foi uma época maravilhosa", lembra, entusiasmado. Em seguida, ele se mudou para São Francisco para trabalhar com o renomado chef Jeremiah Tower, no Stars.

Nos dias de folga, Ells se dirigia ao Mission District, onde se encantou pelos temperos, aromas e sabores da cozinha mexicana.

---

4. N.T.: Programas de culinária da TV norte-americana.

Um dia, em uma taqueria, a fila dava a volta no quarteirão. Mas a espera valia a pena: a comida era fresca, picante e farta. Ells pegou um guardanapo e calculou rapidamente, pelo número de pessoas esperando, a velocidade da fila e o preço médio de um prato, que o negócio era uma máquina de fazer dinheiro.

Saiu dali correndo e ligou para o pai, um executivo do ramo farmacêutico. "Calma, Steve", disse. "Você quer viver enrolando burritos?" Foi o que ele fez.

Duas semanas depois, Ells encheu um caminhão de mudança, voltou para o Colorado e assinou um contrato de aluguel para abrir seu primeiro restaurante. "Eu pagava US$ 750 por mês por um ponto de 80 m². Contratei um empreiteiro qualquer e economizei dinheiro indo a uma casa de ferragens e comprando materiais baratos que me pareciam legais."

O primeiro Chipotle foi lançado em 1993.

Ells queria criar uma lanchonete que fosse a antítese da comida rápida. "Na verdade, eu não estava disposto a abrir mão de nada. Queria os melhores ingredientes e um serviço rápido, eficiente e acessível", disse. Ao integrar o conhecimento adquirido na escola de gastronomia às técnicas dos fast-foods mexicanos, Ells criou uma nova categoria de restaurante: o *fast-casual*.

À diferença dos Polinizadores, que transportam ideias de um lugar para o outro, ou dos Arquitetos, que desenvolvem novos conceitos a partir do zero, os Integradores combinam elementos existentes, muitas vezes contrastantes, para criar novos resultados.

Combinações inusitadas de temperos resultam em comidas exóticas. A fusão do retrô com o moderno define a moda. A justaposição de ideias contraditórias em uma piada é o que nos faz rir. No mundo da arte, expressões abstratas, como o cubismo de Pablo Picasso e Georges Braque, representam objetos desmontados e rearticulados. Na música, o jazz surgiu da confluência das tradições africanas e europeias. No âmbito

Capítulo 1: Encontrar a lacuna

acadêmico, a economia comportamental, a bioinformática e a geofísica constituem novos campos criados a partir da integração de disciplinas.

Embora nos pareçam naturais depois de prontas, as combinações nem sempre produzem resultados satisfatórios. Os Integradores detectam oportunidades de sobrepor ideias, casando elementos discrepantes em um todo harmonioso.

Como é que eles fazem isso? Uma forma é misturar ingredientes. Literalmente.

"Só usamos ingredientes cultivados de forma sustentável. Preparamos nossos pratos de acordo com técnicas culinárias clássicas. Criamos um cardápio interativo, que lhe permite comer de maneira saudável, sem abrir mão do sabor. Tudo personalizado", explicou Ells.

No Chipotle, os cozinheiros trabalham em uma cozinha à vista do público. "Eu queria que as pessoas vissem que preparamos nosso guacamole com abacates inteiros", disse Ells. Devido à formação clássica, ele não quis abrir mão de ingredientes frescos por uma questão de preço ou conveniência. Ao contrário de maioria dos gourmets profissionais, entretanto, ele se preocupa em oferecer comida de alta qualidade, por um valor acessível.

Nos restaurantes fast-food, "os pedidos normalmente são feitos por número", explicou Ells, com certo desprezo. "Você diz 'um', e o sujeito que o atende lhe vira as costas para pegar aquela comida pré-embalada." Mesmo hoje em dia, os fast-foods são quase totalmente mecanizados. "Ninguém cozinha nada", disse Ells. "A comida é altamente processada, feita para durar. E é sempre igual."

Em vez de depender de alimentos prontos para acelerar o serviço, Ells criou um modelo que batizou de "linha de montagem gastronômica". Os cozinheiros precisam ficar atentos. A produção aumenta de acordo com o tamanho da fila.

O método funciona bem com as técnicas culinárias clássicas. "Grande parte das opções no nosso cardápio leva tempo para pre-

O código dos criadores

parar", disse Ells. "Mas encontramos um jeito de atender muita gente em pouco tempo, começando tudo do zero."

Os Integradores não saem misturando elementos ao acaso. Não basta ampliar categorias para incluir novos itens. É preciso combinar diferentes peças com o propósito de preencher uma lacuna específica.

Ells oferece somente quatro opções no menu: burrito, burrito no prato, taco e salada. O Chipotle não vende café nem cookies. O objetivo de Ells ao recombinar ingredientes é oferecer "o melhor burrito do mundo".

"Estou sempre adaptando, sempre tentando me superar", explicou Ells. Entre as atualizações recentes, há uma nova técnica para reidratar chipotles (um tipo de pimenta jalapeño seca e defumada); para cortar cebolas à mão (os processadores retiram grande parte da umidade); para tostar os jalapeños; e para assar melhor os *tomatillos*, um dos principais ingredientes da salada verde do Chipotle. Será que o cliente sente o gosto produzido por essas inovações? Provavelmente não. Mas, no final, a criação fast-casual de Ells faz muito sucesso.

"Comida com Integridade" é a última camada integrada à mistura. Em 2001, Ells fez uma visita à fazenda e distribuidora de alimentos Niman Ranch, perto de São Francisco, e percebeu que não basta utilizar ingredientes frescos. A Niman Ranch cria os animais em condições humanitárias, livres de antibióticos e hormônios, e é responsável pelo fornecimento de carne a restaurantes renomados, como o Chez Panisse, em Berkeley. Verduras orgânicas e carne de animais criados ao ar livre são raras no setor de fast-food. "Esse tipo de alimentação não deveria ser um privilégio da elite", observou Ells. "Deveria estar disponível para todo mundo."

As técnicas culinárias, os ingredientes, o conceito de burrito e o estilo de restaurante já existiam antes do Chipotle. Steve Ells, no entanto, detectou uma forma de reorganizar os elementos existentes para criar a nova categoria fast-casual. "Abri um restau-

Capítulo 1: Encontrar a lacuna

rante fast-food, mas não sabia as regras do fast-food", contou Ells. "Ou seja, acabei fazendo tudo com certo requinte."

Inovação pela integração

Como os Integradores detectam possibilidades? Uma forma é avaliar os elementos de maneira independente para descobrir como peças isoladas podem se integrar ao todo.

"O problema da vela", apresentado pelo psicólogo da Gestalt Karl Duncker e atualizado em 2003 pelos pesquisadores Michael Frank e Michael Ramscar, é um bom exemplo.

Na experiência original, os participantes, com uma vela, alguns fósforos e uma caixa de tachinhas, tinham a missão de prender a vela na parede. A maioria tentava derreter a cera e grudar a vela ou usava as tachinhas para pregá-la. Não dava certo. Só 25% das vezes eles descobriam o resultado. A solução é esvaziar a caixa de tachinhas, pregá-la na parede e apoiar a vela sobre ela. O "pulo do gato" é considerar a caixa de tachinhas como base. A maioria das pessoas não pensa nisso. Elas sofrem do que os acadêmicos chamam de "fixação funcional".

Frank e Ramscar atualizaram o experimento, sublinhando as palavras principais do enunciado: "Em cima da mesa, há uma vela, uma caixa de tachinhas e alguns fósforos". O número de participantes que descobriram a solução dobrou para 50%. Em suma, ao destacar alguns elementos, os pesquisadores conseguiram estimular a criatividade dos participantes. Esse tipo de capacidade, de enxergar peças de maneira isolada, é o que permite aos Integradores reorganizar elementos em combinações completamente novas.

Os Integradores também descobrem oportunidades associando ideias contrastantes. A combinação de opostos pode produzir resultados extraordinários. Embora não exista uma fórmula, a inovação por meio da integração é um fenômeno estudado por muitos pesquisadores no âmbito da criatividade. Thomas Ward, psicólogo e professor da University of Alabama, analisou os processos de descoberta de novas ideias e verificou que as combinações atípicas são as que geram o maior número de propriedades emergentes. Em 2002, Ward realizou uma pesquisa na qual estudantes universitários se viam diante do desafio de descrever, com uma única palavra, diversos tipos de combinação substantivo-adjetivo. Qual não foi sua surpresa ao constatar que as combinações mais inusitadas, como "inimigo nu" ou "demora divertida", e pares de palavras com sentidos opostos, como "doença saudável" ou "alegria dolorosa", foram as que resultaram nas respostas mais criativas.

Considere o conceito de "caminhonete de luxo". Ao combinar um veículo sofisticado, projetado para proporcionar conforto, com um veículo esportivo *off-road*, projetado para terrenos acidentados, as montadoras criaram uma categoria totalmente nova. A mesma fusão de opostos produziu o "conforto simples" dos pacotes de viagem para aventureiros que gostam das comodidades de uma casa e o "casual chique" do design de interiores para indivíduos que procuram o melhor sem grandes ostentações. Os Integradores exploram a possibilidade de casar aparentes dicotomias para descobrir brechas no mercado. Ao considerar palavras de significados contrários, como *entusiasmo* e *tranquilidade*, *solidão* e *companhia*, *luxuoso* e *econômico*, os Integradores conseguem identificar lacunas.

Pensamento *janusiano* é um termo utilizado para descrever a capacidade de concatenar dois ou mais conceitos, ideias ou imagens. Derivado do nome do deus romano Janus, representado por dois rostos em direções contrárias, o termo foi cunhado por Albert Rothenberg, psiquiatra e pesquisador do processo criativo. Rothenberg estudou a capacidade de vencedores do Prêmio Nobel de justapor ideias e observou que fisiologistas, químicos e físicos, assim como escritores e outros artistas agraciados com o Prêmio Pulitzer, são capazes de conceber ideias integradoras encontrando uma conexão entre conceitos díspares. Conclusão: a contradição conceitual pode levar a resultados criativos.

Capítulo 1: Encontrar a lacuna

A abordagem janusiana é a marca dos fundadores da Gilt Groupe, uma empresa de venda de artigos de luxo pela internet que juntou o conceito de *sample sales* (vendas de sobras de coleções a preços promocionais) com o alcance massivo da rede, criando uma nova categoria de consumo chamada "luxo acessível".

Alexis Maybank e Alexandra Wilkis Wilson largavam tudo para ir às liquidações de ponta de estoque de Nova York. Saíam furtivamente do trabalho e iam bater perna por Manhattan, onde conseguiam produtos cobiçados por preços bastante atraentes, em meio a uma multidão de compradores bem informados e dispostos a tudo para não perder os descontos. Alguns fashionistas quase se atracavam em frente às araras.

"Em 2007, embora a moda de luxo e o comércio eletrônico estivessem bombando, cada um em sua área, os dois mundos ainda não tinham se juntado", observou Maybank, que ajudara a lançar o eBay Canadá e o eBay Motors. A amiga Wilson, por sua vez, já havia trabalhado na Louis Vuitton e na Bulgari. Graças a essa experiência, as duas enxergaram na interseção de moda e tecnologia uma oportunidade. Havia uma lacuna ali, e elas decidiram preenchê-la.

"Reproduzimos a emoção das compras com data marcada e tempo limitado, dando a nossos membros acesso a itens específicos que eles não teriam como encontrar em qualquer outro lugar", disse Wilson durante nossa conversa na sede de sua moderna empresa em Manhattan. Junto com outros três fundadores, Kevin Ryan, Mike Bryzek e Phong Nguyen, Maybank e Wilson desenvolveram um site exclusivo para membros, que começou em um pequeno depósito no Brooklyn e se transformou em um negócio de US\$ 1 bilhão em apenas cinco anos.

Para integrar o luxo ao mundo de compras on-line, os fundadores da Gilt lançaram um site com imagens grandes e sofisticadas de modelos de destaque vestindo roupas elegantes. A ideia era que os consumidores sentissem que estavam folheando uma revista de

O código dos criadores

moda. Parte da abordagem de vendas da Gilt para as marcas de luxo baseava-se no visual leve e vanguardista do site, ao contrário dos sites monótonos das lojas de departamento tradicionais.

"O início não foi nada fácil", lembra Maybank. "A Alexandra visitava os showrooms que não tinham wi-fi, mas o pior de tudo era que as marcas ficavam apavoradas com a palavra 'internet'. Ninguém tinha site nem queria saber como entrar no mundo do comércio eletrônico." Em 2007, as marcas de luxo precisaram aprender sobre e-commerce, para entender como promover sua marca e alcançar os clientes que buscavam.

Com formação em moda, Wilson sabia que as marcas de luxo resistiriam à internet. "Na missão inglória de convencer os designers a vender seus bens mais preciosos, sua mercadoria, na internet e ainda por cima com desconto, ouvimos muito 'não'. Mas nunca desistimos", contou.

Em novembro de 2007, o site da Gilt foi lançado. Uma venda-relâmpago de 36 horas despertou o espírito competitivo dos compradores, que tinham a oportunidade de adquirir marcas de luxo. O formato requeria que o site fosse, além de estético, fácil de navegar. Foi um desafio para os engenheiros criar um site que fosse rápido, de fácil carregamento (mesmo com fotos grandes) e com o qual os clientes se identificassem. Para que uma bolsa da Prada atraísse os consumidores, era necessário fotografá-la de diversos ângulos, com uma iluminação especial, além de exibir uma descrição detalhada do produto, incluindo suas dimensões. Outro ponto fundamental: todos os itens, preços e descrições tinham de ser atualizados a cada 24 horas. A Gilt funciona como uma loja de departamentos: a mercadoria muda todos os dias.

"Ampliar o negócio poderia causar uma pane no sistema, se 400 mil clientes resolvessem acessá-lo ao mesmo tempo", disse Maybank. Fora do mundo virtual, seria impossível receber essa quantidade de pessoas. Como 70% das vendas da Gilt são realizadas no período entre meio-dia e uma e meia da tarde, horário local de Nova York, no momento em que a venda-relâmpago

Capítulo 1: Encontrar a lacuna

entra no ar, os engenheiros precisam criar uma plataforma quase com o alcance da Amazon.com.

"Estávamos contratando pessoal de merchandising e moda das revistas *Vogue* e *InStyle* e engenheiros do MIT e da Cal Berkeley", contou Maybank. "Ninguém se conhecia pessoalmente. Tivemos todo o cuidado para não dar lugar a nenhuma diva." Reunindo indivíduos viciados em Red Bull com enormes fones de ouvidos no departamento de engenharia a fashionistas bebedores de café obcecados pelas tendências do mercado, os fundadores da Gilt Groupe integraram essas diferentes formações para construir um negócio nesse ponto de interseção único. Durante o processo, eles chegaram à conclusão de que os opostos realmente se atraem. "Os engenheiros da Gilt tinham mais facilidade de recrutar novos programadores nos dias em que a empresa realizava sessões de fotografia com modelos que desfilavam pelos corredores calçando sapatos de salto alto de 12 cm", disse Wilson, rindo.

A Gilt não criou apenas uma nova forma de vender artigos de luxo. A empresa deu origem a um novo tipo de cliente, que jamais havia comprado itens de luxo na vida. Para muitos, foi a primeira vez que puderam comprar um vestido de estilista ou uma bolsa de grife. Não seria a única.

A comichão da curiosidade

A ferramenta mais importante do criador é a curiosidade. Perguntas ousadas e incisivas aguçam os sentidos e a mente, conduzindo a descobertas inesperadas, novas oportunidades e insights.

Os Polinizadores, Arquitetos e Integradores vivem fazendo perguntas, sem jamais perder sua curiosidade natural. Uma criança em idade pré-escolar faz cerca de cem perguntas por dia, mas, à medida que vai crescendo, torna-se menos inquisitiva. Esforçar-se para fazer perguntas pode aumentar nossa capacidade de detectar oportunidades. "Não inventamos as respostas. Nós simplesmente as revelamos com a pergunta certa", explicou Jonas Salk, descobridor da vacina contra poliomielite.

Os criadores, sempre em busca de lacunas a preencher, costumam perguntar-se: O que me surpreende? O que não estou vendo? Como remover os obstáculos? Que paradoxos existem aqui?

Steve Ells, do Chipotle, contou: "Vou até os agricultores e faço um monte de perguntas". Sara Blakely, da Spanx, disse: "Perguntei a mim mesma se cortar o pé da meia-calça era a solução. Descobri que não". Para Alexis Maybank, da Gilt, uma pergunta crucial foi: "Como as mulheres de Ohio podem aproveitar as liquidações de Nova York?"

Pensar como um Polinizador, um Arquiteto ou um Integrador é como fortalecer um músculo mental: a capacidade de detectar oportunidades melhora com a prática. Tudo começa com atenção e curiosidade.

CAPÍTULO 2

Orientar-se
para a frente

Nunca olhe para trás, a não ser que pretenda
seguir nessa direção.
| HENRY DAVID THOREAU

Os pilotos de corrida dizem que o truque para dirigir a mais de 300 quilômetros por hora é olhar para a frente. Eles são velozes demais para se movimentar com base nas delimitações de pista ou na posição de seus concorrentes. A saída é olhar para o horizonte, pois, em alta velocidade, as mãos acompanham os olhos.

Os criadores fazem o mesmo. Contornam os obstáculos imediatos concentrando-se na missão de longo prazo. Agem no presente com foco preciso, desenvolvendo produtos que atendam à necessidade do mercado. Mãos no volante, não há espaço para se comparar com a concorrência ou pensar nas normas do setor. Suas ações se baseiam em manobras específicas: olhar para o horizonte, prestar atenção nas laterais e evitar a nostalgia. Neste capítulo, veremos como os criadores estabelecem o ritmo em um mercado global sempre acelerado.

O código dos criadores

Foque no horizonte

De zero a US$ 1 bilhão em apenas cinco anos. Esse tipo de crescimento é raro, mesmo no Vale do Silício, mas Hamdi Ulukaya alcançou-o na indústria de iogurtes.

Oriundo da província de Erzincan, na região nordeste da Turquia, Ulukaya foi para os Estados Unidos em 1994. Instalou-se na cidade de Nova York para estudar inglês e negócios, mas logo se sentiu deslocado ali. O "menino dos laticínios", como ele mesmo se denominava, resolveu se mudar para o norte do Estado, onde começou a trabalhar em uma fazenda e a estudar na State University of New York em Albany. Ulukaya, que crescera em uma região rural da Turquia, sentia-se mais à vontade no campo. O pai, em uma visita, reclamou da péssima qualidade dos queijos americanos. "Você deveria fazer queijo, dos bons!", insistia. No início, Ulukaya hesitou. Ele não havia se mudado para os Estados Unidos para fazer o que a família fazia em seu país natal. Em 2002, porém, mudou de ideia e começou a fabricar queijo feta em um pequeno edifício de Johnstown, Nova York. Batizou o produto de "Euphrates" e passou a vendê-lo para restaurantes e distribuidores de alimentos.

Um dia, Ulukaya viu, por acaso, um panfleto anunciando a venda de uma fábrica de iogurtes totalmente equipada. Jogou-o no lixo. "Cerca de meia hora depois, meti a mão na lixeira e desamassei o papel", lembra. "A Kraft Foods estava fechando as portas de uma fábrica. Resolvi ligar, só de curiosidade." O empresário turco pegou o carro e foi até South Edmeston, uma pequena cidade a 300 quilômetros de Nova York, para avaliar a fábrica octogenária. Havia vazamentos no teto, paredes descascando e equipamentos velhos mofando. Ulukaya decidiu comprar o lugar.

Os amigos ainda tentaram dissuadi-lo. Ulukaya tinha apenas alguns milhares de dólares no banco, que não davam nem para comprar uma casa, e ele queria investir em uma fábrica de iogurte caindo aos pedaços. Havia um milhão de motivos para *não* comprar a tal fábrica. Por que uma empresa fecharia uma fábrica se ela

Capítulo 2: Orientar-se para a frente

tivesse algum valor? Não importa. Ulukaya estava determinado a desenvolver um iogurte tipo grego, altamente proteico e com baixo teor de gordura, visando superar qualquer outro produto disponível nos Estados Unidos.

O iogurte americano, disse Ulukaya, é ralo demais, doce demais e cheio de corantes e conservantes. Não é *real*. Na Turquia, o iogurte é um alimento básico, e Ulukaya havia crescido comendo o iogurte mais consistente e nada insípido que a mãe preparava em casa.

Ulukaya tomou decisões de olho no futuro. Sem orçamento para publicidade nem um nome no mercado, e ciente de que seu iogurte iria parar nas prateleiras mais baixas dos supermercados, Ulukaya criou uma embalagem bem chamativa, mais arredondada e bojuda, com uma bainha de plástico colorida e o logo da marca na tampa, para que os consumidores pudessem ver quando olhassem para baixo.

"Um dia, estamos sorrindo de orelha a orelha, empolgados com a perspectiva de sucesso", disse Ulukaya. "Aí, no dia seguinte, um cano quebra, o iogurte não fica com o gosto certo, os custos parecem altos demais, e o sorriso desaparece. Precisamos aprender a focar sempre na meta final. Se desviarmos os olhos da meta, já era. Eu sempre vi a meta. Ela estava o tempo todo lá, na minha cabeça."

Em outubro de 2007, Ulukaya e a equipe empacotaram a primeira encomenda da Chobani: 300 caixas de iogurte tipo grego, nos sabores morango, pêssego e blueberry, para um varejista de Long Island. Ulukaya esperou uma semana, na maior ansiedade, para ligar e perguntar como tinham sido as vendas.

O lojista informou que o produto vendeu rápido. O iogurte de Ulukaya era um sucesso.

Ulukaya não perdeu tempo e entrou em contato com a rede de supermercados ShopRite, que tinha mais de 200 lojas, quase todas na região nordeste. Como a Chobani não podia arcar com as altas taxas que os grandes varejistas cobravam pelo espaço nas gôndolas, Ulukaya conseguiu chegar a um acordo com eles: deduziria as taxas das vendas da empresa e, se o iogurte não vendesse bem, ele compraria de volta as unidades restantes. Deu certo.

Um avanço maior ocorreu em 2009, quando Stop & Shop, Publix, BJ's Wholesale Club e Costco começaram a vender o iogurte Chobani. A demanda aumentou para 400 mil caixas por semana. Uma rede de supermercados sugeriu que a empresa oferecesse sabores diferentes. Sem a maquinaria necessária, os funcionários da Chobani preparavam os pedidos à mão, exatamente como haviam feito dois anos antes, na ocasião da primeira encomenda de Ulukaya.

A empresa fabricava cerca de 500 mil caixas de iogurte por semana quando se viu numa encruzilhada. Ciente de que os líderes do setor, como Danone e Yolait, não tardariam em fazer frente a uma startup de crescimento tão rápido, Ulukaya decidiu aumentar a produção para 1 milhão de caixas semanais. A Chobani precisava ser agressiva se não quisesse ser esmagada pelos concorrentes maiores.

"Velocidade Chobani" tornou-se o mantra da companhia. Em 2008, a fábrica do norte do Estado de Nova York produzia 15 mil caixas de iogurte por semana. No início de 2011, a mesma fábrica estava produzindo 1,2 milhão de caixas. Em 2012, esse total passou para 1,8 milhão. Com 1,3 mil funcionários em múltiplas linhas de produção operando 20 horas por dia, a fábrica de South Edmeston acrescentou um quarto turno para dar conta da demanda. Em 2012, Ulukaya abriu uma nova fábrica em Twin Falls, Idaho. Era a única forma de aumentar a produtividade.

Quando Ulukaya começou seu negócio, o iogurte tipo grego representava apenas 0,2% do mercado de iogurtes dos Estados Unidos, que movimentava US$ 78 bilhões. No final de 2013, esse número passou para 50%, e a Chobani tornou-se líder de vendas de iogurte tipo grego. "Embora tenhamos tido a felicidade de realizar grandes coisas, a história do iogurte neste país está apenas começando", disse Ulukaya.

Capítulo 2: Orientar-se para a frente

Todo criador revela a mesma determinação de criar algo extraordinário. Para descrever como manejam a velocidade e a complexidade, eles recorrem a analogias automobilísticas.

- "Costumo dizer 'conduzir rumo ao sucesso'", contou Gilman Louie, fundador do braço de capital de risco da CIA, a In-Q-Tel, e da firma de investimentos Alsop Louie Partners. "Os empresários estão sempre olhando para a frente. Seu modelo de negócios comporta-se como as mãos de um piloto de corrida: sempre se adaptando."
- "Há engrenagens, correias, tubos, válvulas – tudo está conectado e precisa funcionar em harmonia", explicou Joe Gebbia, cofundador da Airbnb. "O sistema de engrenagens entrou em ação, as pessoas começaram a usar o serviço, e, a partir daí, deslanchamos. Jamais olhamos para trás."
- "Precisamos ser capazes de olhar adiante e andar para a frente", disse Kevin Plank sobre a Under Armour. "Temos que ditar o ritmo."

Para aproveitar o momentum, os pilotos de Fórmula 1 aceleram na saída das curvas, seguram firme em trechos retos e dirigem olhando para a frente. Executam sua visão, atentos aos outros corredores, mas focados na própria trajetória. Os criadores movem-se com a mesma precisão.

O mapa da estrada

"Você precisa ter clareza de por que está fazendo o que faz, o que o motiva e como lidar com a parte difícil", disse-me Elizabeth Holmes, fundadora da Theranos. "Se pudermos utilizar a tecnologia para detectar doenças a tempo de tomar alguma providência, modificamos substancialmente o caminho da prevenção."

Por que o câncer só é descoberto em estágio avançado, quando o tratamento já é mais difícil? Ou por que as doenças cardíacas só se revelam após um infarto? Holmes fundou a Theranos para criar uma nova geração de testes diagnósticos que, um dia, permitirão que médicos e pacientes tratem de doenças em estágios iniciais.

"Eu queria disponibilizar informações médicas em um momento em que ainda é possível fazer alguma coisa", disse Holmes. "Meu objetivo é melhorar a prevenção, para que as pessoas possam viver com mais saúde."

Os dados laboratoriais são responsáveis por 80% das decisões clínicas, mas desde o advento do analisador automático, na década de 1950, a maneira de realizar exames de sangue não mudou muito. Seja no hospital, no consultório médico ou em um laboratório, um enfermeiro vem, faz um torniquete no nosso braço, fura nossa veia com uma agulha, colhe o sangue em tubos e envia as amostras para um laboratório central, onde o material é retirado manualmente com o uso de uma pipeta e processado por uma centrífuga (ou um espectrômetro de massa) ou misturado com um reagente químico. De três a sete dias depois, o resultado fica pronto.

A lentidão e a ineficácia do processo é o principal alvo de Holmes. Ela e a equipe desenvolveram uma tecnologia própria para tornar os exames de diagnóstico mais rápidos, baratos e precisos. Em vez de perder dias com culturas para detectar vírus e bactérias, a Theranos sai na frente e utiliza perfis de DNA para identificar patógenos. Os resultados são enviados eletronicamente para os médicos de duas a quatro horas depois de colhido o sangue.

O tempo pode ser um fator fundamental no tratamento até de enfermidades relativamente comuns. "Imagine uma mulher que se queixa de cansaço", disse Holmes. O médico solicita um exame de sangue e, vários dias depois, o resultado indica anemia grave. Agora é necessário realizar outro exame, que também demorará dias, para determinar o tipo de anemia. Nesse ínterim, a paciente começa a tomar um remédio prescrito pelo médico. Na terceira consulta, ela fica sabendo que não está com anemia, mas, sim, com deficiência de ferro. O problema é solucionado, mas a muito

Capítulo 2: Orientar-se para a frente

custo e com sofrimento desnecessário. "Tudo isso teria sido evitado se existisse um método mais rápido e preciso de diagnóstico", observou Holmes.

Para acabar com medos e desculpas – cerca de 40% a 60% das pessoas não fazem os exames necessários –, Holmes optou pela conveniência do serviço. A parceria da Theranos com a Walgreens em 2013 com o objetivo de fornecer serviços laboratoriais em domicílio é um enorme passo em direção à disponibilização de exames para milhões de pessoas. Setenta e nove milhões de americanos são pré-diabéticos, por exemplo, e um número maior ainda está em risco de desenvolver enfermidades crônicas, como doenças respiratórias e cardiovasculares. Mesmo assim, muita gente não liga. Abrir os olhos das pessoas para os riscos de saúde que elas correm é somente um dos potenciais benefícios dos testes de alta tecnologia. Para indivíduos mais velhos com as veias estouradas, crianças com medo de agulha e pacientes oncológicos que precisavam fazer exames de sangue o tempo todo, o uso de lancetadores (aquele pequeno dispositivo utilizado por diabéticos para retirar gotinhas de sangue para os exames de glicose) faz com que os testes laboratoriais sejam muito menos desconfortáveis e assustadores.

Por incrível que pareça, a Theranos cobra menos da metade das taxas de reembolso praticadas por Medicare e Medicaid. Se todos os exames fossem feitos pelos preços da Theranos, Holmes calculou que os planos de saúde públicos dos Estados Unidos economizariam mais de US$ 200 milhões na próxima década.

Mas sua meta final, porém, é a prevenção. Holmes recorre ao exemplo do exame de PSA (antígeno prostático específico) para o diagnóstico de câncer de próstata. O que importa não é a concentração do PSA, mas a taxa de mudança. "Se você me mostrasse um único quadro de um filme e me pedisse para contar a história toda, eu não teria como", explicou Holmes. "Mas com vários quadros, a história se desenvolve." Por isso, a Theranos suplementa os exames com um software que permite que médicos e pacientes vejam o "filme" inteiro.

"Meu sonho é possibilitar tratamentos precoces e específicos", disse Holmes. "Atualmente, atacamos os tumores quando eles já se manifestaram. Queremos mudar essa história. Em muitos casos, se detectarmos a doença bem no início, as chances de cura são muito maiores."

Visão prospectiva

Uma abordagem radicalmente prospectiva é essencial para os criadores conseguirem atingir suas metas. Uma pesquisa realizada por Minjung Koo e Ayelet Fishbach, psicólogas da University of Chicago, revela que a perspectiva de um indivíduo em relação ao próprio progresso tem um profundo efeito em sua capacidade de realização. Segundo as pesquisadoras, podemos dividir as pessoas em dois grupos em termos de metas: as que focam no que falta fazer – visão prospectiva – e as que focam no que já foi feito – visão retrospectiva. Embora ambas as visões tenham o potencial de aumentar nossa motivação, Koo e Fishbach afirmam que a primeira acelera os resultados – quando estamos realmente comprometidos com uma meta.

Eis uma forma de explicar: imagine que você está correndo uma maratona, e se encontra no quilômetro 29. Seu coração está acelerado, o suor escorrendo pelo rosto. Seus joelhos, tornozelos e pés doem a cada passo. Com a respiração arquejante, você continua em frente, determinado a cruzar a linha de chegada. De onde você tira motivação? Pensando nos 29 quilômetros que já correu ou nos 13 quilômetros que falta correr? Se sua resposta é "pensando no que falta", você, como outros criadores, tem a mentalidade necessária para vencer.

Koo e Fishbach verificaram que, quando estamos comprometidos com uma determinada meta, o foco no que já realizamos abranda a motivação. Por outro lado, se focarmos no que falta realizar, nossa motivação não apenas se mantém, como se intensifica. Quando temos uma visão prospectiva, computamos o que

Capítulo 2: Orientar-se para a frente

realizamos e aonde queremos chegar. Após analisar a distância entre esses dois pontos, procuramos encurtar o intervalo aplicando maior concentração e esforço.

A pesquisa de Koo e Fishbach revela que a visão prospectiva aumenta a motivação por atrair a atenção ao progresso ainda a ser realizado. Em um dos experimentos, por exemplo, os alunos de uma faculdade foram divididos em dois grupos. Todos se preparavam para um prova importante. No primeiro grupo, os alunos foram informados de que faltava estudar 52% do material, enquanto no segundo grupo a informação era a de que eles já haviam feito 48% do trabalho. Os alunos que focaram nos 52% restantes se mostraram mais motivados do que os que foram induzidos a pensar de modo retrospectivo. Em outro exemplo, pessoas envolvidas na arrecadação de recursos para ajudar órfãos da Aids na África enviaram cartas de solicitação para doadores costumeiros, enfatizando, em alguns casos, o que já haviam conseguido ("Já arrecadamos, até o momento, US$ 4.920, graças aos diversos doadores") e, em outros, o que faltava arrecadar ("Graças a diversos doadores, já arrecadamos uma boa parte da quantia necessária, mas ainda precisamos de US$ 5.080"). Quando o foco era o valor que faltava, os indivíduos que se importavam com a causa faziam doações maiores. De certa forma, chegavam à conclusão de que a meta não estava sendo atingida no tempo necessário e contribuíam. A visão prospectiva nos impele a focar no terreno que falta cobrir.

Pensar em quantos quilômetros falta correr para cruzar a linha de chegada pode motivá-lo a dar mais de si e a se superar. O mesmo vale para o mundo dos negócios. Os criadores focam no resultado desejado para tomar impulso.

"Estou aqui para construir algo duradouro. Todo o resto é distração", disse Mark Zuckerberg, cofundador do Facebook, ao recusar a proposta de US$ 1 bilhão da Yahoo para comprar a plataforma de rede social em 2006. Qualquer rapaz de 22 anos teria se contentado com um lucro de milhões de dólares

O código dos criadores

por uma experiência desenvolvida no quarto da faculdade, mas Zuckerberg mirava o horizonte. De Harvard, ele expandiu a ideia para outras universidades da Ivy League, depois, para as universidades de Boston, chegando, em pouco tempo, a todas as universidades, escolas e empresas do país e do mundo. Em última instância, foi a atitude prospectiva de Zuckerberg que levou o Facebook de um dormitório universitário para a vida de mais de 1 bilhão de pessoas.

De maneira similar, Sara Blakely demonstrou um foco "sem limite" desde os primeiros dias da Spanx. "Nos primeiros dois anos, eu ocupava todos os departamentos", contou-me. "Era a empacotadora, a transportadora, a modelo de bunda antes e depois, a profissional de marketing, a vendedora, a pseudocontadora. E vivia me avaliando: 'Aqui não fui bem, não gostei, preciso logo colocar alguém nesta área, porque este não é o meu ponto forte'. Acho importante ser autoconsciente e visualizar sua meta de maneira concreta."

Nick Woodman, fundador da GoPro, empresa de câmeras digitais, transformou a ideia de amarrar minicâmeras ao pulso de surfistas em uma revolução do mundo da mídia, capturando imagens de vídeo em alta definição com câmeras acopláveis a capacetes, pranchas e onde mais o sujeito imaginar. Woodman é obcecado com atualização de produtos, pois deseja manter-se sempre um passo à frente. De modo similar, os fundadores da Fuhu, Robb Fujioka, John Hui e Steve Hui, criaram o tablet Nabi. Comprometidos a desenvolver tecnologia para entreter e educar o público infanto-juvenil, em 2014 eles fecharam uma parceria com a DreamWorks Animation e criaram o DreamTab, um tablet para crianças, com desenhos, músicas e aplicativos da DreamWorks.

Os criadores constroem de olho no futuro, não no presente. Para isso, é necessário prever tendências e fazer investimentos que trarão sucesso. O problema de muitos líderes é a lentidão. A Blockbuster, a Eastman Kodak e a Borders, por exemplo, perderam mercado para criadores mais progressistas.

Capítulo 2: Orientar-se para a frente

"O sucesso de ontem não vence o jogo hoje. Precisamos estar sempre nos renovando", diz Hosain Rahman, cofundador da Jawbone. Depois de estourar com seus fones de ouvido Bluetooth em 2006, Rahman distribuiu na empresa uma camiseta com a palavra "azarão" estampada. "Quando somos os azarões, temos que nos esforçar para encontrar soluções. Precisamos ser mais criativos do que gostaríamos", explicou Rahman. O foco prospectivo da Jawbone rendeu-lhe uma invejável participação de mercado em três categorias de produto.

E Steve Ells, fundador do Chipotle, está sempre trabalhando para fazer com que "o melhor burrito do mundo" fique melhor ainda a cada ano que passa. Nada de cartazes na parede exibindo conquistas do passado. "Os prêmios que já ganhamos são vitórias de outros tempos", disse Ells. "Tudo bem, alguém achou o nosso burrito o melhor do mundo, mas isso é irrelevante agora, porque precisamos ser melhor do que isso."

Os criadores focam no horizonte e estão sempre seguindo em frente, sem dar espaço para a complacência.

"Procuramos resolver problemas básicos para poupar as pessoas da grande dor de cabeça que vem com a tecnologia", disse-me Drew Houston, cofundador da empresa Dropbox. "Atacamos *novos problemas*."

O Dropbox foi lançado em 2007, o mesmo ano em que a Apple lançava o iPhone. Com a enorme popularidade dos smartphones e tablets, as pessoas passaram a ter mais aparelhos do que nunca e, portanto, precisavam de flexibilidade para acessar arquivos – documentos, planilhas, vídeos, música e fotos – de qualquer lugar.

O Dropbox começou como solução para uma frustração pessoal. Em 2006, Houston, estudante de pós-graduação do MIT, pegou um ônibus de Boston para Nova York e reparou que havia esquecido o pen-drive em casa, descuido que ameaçava a tranquilidade da viagem, pois significava ficar quatro horas à toa. Irritado

O código dos criadores

por não ter os arquivos à mão, Houston abriu o laptop e começou a escrever códigos.

Poucos meses depois, ele fechava uma parceria com Arash Ferdowsi, estudante de ciência da computação no MIT, visando abrir uma empresa para fornecer acesso a documentos armazenados via internet. Conseguiram o apoio da incubadora do Vale do Silício Y Combinator, mudaram-se para São Francisco e passavam 20 horas por dia enfurnados em um apartamento produzindo códigos. O negócio tomava forma.

Para fornecer acesso rápido e seguro a arquivos armazenados na nuvem, Houston e Ferdowsi precisavam resolver um desafio técnico para lá de complexo: o Dropbox tinha que funcionar em qualquer aparelho, com qualquer sistema operacional, em qualquer navegador, de qualquer país.

"Precisamos nos preparar para o que nos aguarda lá na frente", disse Houston. As pessoas buscam simplicidade. Se der para não ficar enviando arquivos por e-mail ou carregando documentos em pen drives, melhor. Ninguém gosta de caixas de entrada abarrotadas. Houston decidiu desenvolver um depósito online para armazenar todo tipo de informação, tanto pessoal quanto profissional, prevendo que a linha divisória entre esses dois âmbitos se tornaria cada vez mais indistinta. Assim como as pessoas usam a mesma caneta para escrever memorandos e listas de compras, a mesma conta de e-mail para assunto de trabalho e assuntos pessoais e o mesmo telefone para falar com clientes e com a família, elas podem usar o Dropbox para armazenar o que quiserem.

Mas focar no horizonte não é fácil. Precisamos ir além do conhecido.

"Desde criança, a coisa que mais me deixa feliz é escrever códigos", disse Houston. "Mas, para abrir uma empresa, precisamos de algo completamente diferente do que precisamos como engenheiros. Temos que sair da nossa zona de conforto." Houston falou das dificuldades do processo de apresentar o negócio e contratar e demitir amigos. "Você cria belos sistemas de códigos e algoritmos e sistemas de pessoas, o que é como tentar montar uma pirâmide de gelatina", disse. "Mas você precisa dar o seu máximo. Se não estiver tendo problemas, provavelmente não está indo rápido o suficiente."

Houston ri ao se lembrar da luta que foi para receber o primeiro investimento de US$ 1 milhão em uma conta do Bank of America cujo saldo na época era de US$ 60. "Dois moleques" que transformaram uma ideia em uma empresa de US$ 10 bilhões em apenas sete anos, Houston e Ferdowsi focam nos próximos passos.

"Meu sócio Arash me envia e-mails às três da manhã, dizendo: 'Esta letra tem que ser maiúscula ou precisamos movê-la dois pixels para a esquerda'", contou Houston. "Damos atenção aos mínimos detalhes para estabelecer padrões realmente elevados." Não é confortável, mas os fundadores da Dropbox aceleram ao máximo para atender às necessidades dos usuários, que totalizavam mais de 300 milhões em 2014.

"Quando começamos a nos achar bons em determinada área, geralmente paramos de inovar, abrindo a porta para a concorrência", disse-me Houston. "Para cada Google ou Facebook, há outras tantas ideias brilhantes que ficam para trás. É por isso que sempre temos metas maiores. Nunca nos sentimos completamente realizados."

Preste atenção aos lados

Os criadores e os pilotos de corrida estão sempre olhando para a frente, mas com uma diferença fundamental: os pilotos percorrem um circuito fixo, isto é, suas características não mudam de uma volta para a outra, enquanto os criadores se movimentam a altas velocidades em um meio em constante transformação. Precisam ficar atentos a fatores periféricos capazes de mudar as correntes predominantes.

"Os grandes empreendedores estão sempre olhando ao redor, para ver se detectam algum sinal de que uma premissa está envelhecendo, tornando-se obsoleta ou perdendo a força", disse o fundador da In-Q-Tel, Gilman Louie. "Dá até arrepio. Não temos como mandar nossa equipe de marketing realizar pesquisas de qualidade, porque, no momento em que eles identificam esse sinal, já é tarde demais."

Robin Chase teve um desses arrepios em 1999 ao ouvir a amiga Antje Danielson descrever uma experiência de compartilhamento de veículos que testemunhou na Alemanha. Chase percebeu que as novidades na área de tecnologia móvel podiam criar uma alternativa para quem precisava de carro. "Foi para isso que criaram a internet", exclamou Chase. "E era exatamente o que eu queria!"

Mãe quarentona de três filhos e tendo que dividir o carro com o marido em Cambridge, Massachussetts, Chase sabia que não podia ficar o tempo todo pedindo o carro da vizinha emprestado para ir ao Costco ou para levar as crianças à natação. Ela precisava de um carro, mas não queria os aborrecimentos e gastos de ter um.

Como os filhos iam ao mesmo jardim de infância, Chase e Danielson geralmente tomavam um café juntas, para trocar ideias. Danielson, doutora em geoquímica pela Harvard University, via o compartilhamento de veículos como uma alternativa ecologicamente sustentável ao aluguel ou compra de automóveis. Chase, com um MBA pela MIT Sloan School of Management, traçara um plano para apresentar a Glen Urban, reitor da universidade na época. Glen ficou bastante entusiasmado. "Que incrível! Só que eu triplicaria o tamanho e a velocidade", disse ele.

No ano 2000, quem precisava de um carro podia comprar, arrendar ou alugar um, mas o conceito de usar um automóvel compartilhado tinha uma conotação negativa. De qualquer maneira, ninguém considerava os hotéis como compartilhamento de cama, as academias de ginástica como compartilhamento de aparelhos ou os restaurantes como compartilhamento de pratos e talheres. Isso era normal. Chase e Danielson acreditavam no sucesso do compartilhamento de veículos, mas precisavam de um nome que pegasse. Batizaram o negócio de Zipcar.

O sistema de compartilhamento de veículos permitiria que os clientes fizessem compras no supermercado, levassem o cachorro ao veterinário, fossem a um chá de bebê em um bairro distante ou pegassem um amigo no aeroporto. Na maioria dos casos, os moradores das cidades precisavam de carro uma ou duas vezes por semana, mas em vez de comprar um, bastava andar com um cartão de plástico na carteira que, por meio de um chip embutido, destrancava um automóvel na hora em que eles quisessem. "Você pretende entrar no mercado de negócios ou no mercado de consumo?", perguntaram a Chase. "Quem não gostaria de ter um carro sempre à disposição, sem complicações?", respondia ela. "Pretendo entrar em todos os mercados."

Foi uma abordagem não convencional do uso do carro que agradou as pessoas da periferia do mercado existente. "Pensamos em aluguel de carro e visualizamos logo um sujeito cansado oferecendo um serviço burocrático e pouco eficiente. Dissemos: 'Não, podemos transformar essa velha indústria em um negócio descolado'", explicou Chase. "Não quero alugar um carro por um dia inteiro se preciso dele só por duas horas."

A Zipcar foi lançada no ano 2000, com uma frota de três fuscas verdes, em Cambridge. Em 2001, a empresa abriu uma filial em Washington, e, em 2002, o conceito de "carros na hora que você quiser" chegou à cidade de Nova York. Em 2007, a Zipcar se fundiu com a Flexcar, uma concorrente regional, e em 2013 a companhia já tinha mais de 760 mil clientes, com 10 mil veículos em mais de 20 regiões metropolitanas e 300 campi universitários. Em novembro de 2013, foi adquirida pela Avis por US$ 500 milhões.

Chase e Danielson ajudaram a desbravar o terreno da economia compartilhada, mas tiveram de agir rápido de modo a não perder a oportunidade que se apresentava em vista de uma mudança de atitude relacionada ao consumo de automóveis. Da mesma forma, quando Joe Gebbia e Brian Chesky decidiram compartilhar quartos com desconhecidos, as pessoas acharam a ideia "muito esquisita". Os fundadores da Airbnb estavam indo contra um estigma social sobre compartilhamento. Mas, uma vez que começaram a ganhar dinheiro alugando colchões infláveis no próprio apartamento, souberam que estavam na direção correta.

Poucos anos atrás, a ideia de ficar na casa de um desconhecido em uma cidade nova parecia arriscada. No entanto, com a proliferação das redes sociais como o Facebook, os donos e usuários da Airbnb podem identificar amigos em comum e amigos de amigos no site. A confiança é construída com base nas avaliações, tanto dos usuários como dos anfitriões.

"No primeiro ato, as pessoas começaram a usar e-mail e páginas web via internet. No segundo ato, o objetivo era transmitir credibilidade por meio da transparência. Agora, no terceiro ato, estamos levando essa atividade ao mundo off-line", disse Joe Gebbia, descrevendo a próxima fronteira.

Em 2009, cerca de 100 mil quartos foram reservados pela plataforma da Airbnb. Em 2010, seus criadores incrementaram o sistema, adicionando serviços profissionais de fotografia, opção de pagamento on-line e integração com o Facebook. O número de reservas aumentou para mais de 750 mil. Em 2012, a Airbnb chegou à marca de 2 milhões de quartos alugados em todos os Estados Unidos e no mundo inteiro. Em 2014, esse total subiu vertiginosamente para 25 milhões de reservas via Airbnb.

Como Chase e Danielson, fundadoras da Zipcar, Gebbia e Chesky, da Airbnb, transformaram uma ideia relativamente simples (que surgiu para resolver um problema pessoal) em um sucesso de mercado. O objetivo original da empresa era acomodar participantes de congressos que não encontravam quartos nos hotéis. Pessoas interessadas em destinos não convencionais e baixo custo foram os clientes seguintes. Hoje, a Airbnb disponibiliza acesso a mais de 800 mil anúncios no mundo inteiro, oferecendo acomodações em quartos, apartamentos e casas, assim como castelos, iglus, habitações em árvores e iurtes.

Capítulo 2: Orientar-se para a frente

Os fundadores da Airbnb, olhando para os lados, acabaram criando uma revolução no setor de hospedagem. "Com a Airbnb, você passa a conhecer o negócio", disse Gebbia, descrevendo como os usuários compartilham espaço e experiências culturais.

Os rapazes que removeram as rodas dos patins, aparafusando-as numa prancha de madeira, inventaram o skate. O equipamento de escalada da Black Diamond foi fruto da imaginação de um montanhista que fabricava e vendia pitões — aqueles ganchos de metal que os alpinistas enfiam na rocha como ponto de ancoragem. Amantes do ciclismo radical criaram as *mountain bikes* incorporando pneus grossos às bicicletas comuns para poderem se aventurar por terrenos acidentados. Os criadores costumam lançar moda atualizando e alterando produtos da periferia dos mercados.

"Esses inovadores periféricos, ou 'usuários de ponta', vivem no futuro", disse Eric von Hippel, professor de inovação da MIT Sloan. Por 30 anos, von Hippel foi pioneiro no campo de pesquisas sobre pessoas que inovam desenvolvendo e adaptando produtos da periferia dos mercados.

"Pediram-nos para verificar o número de inovações feitas por pessoas comuns, desenvolvendo, modificando e adaptando produtos para uso próprio, em um período de três anos", disse-me von Hippel, enquanto eu examinava uma das primeiras impressoras 3D do mundo em seu escritório, no MIT. Após entrevistar cerca de 1,2 mil pessoas nos Estados Unidos, Grã-Bretanha e Japão, von Hippel descobriu que os usuários de ponta investiam quase duas vezes mais do que as empresas de desenvolvimento de produtos, tanto na criação de novos produtos quanto na modificação de produtos existentes para atender suas necessidades. Um sujeito inventou um dispositivo para podar copas de árvores com uma vara de pescar e um gancho de metal; uma mulher pintou os ponteiros do relógio de cores diferentes para ajudar os filhos a ver as horas; um mecânico desenvolveu um motor para ligar o carro em caso de bateria arriada; e um estudante reprogramou o GPS para encontrar objetos perdidos em casa. Muitas dessas adaptações podem revelar a próxima tendência de mercado.

Diante de fatores limitadores, a saída, muitas vezes, é improvisar, e as soluções resultantes acabam popularizando-se. A 3M, por exemplo, buscava novas formas, eficazes e acessíveis, de substituir ou complementar os panos cirúrgicos utilizados para impedir a proliferação de bactérias durante as cirurgias. A empresa observou cirurgiões em zonas de guerra e equipes médicas em mercados em desenvolvimento para verificar como eles solucionavam problemas semelhantes. Além disso, inteirou-se sobre as inovações desenvolvidas por veterinários para evitar infecções durante as cirurgias em animais. Esses usuários de ponta forneceram informações valiosas que possibilitaram à 3M comercializar métodos totalmente novos de prevenir infecções cirúrgicas. Aliás, segundo as pesquisas, as inovações dos usuários de ponta servem de base para a criação de novas linhas de produto da empresa, enquanto os métodos tradicionais de pesquisa de mercado contribuem para seu aperfeiçoamento. O resultado disso é que as vendas dos produtos baseados em inovações de usuários de ponta renderam US$ 146 milhões em cinco anos, um lucro oito vezes maior do que o gerado pela venda de produtos desenvolvidos pelos métodos tradicionais.

Os criadores valem-se da visão periférica para identificar ideias marginais que podem se popularizar, da mesma maneira que os pilotos de corrida estão sempre atentos ao que pode acontecer ao seu redor. E, assim como um piloto raramente utiliza o espelho retrovisor, temendo perder uma oportunidade única à frente, os criadores procuram evitar padrões mentais e deitam fora velhas estratégias.

Evite a nostalgia

"Se fôssemos dispensados e a diretoria trouxesse um novo CEO, o que ele faria?", perguntou Andy Grove, presidente da In-

Capítulo 2: Orientar-se para a frente

tel, a Gordon Moore, CEO e presidente do conselho de administração, em 1985. "Tiraria a Intel do mercado de pentes de memória", respondeu Moore. Grove pensou um momento e retrucou: "Por que não saímos, voltamos e fazemos isso?" Foi exatamente o que eles fizeram.

"Só os paranoicos sobrevivem", disse Andy Grove ao contar essa história em um curso que fiz na Stanford Business School há alguns anos. Grove contou que se "demitiu" para colocar a Intel em um novo caminho. Sem olhar para trás, decidiu fechar a divisão de pentes de memória da empresa, mesmo ela tendo sido pioneira nesse mercado. Começou, então, a fabricar microprocessadores e aumentou a capitalização de mercado da Intel de US$ 4 bilhões para US$ 197 bilhões – um aumento de cinco vezes –, transformando-a na sétima maior empresa do mundo, com 64 mil funcionários.

Os criadores não se prendem a legados, mesmo aqueles que lhes garantiram sucesso. Não há espaço para nostalgia. Seja uma lembrança boa ou uma abordagem conhecida, a história não pode impedir o progresso.

"Os empreendedores dificilmente caem na armadilha do pensamento contrafactual", disse Robert Baron, professor de empreendedorismo da University of Oklahoma. "Apesar de aprenderem com os erros, não ficam remoendo o passado, nem se arrependem do que fizeram, o que seria muito perigoso."

Os acadêmicos que estudam os fatores cognitivos por trás das decisões de começar um novo empreendimento descrevem o pensamento contrafactual como a tendência de imaginar o que poderia ter acontecido. O que teria mudado se o produto tivesse sido lançado duas semanas antes? O que poderia ser diferente se tivéssemos contratado aquele engenheiro que foi trabalhar no concorrente? Em um estudo com três grupos – empreendedores, potenciais empreendedores e não empreendedores –, Baron descobriu que as pessoas que haviam aberto o próprio negócio havia pouco tempo focavam menos no passado, sem se preocupar com as oportunidades perdidas, verificando ainda que os empreendedores não sentem tanto arrependimento e geralmente estão dispostos a reconhecer e admitir seus erros.

Os criadores não ficam paralisados olhando para trás. Aprendem a lição e seguem adiante. Em vez de focar no que já passou, eles investem toda a sua energia no que podem fazer dali para a frente.

"Tudo começa abrindo mão de como as coisas costumavam ser", disse Kevin Plank, fundador da Under Armour.

Quando Plank lançou sua empresa, as pessoas lhe disseram que a ideia jamais daria certo. A indústria era dominada por concorrentes de peso, diziam, e um negócio de camisetas iniciado na University of Maryland não sairia nem do vestiário. "Olhemos para a história", recomendavam os investidores. "Eu me lembro. Tentei isso." Poucos compraram a ideia. "Mas ninguém pode lhe dar as suas respostas", argumentou Plank, com a convicção de um *fullback* destemido, mesmo perante adversários maiores. Esse foco é visível no escritório de Baltimore. Quadros brancos cobrem a parede, com dizeres como: "Ataque", "O progresso é mais importante do que a perfeição", "Caminhe com propósito", "Saia da encolha e apresente soluções".

Durante cinco anos, Plank trabalhou na camiseta sintética original da Under Armour. Acrescentou mangas longas. Depois, fez na parte de baixo o que havia feito na parte de cima. Deu mais um passo e criou uma camiseta folgada.

Um dos maiores obstáculos de Plank era a Under Armour ser vista apenas como uma empresa de roupas. Em 2006, o empresário aproveitou a reputação futebolística da companhia para convencer os consumidores de que podia fabricar chuteiras. O estratagema funcionou. Em dois anos, Plank conquistou 20% do mercado. "Desde então, estamos indo de vento em popa."

Em 2008, ele adotou o mantra "adeus mentalidade de fracasso", recusando-se a se deixar abater pela recessão. "Jamais haverá o momento certo", disse Plank. "E para quem acha que eu não posso

Capítulo 2: Orientar-se para a frente

fazer isto agora, bom, alguém tem de se arriscar!" Plank desafiou os gigantes da indústria internacional de tênis esportivos, um mercado avaliado em US$ 31 bilhões, lançando um tênis para treinamento multifuncional. Em 2009, a Under Armour entrou no mercado de tênis de corrida e, em 2010, lançou um tênis de basquete.

"Os melhores comerciantes do mundo não são aqueles capazes de *prever* o que virá pela frente, mas aqueles que *determinam* o que virá pela frente", disse-me Plank. "Nosso trabalho, portanto, é dizer ao mercado: 'É assim que serão as chuteiras daqui para a frente. É assim que será a plataforma de treinamento. É assim que serão os tênis de corrida. É assim que trabalharemos com a tecnologia disponível'."

Plank chegou a reverter a filosofia de que "o algodão é o inimigo", passando a fabricar camisetas de algodão. Desde sua fundação, a Under Armour havia sido a empresa "antialgodão" por excelência. Quando abriu o capital da companhia em 2005, em toda reunião com investidores Plank encharcava uma camiseta de algodão em um balde d'água e jogava o pano em cima da mesa para mostrar como o algodão pesava no corpo dos atletas. Mas em 2011, ao observar o armário dos clientes, o empresário verificou que, de cada 30 camisetas, 26 eram de algodão. "Foi quando me olhei no espelho e disse: 'Eu também não tenho nada contra o algodão. O único problema é como ele está sendo usado'", explicou.

Plank assumia um risco ao mudar o rumo da empresa: os consumidores podiam julgá-lo incoerente. Não era o caso. Plank começou a desenvolver um tecido de algodão que funcionaria como um tecido sintético antiumidade. Em parceria com a Cotton Incorporated, sediada na Carolina do Norte, criou o Charged Cotton, um material que seca cinco vezes mais rápido do que o algodão comum.

Sempre olhando para a frente, Plank diz a seu público-alvo, a garotada que está iniciando nos esportes: "A Adidas é a marca do seu avô, a Nike, a marca do seu pai e a Under Armour, a sua marca". O empreendedor não quer convencer atletas de 25 anos ou praticantes de esportes com 40 a mudar de marca. Seu objetivo é crescer junto com a próxima geração.

O último produto da Under Armour, a camiseta E39, com um sistema de medição biométrica para o corpo, tem um painel embutido semelhante a um painel de automóvel para medir o desempenho do atleta. A aquisição da MapMyFitness em 2013, uma plataforma de monitoramento de atividades físicas que fornece aos usuários ferramentas para controlar, registrar e compartilhar seus resultados, prenuncia uma era de tecnologia móvel de treinamento digital. "Ainda não desenvolvemos o produto que nos define", disse Plank.

Os criadores decidem o que *não* fazer na mesma proporção que priorizam o que fazer. Excluir distrações elimina obstáculos. As listas do que evitar ajudam a superar a arrogância e a força retrógrada da nostalgia que nos paralisa.

A volta de Steve Jobs para a Apple em 1997 é um bom exemplo. Jobs desenhou uma matriz com as palavras "Consumidor" e "Profissional" em um eixo e "Desktop" e "Portátil" no outro. A Apple focaria em quatro grandes produtos, disse ele. Todo o resto seria descontinuado. Jobs evitava dispersar a energia da equipe. No retiro anual com os 100 melhores gerentes da empresa, ele perguntou aos líderes da Apple: "Quais são as próximas dez coisas que devemos fazer"?" Com a lista no quadro, Jobs apagou os sete itens de baixo. "Só podemos fazer três", decretou. Nenhuma ideia, produto ou característica se salvava do corte.

Jobs não queria saber de distrações. Seu objetivo era desobstruir o design e desenvolver produtos "inimaginavelmente maravilhosos" simplificando a tecnologia de consumo.

Além disso, Jobs acreditava que era importante dar um salto à frente sempre que a Apple ficava em segundo lugar. Ele aprendeu essa lição após uma falha grave estragar o iMac original. Jobs desenvolvera o iMac para fotos e vídeos, mas o computador não gravava CDs. Somente os usuários de PCs podiam ripar, gravar,

Capítulo 2: Orientar-se para a frente

baixar e tocar suas músicas favoritas. "Me senti um idiota", disse Jobs ao biógrafo Walter Isaacson. Em resposta, o empresário fez uma aposta tripla, lançando o iPod, o iTunes e a iTunes store.

Apesar do sucesso do iPod, Jobs preocupava-se. "Se não canibalizarmos, alguém o fará em nosso lugar." O fundador da Apple chegou à conclusão de que os telefones celulares representavam a próxima grande ameaça. E se os fabricantes de celulares adicionassem a funcionalidade de música aos aparelhos? A ameaça levou à criação do iPhone, que canibalizou as vendas do iPod quase que de propósito.

Jobs pressionava as pessoas a fazer o impossível, criticando abertamente produtos e ideias. "Quando não gosto de alguma coisa, digo na cara. Faz parte do meu trabalho ser sincero", disse. Jobs ficou famoso pela intolerância. Todos que trabalhavam com ele sabiam que ele só olhava em uma única direção: o futuro.

É assim que os criadores triunfam. Mãos no volante, olhos postos no horizonte, vão contornando os buracos de quem é "do contra" e as distrações com um único objetivo em mente: o sucesso. E nada é capaz de detê-los.

CAPÍTULO 3

Dominar o ciclo OODA

A capacidade de aprender mais depressa do que a concorrência pode ser a única vantagem competitiva sustentável.

| ARIE DE GEUS

No verão de 1998, Max Levchin chegou a Palo Alto dirigindo um caminhão amarelo alugado em Chicago. Recém-formado pela University of Illinois de Urbana-Champaign, Levchin decidira renunciar à pós-graduação e seguir o caminho dos jovens e brilhantes engenheiros de computação que migravam para o oeste. Em Palo Alto, instalou-se provisoriamente no apartamento de um amigo enquanto procurava trabalho. Um dia, Levchin foi a uma palestra de um corretor de derivativos chamado Peter Thiel, tanto para aprender algo novo quanto para fugir do calor. Só havia seis pessoas na plateia. A mensagem de Thiel o intrigou e, depois da palestra, Levchin expôs algumas ideias que teve. Thiel, sempre interessado em novas oportunidades de investimento, convidou Levchin para um café.

"Parecíamos dois nerds cortejando um ao outro", lembra Levchin. "Começamos a sair para

O código dos criadores

decidir se trabalharíamos juntos e nos divertíamos com problemas de matemática. 'Esse eu resolvi. Quero ver se você consegue', desafiávamo-nos."

Thiel investiu no conceito de criptologia de Levchin, e como este não encontrava um CEO, os dois resolveram se unir. Fundaram a FieldLink, uma empresa que codificava softwares para Palm Pilots, os assistentes pessoais digitais jurássicos que na época pareciam moderníssimos. O produto foi um fracasso. Thiel e Levchin propuseram-se, então, a desenvolver softwares de criptografia para o mercado empresarial. Outro fiasco. Sem se deixar vencer pelo desânimo, a dupla inventou a "carteira virtual", um programa de armazenamento de informações financeiras. Não deu certo. Em seguida, os dois criaram um gerenciador de dívidas para transações no Palm Pilot, mas ninguém estava interessado em meras promessas de pagamento. Foi então que Thiel e Levchin tiveram uma ideia que os tornaria conhecidos: relançar a FieldLink como Confinity e apresentar uma forma de transferir dinheiro instantaneamente entre Palm Pilots, sem a necessidade de cabos. No verão de 1999, eles organizaram um evento para a mídia no Buck's Restaurant, ponto de encontro dos capitalistas de risco de Woodside, Califórnia, e anunciaram a primeira rodada de financiamento da Confinity. O Deutsche Bank e a Nokia Ventures transferiram US$ 4,5 milhões para o Palm Pilot de Thiel. "*Bip!* Dinheiro recebido!" A tecnologia funcionava.

De qualquer maneira, foi um pequeno lapso que colocou os dois no caminho do sucesso. Graças ao boca a boca, milhares de pessoas que não tinham Palm Pilots começaram a usar o site demo da empresa para realizar transações financeiras. Além disso, os usuários do eBay passaram a transferir dinheiro pela internet por meio do site. No início, os sócios ficaram perplexos. "Não sabia se devia deixar compradores e vendedores aleatórios do eBay usarem o produto, sobretudo para outros fins que não o original", contou-me Levchin. "Cheguei a tentar bloqueá-los. Até que tivemos uma epifania." Os inconvenientes usuários do eBay apontavam

Capítulo 3: Dominar o ciclo OODA

para um vasto e imprevisto mercado. Os dois rapazes largaram tudo para concentrar-se no desenvolvimento de uma versão do produto para a web.

Em cada ponto, Thiel e Levchin analisavam a dinâmica, tomavam uma decisão e agiam rapidamente. Em 1999, a Confinity se fundiu com a empresa de pagamentos online de Elon Musk, a X.com, dando origem à PayPal. Com uma equipe coesa de zelosos inovadores, eles remodelaram o negócio seis vezes antes de vendê-lo ao eBay, em 2002, por US$ 1,5 bilhão.

Ainda mais impressionante foi o que aconteceu em seguida. Os três fundadores da PayPal e outros membros da equipe, conhecidos no Vale do Silício como "a máfia da PayPal", criaram uma série de empreendimentos revolucionários, como o YouTube, a Yelp, o LinkedIn, a Tesla Motors, a SpaceX, a SolarCity, a Palantir Technologies, o Founders Fund, a Slide, a HFV, a Yammer, a Geni e a Digg. Em todos os casos, eles tiveram sucesso por seguir o ciclo OODA com mais rapidez e eficácia do que a concorrência.

Utilizemos o exemplo da máfia da PayPal para entender como os criadores lançam mão do ciclo OODA.

Definição do ciclo OODA

Muitos anos antes de os inovadores tecnológicos falarem de iteração de ciclos, metodologia *lean startup* e *design thinking*, John Boyd, piloto de caça que combatera na Guerra da Coreia, idealizou um sistema para tomar decisões rápidas que garantissem o sucesso em um meio em constante transformação. O "ciclo OODA" de Boyd — observar, orientar, decidir e agir — vale tanto para os combates aéreos quanto para os negócios.

Boyd observou que, embora os Sabrejets dos Estados Unidos fossem mais lentos do que os MiGs soviéticos, os pilotos de seu país quase sempre venciam. Especialistas creditam o fato à superioridade do treinamento norte-americano. Boyd acreditava que havia algo mais.

O código dos criadores

Ao comparar os dois aviões, Boyd dotou que, apesar de os MiGs alcançarem maior velocidade e altura, eles eram mais lentos nas manobras. A capacidade de fazer mais manobras em menos tempo representava uma vantagem para os pilotos norte-americanos. No decorrer do combate, o inimigo tomava decisões com base em circunstâncias que já haviam mudado. Esse processo, que ocorria diversas vezes durante as batalhas aéreas, resultava em decisões fatídicas, e os MiGs acabavam sendo destruídos.

"O adversário que for capaz de seguir esses ciclos com mais agilidade terá uma inestimável vantagem sobre o inimigo, desarticulando seu sistema de defesa", afirmou Boyd perante o Comitê de Serviços Armados da Câmara dos Representantes dos EUA.

Boyd, autoconfiante mesmo segundo os padrões dos pilotos de caça, teorizou que, ao responder de maneira incisiva a condições instáveis, um piloto poderia modificar a dinâmica de um combate antes de o inimigo ser capaz de reagir, confundindo-o e controlando a situação. Na Base Aérea de Nellis, em Nevada, "Boyd 40-Segundos", como era chamado, desafiava qualquer piloto a derrotá-lo, declarando que venceria em 40 segundos ou pagaria US$ 40. Dizem que ele nunca perdeu, mesmo dando ao adversário uma vantagem inicial.

Em parceria com o matemático Thomas Christie, Boyd desenvolveu a teoria de Manobrabilidade-Energia, que se tornou padrão para os aviões de caça. Com base em seus conhecimentos matemáticos e experiência de voo, ajudou a projetar o F-16, um caça supersônico capaz de manobras extremas. O F-16 pesa cerca de metade do peso de seu antecessor, o F-15, e é capaz de executar manobras como a *high-G barrel roll*, em que gira sobre o próprio eixo, sem nenhuma dificuldade, mesmo em velocidade baixa.

Talvez a maior contribuição de Boyd para o mundo seja seu paradigma de como criar vantagem competitiva em um ambiente de rápidas transformações. Boyd passou anos estudando história militar, ciências, matemática e psicologia para criar um sistema que batizou de ciclo OODA.

Capítulo 3: Dominar o ciclo OODA

O ciclo OODA consiste em quatro passos. *Observar* o que está acontecendo e processar o máximo de informações do maior número de fontes possível. *Orientar* essas observações, separando o que é relevante. *Decidir* que linha de ação seguir e escolher um caminho. *Agir* de acordo com a decisão tomada, mantendo em mente que a ação não é o fim, porque o ciclo nunca termina.

Não se trata apenas de velocidade. O ciclo OODA tem como finalidade criar o tempo necessário para examinar um problema antes de agir. Como diz Boyd, *"ao entrarmos no ciclo OODA do adversário"*, podemos nos adiantar e causar um curto-circuito em seu processo. A capacidade de observar, orientar, decidir e agir em um ciclo mais curto obscurece nossas intenções, enquanto o adversário revela seu próximo passo. A vantagem de reagir com rapidez cresce exponencialmente, e em pouco tempo já somos capazes de vencer adversários mais fortes.

No mundo atual de comunicação instantânea, tecnologia acelerada e turbulência econômica, para ter sucesso é necessário saber adaptar-se a um ambiente em constante transformação. Os criadores decodificam o meio, tomam medidas peremptórias e prevalecem realizando rápidos ajustes. Veja como colocar o ciclo OODA em prática para superar estrategicamente a concorrência uma e outra vez.

Observar

Um piloto precisa de consciência situacional – a capacidade de prestar atenção ao que acontece à sua volta. Boyd ensinava os pilotos a identificar incoerências entre seu sistema de referência e a realidade. Essas divergências constituem uma oportunidade de aproveitar a vantagem.

Isso se aplica a qualquer situação que mude rapidamente. Os criadores reúnem o máximo de informações no menor tempo possível, prestam atenção aos detalhes e ficam atentos a anormalidades.

"É importante focar nas particularidades do presente", explicou Peter Thiel, um dos fundadores da PayPal. "As pessoas vivem pensando em mudar o mundo, mas, em um mercado cada vez mais globalizado, ficou difícil prever para onde as coisas estão indo conhecendo apenas seu ponto de partida."

Orientar

As informações não servem de nada sem interpretação. Orientar, nesse contexto, significa sintetizar informações para compreendê-las. Precisamos analisar todos os dados e separar o que é importante para realmente entender um determinado cenário. Experiência, tradições, normas da indústria e novas informações são fatores que contribuem para uma avaliação precisa de situações dinâmicas.

Para explicar o conceito da orientação, Boyd fez uma analogia com o desenvolvimento dos *snowmobiles* (uma espécie de moto para a neve). Considere quatro sistemas mecânicos aparentemente desconexos: um par de esquis, um barco com motor de popa, uma bicicleta e um tanque militar. Desmonte tudo, utilizando as peças para montar um novo veículo, com os patins do esqui, o motor do barco, o guidom da bicicleta e as esteiras do tanque. Voilà: um *snowmobile*. O *snowmobile* se tornou a analogia de Boyd para a capacidade de assimilar informações e propor uma visão mais sofisticada. "Um vencedor é alguém capaz de desenvolver *snowmobiles* e empregá-los de maneira apropriada diante de incertezas e mudanças imprevisíveis", disse.

"Um princípio básico", contou-me Thiel, "é entrar em um mercado relativamente pequeno com uma tecnologia dez vezes melhor do que a melhor opção existente. O sistema PayPal cativou os compradores do eBay porque a alternativa mais adequada existente era pagar com um cheque que demorava de sete a dez dias para ser compensado.

"Procuro por arbitragem de distribuição", disse David Sacks, primeiro COO da PayPal, referindo-se à janela na qual uma técnica de distribuição específica pode render significativa vantagem. Assim como no caso de qualquer mínima vantagem,

Capítulo 3: Dominar o ciclo OODA

canais de distribuições incomuns oferecem oportunidades tão importantes quanto as características dos produtos.

Decidir

Em combate, os pilotos precisam se adaptar a diversas condições tomando decisões rápidas. A mesma determinação é necessária no mundo dos negócios. Os criadores contornam a ambiguidade decidindo sem pestanejar.

Agir

John Boyd dizia que os vencedores destroem as perspectivas de seus rivais iniciando uma série de ações inesperadas. Diante de tamanha reviravolta, os adversários provavelmente interpretarão a situação de um ponto de vista conhecido. Boyd instruía os pilotos a fazerem outra investida antes de os adversários mudarem de tática, o que os desnorteava mais ainda. De modo similar, os criadores movem-se com habilidade e sobrepujam os competidores menos ágeis.

Logo após a ação, o ciclo recomeça. Com a mudança do contexto, nosso ponto de vista também muda. Quanto mais rápido identificarmos a diferença entre nossa visão e a realidade, mais rápido poderemos tomar uma decisão e implementá-la. Os criadores dominam essa rápida iteração aplicando continuamente o ciclo OODA.

"Um dos pontos fortes da equipe do PayPal era o movimento", contou-me Reid Hoffman. "Eles realizavam as coisas, lançavam produtos, largavam o que não estava funcionando e procuravam explicações. Por exemplo, deixamos de lado o negócio do Palm cerca de um ano depois do lançamento, porque a coisa não pegou. Decidimos focar totalmente no lance dos e-mails." Hoffman, mais conhecido como um dos fundadores do LinkedIn, entrou no PayPal como vice-presidente de desenvolvimento comercial em 1999.

O código dos criadores

A equipe da empresa movia-se rapidamente para observar, orientar, decidir e agir com mais eficiência do que os concorrentes maiores, mais estruturados, além dos ciberladrões, que tentavam roubar do site.

"A concorrência fazia avanços em certas áreas, mas nunca duas vezes", disse David Sacks. "Observávamos o que eles faziam e fazíamos igual." Quando o Dotbank.com começou a oferecer US$ 10 de bônus para cada amigo que o usuário conseguisse trazer, a PayPal não ficou para trás e apresentou a mesma estratégia uma semana depois: US$ 10 por inscrição e US$ 10 por indicação. Dinheiro de graça é um incentivo e tanto.

O PayPal tornou-se um dos primeiros produtos virais da internet. "Dois ou três meses depois de lançar a tecnologia Palm, chegamos à conclusão de que o e-mail seria uma ferramenta mais poderosa", disse-me Thiel. O e-mail era uma forma simples de divulgar o site de pagamento. Quando o usuário do PayPal enviava dinheiro por e-mail para alguém sem conta bancária, a pessoa recebia uma mensagem solicitando que ela clicasse em um link para se inscrever e receber o valor. Os usuários podiam enviar dinheiro para quem quisessem, pessoas cadastradas no sistema ou não, desde que elas tivessem uma conta de e-mail. Durante um tempo, a PayPal inscreveu mais de 20 mil usuários por dia.

A capacidade de se manter à frente da concorrência é a base do ciclo OODA. O PayPal se beneficiou disso em relação ao eBay. Na época, os compradores e vendedores da eBay concluíam as transações enviando cheques ou dinheiro pelo correio. Ao convidar o comprador a pagar via PayPal, os vendedores recebiam US$ 10 por transação – e qualquer lucro extra era importante para quem estava vendendo. A ideia gerou um enorme crescimento para o PayPal e uma dinâmica competitiva que desestabilizou o eBay.

Diante de outra oportunidade – um cliente pediu para usar o logo do PayPal em seu site de leilão –, a empresa entrou novamente no ciclo, sem perder tempo. Deu um passo a mais e lançou o logo

Capítulo 3: Dominar o ciclo OODA

"Aceito PayPal" para os vendedores da eBay postarem. No início, o PayPal oferecia o código HTML e os usuários postavam o logo por conta própria, mas a companhia logo se deu conta de que seria mais fácil postar o logo por eles. Agindo com rapidez, o PayPal ultrapassou o grande site de leilão em todas as etapas do processo.

"O eBay via o PayPal como um parasita", disse Sacks. O PayPal, de fato, cuidava das caixas registradoras da loja virtual. Meg Whitman, CEO do eBay na época, contra-atacou comprando o Billpoint, o sistema de processamento de pagamentos concorrente. Mas o ciclo do PayPal era mais curto. Uma rápida avaliação e um ou outro ajuste aqui e ali, e a empresa já saía na frente de novo. O criador capaz de observar, orientar, decidir e agir mais rápido vencerá, porque o adversário reagirá a situações que já mudaram.

Um importante componente do ciclo OODA é saber ocultar suas intenções e identificar as intenções dos concorrentes. Foi exatamente o que o PayPal fez quando o Billpoint, do eBay, fechou parceria com a Visa. A empresa agiu prontamente, oferecendo aos clientes um cartão de débito com reembolso. A Visa ameaçou processá-la. Reid Hoffman recorreu ao ciclo OODA.

"Se a coisa pegasse fogo, a batata quente terminaria na minha mão", disse Hoffman, conhecido como o bombeiro chefe do PayPal. Suas responsabilidades, que compreendiam infraestrutura de pagamento, relacionamentos com bancos, resolução de conflitos regulatórios e relação com a mídia, também incluíam lidar com a Visa. Embora não tenha conseguido convencer a gigante do mercado de cartão de crédito a desistir do processo, Hoffman conseguiu ganhar um tempo precioso para o PayPal convencendo a Visa a estudar o mercado antes de tomar qualquer medida. A Visa concordou em analisar a situação no decorrer do ano. Era o tempo que o PayPal precisava para adaptar e agir, mais de uma vez. O ciclo OODA do PayPal era muito mais curto.

Hoffman observou que intervalos pequenos de tempo geralmente obrigam os empreendedores a tomar decisões dispondo de um número muito pequeno de informações. Mas a alta velocidade da concorrência global requer que pretensos criadores aperfeiçoem a capacidade de decidir com rapidez e partir para a ação.

Quando a empresa de Thiel e Levchin, Confinity, fundiu-se com a empresa de pagamentos on-line X.com, de Elon Musk, a escolha de um CEO tinha que acontecer logo. Vieram as brigas. Thiel estava fora, Musk estava dentro. Depois, Musk saiu, e Thiel voltou. Mas não havia tempo para batalhas campais.

No verão de 2000, o PayPal torrava US$ 10 milhões por mês. Thiel tinha levantado um capital de US$ 100 milhões antes de a bolha tecnológica estourar, mas o modelo de negócios do PayPal mostrou-se falho. "Era como um 747 embicado para o chão", disse Sacks. O PayPal achou que ganharia dinheiro com o saldo que os usuários deixavam na conta, mas eles sacavam tudo. Além disso, a empresa tinha de remeter uma taxa de 3% sobre todas as operações de cartão de crédito. "Nada é tão eficaz para o foco quanto a desgraça iminente", disse Hoffman.

Os criadores do PayPal analisaram rapidamente o problema e inventaram um novo recurso. Para usar o PayPal, os clientes tinham de clicar em "aceitar" ou "recusar", concordando com a cobrança de uma taxa em cada operação a partir do momento em que suas transações ultrapassem o limite de US$ 1 mil. A novidade, direcionada aos negócios que movimentavam muito dinheiro, acabou salvando a empresa.

Com capital entrando, o PayPal deparou com um novo desafio: enfrentar as quadrilhas que desviavam fundos utilizando números de cartões de créditos roubados. Levchin identificou o primeiro estorno fraudulento e passou a monitorar de perto os estornos subsequentes. A princípio, o índice de perda era menor do que 1%. Mas as coisas tomaram outra proporção, e Levchin resolveu agir imediatamente. Atacou o problema antes que os concorrentes se dessem conta de sua magnitude.

"O número de fraudes crescia vertiginosamente. Não estamos falando de um estorno hoje e cinco amanhã. Era um estorno hoje

Capítulo 3: Dominar o ciclo OODA

e 5.500 na semana seguinte", contou Levchin. "O troço explodiu, e em poucos meses começamos a dessangrar."

Levchin trabalhava o dia inteiro codificando pacotes estatísticos para cercear os ciberladrões, que desenvolveram programas automáticos que comprometiam milhares de contas, transferindo dinheiro entre elas sem possibilidade de rastreamento. Toda vez que o PayPal apresentava uma nova tática antifraude, os ladrões arrumavam uma maneira de contorná-la. No final, Levchin acabou chegando a uma solução dupla.

Seguindo o ciclo OODA na velocidade da luz, perguntou: "O que conseguimos fazer que os computadores não conseguem?" Sua primeira medida antifraude consistia em letras pouco nítidas que os seres humanos conseguiriam ler, mas os computadores não. Se as letras não fossem decifradas e digitadas no campo indicado, o site não poderia ser acessado. O artifício foi o primeiro teste CAPTCHA (*Completely Automated Public Turing test to tell Computers and Humans Apart*, em português, Teste de Turing público completamente automatizado para distinguir entre computadores e pessoas). Hoje em dia, o CAPTCHA tornou-se o sistema padrão para concluir milhões de transações on-line.

O segundo passo envolvia o uso de um complexo software que Levchin batizou de IGOR, projetado para exibir grandes quantidades de informação de modo a expor movimentações de dinheiro suspeitas. Com essa tecnologia, os analistas são capazes de rastrear tanto os riscos financeiros quanto os riscos de segurança. "Existem certos problemas que nem seres humanos nem computadores sozinhos conseguem resolver", contou-me Thiel. "Por isso, decidimos juntar o poder de processamento das máquinas com a capacidade humana de analistas treinados para detectar anormalidades." Com o novo sistema, o número de fraudes diminuiu consideravelmente. Mais uma vez, a equipe da PayPal observou, orientou, decidiu e agiu, ficando um passo à frente dos fraudadores que tentavam roubar dinheiro do site.

O código dos criadores

Os concorrentes simplesmente desistiam quando começava a haver muita fraude, mas o PayPal sabia lidar agilmente com problemas. "Quando dispomos de recursos e temos um ciclo de produção acelerado, precisamos ser capazes de nos adaptar rapidamente", disse Hoffman.

O PayPal teve seu primeiro lucro no primeiro trimestre de 2001, mesmo com o estouro da bolha tecnológica. Embora as empresas do Vale do Silício estivessem fechando as portas, em fevereiro de 2002 o PayPal lançou, com êxito, uma oferta pública inicial de ações. Em julho do mesmo ano, o eBay desistiu do Billpoint e comprou o PayPal por US$ 1,5 bilhão.

Tenha um parceiro confiável: formando equipes fortes

"As startups não são dirigidas por uma única pessoa", disseme Thiel. "É um esforço de equipe e, como teremos vários altos e baixos, a disposição de vestir a camisa da empresa faz toda a diferença. A história pregressa faz diferença. Ninguém é doido de começar um negócio com uma pessoa que conhece há uma semana. Seria como se casar com o jogador da máquina ao lado em um cassino de Las Vegas. Talvez você tire a sorte grande, mas o mais provável é que não dê certo."

Para observar, orientar, decidir e agir, os criadores trabalham com colaboradores confiáveis. Thiel e Levchin formaram uma equipe bastante unida no PayPal, recrutando quase todas as pessoas em redes de relacionamentos de amigos da universidade. Thiel, advogado e macroeconomista de Stanford, era um dos 20 melhores jogadores de xadrez dos Estados Unidos na adolescência. Decidiu recrutar amigos de Stanford, muitos da *The Review*, uma revista libertária que ajudou a fundar. Levchin, nascido na Ucrânia, escapou por um triz do acidente de Chernobyl em 1986 e pouco tempo depois emigrou para os Estados Unidos, onde se formou como cientista da computação. Contratou en-

Capítulo 3: Dominar o ciclo OODA

genheiros, quase todos ex-colegas da University of Illinois de Urbana-Champaign.

Reid Hoffman, a primeira pessoa indicada para o conselho de administração do PayPal, era amigo de Thiel. Hoffman recorda as palavras de Thiel: "Você está me falando há meses de sua experiência como CEO da SocialNet. Por que não ajuda a gente"? A primeira missão de Hoffman como membro do conselho veio com um acordo específico: Thiel poderia ligar a qualquer hora, e Hoffman retornaria a ligação antes da meia-noite. Os dois também combinaram de dar uma volta todo sábado de manhã, para discutir o que faria uma startup funcionar. Mais tarde, Hoffman passou a fazer parte da equipe em tempo integral.

"Realmente acredito que o motivo de sucesso do PayPal é que tínhamos uma equipe muito unida, com ótimos profissionais em diferentes áreas", disse-me Levchin. "Reuníamo-nos e trabalhávamos duro, confiantes de que venceríamos."

Para seguir o ciclo OODA de maneira eficaz, precisamos de um parceiro que nos dê cobertura. Em uma batalha aérea, os pilotos confiam não só nas próprias habilidades, mas na lealdade, experiência e compromisso da esquadrilha. Em um combate, o compromisso um com o outro e com o cumprimento da missão é essencial. Todo piloto de caça pratica voo em formação, para que a equipe possa trabalhar em conjunto. Um piloto é designado como líder e os outros seguem todos os seus movimentos, fazendo manobras arrojadas se necessário. A principal função dos caças de apoio é proteger o ponto cego do líder, a posição a 180° de sua linha de visão. Não raro os papéis mudam, e os líderes se tornam caças de apoio e vice-versa. A esquadrilha forma uma unidade.

O mesmo se aplica aos criadores de startups. "O maior indicador de desgaste em uma companhia – fatal para pequenas empresas – é o número de amigos que os funcionários têm no trabalho", disse-me Thiel. "Se quisermos usar modelos, podemos pensar em um culto sendo melhor do que uma fábrica."

O código dos criadores

Os criadores formam equipes leais unindo pessoas com pontos de vista totalmente diferentes. Promovem a troca aberta de ideias entre funções e departamento e cultivam o debate. Para construir um negócio, é necessário envolvimento intelectual e compromisso.

No PayPal, os históricos de clientes, informações financeiras e registros de perdas por fraude eram discutidos abertamente. Todos os níveis tinham responsabilidade pelas metas da empresa. "No PayPal, considerávamos extremamente inapropriado não dizer nada se você achasse que alguma coisa estava errada", comentou Levchin. "Precisamos apontar os erros, mesmo que seja para o chefe."

As discussões entre companheiros de equipe, sempre com respeito, impulsionam o progresso. Os criadores costumam perguntar: "O que você faria diferente? Como podemos reavaliar essa situação? Qual a falha da nossa premissa?" O debate saudável aprimora a tomada de decisões, evitando as respostas fáceis dos concorrentes.

"O PayPal prosperou como um grupo de intelectuais", disse Joe Lonsdale, ex-estagiário do PayPal que acabou se tornando um dos fundadores da Palantir Technologies. "Tínhamos de justificar nossa posição. Havia muita discussão, com base em uma ideia muito elevada de propósito: o que estamos fazendo e por que aquilo é importante." Os altos executivos geralmente discordavam quanto à melhor linha de ação. As pessoas se sentiam à vontade para falar quando viam algo que não estava funcionando e que podia ser melhorado.

"Eu era um rapaz de 22 anos metido a besta, e me lembro de ter enviado um e-mail que contrariava toda a equipe executiva", disse Jeremy Stoppelman, cofundador da Yelp, referindo-se aos primeiros dias de trabalho no PayPal. "Não deu problema. A cultura da empresa, na verdade, me incentivava a questionar a gestão." Para dominar o ciclo OODA, é necessário cercar-se de pessoas que não tenham medo de expressar educadamente suas opiniões a respeito de como melhorar o próximo ciclo. Os criadores da PayPal tinham opiniões formadas, que eram capazes de respaldar.

Consenso demais é prenúncio de desastre, de acordo com Sacks. "Há algo de artificial quando todo mundo concorda com todo mundo. É bom ter gente que não concorda. Entramos em contato com outros pontos de vista e somos obrigados a explicar melhor as coisas." Um meio em que as pessoas podem expressar opiniões diversas propicia o crescimento.

A troca saudável de ideias dentro do PayPal não apenas levou à criação de um exitoso site de pagamento on-line, como também abriu caminho para o desenvolvimento de uma nova onda de startups bem-sucedidas. A máfia do PayPal recebeu o crédito pela Web 2.0, a internet de consumo interativa, após a crise das empresas ponto-com em 2000.

A inspiração para a Yelp, por exemplo, surgiu em um almoço em Palo Alto, no ano de 2004. Um pouco mais de uma dúzia de pessoas, a maioria ex-funcionários do PayPal, estavam comemorando o aniversário de Max Levchin. Jeremy Stoppelman e Russell Simmons, ambos ex-engenheiros da empresa, começaram a discorrer sobre um sistema em que as pessoas poderiam enviar e-mails para os amigos com recomendações de médicos, dentistas ou lavanderias.

No caminho de volta do almoço, voltando a pé para o trabalho, Stoppelman e Simmons decidiram vender a ideia para Levchin como um novo conceito de negócio. No dia seguinte, Levchin concordou em investir no projeto, oferecendo US$ 1 milhão para desenvolvê-lo. Como a ideia começou a dar certo, Reid Hoffman e Peter Thiel ofereceram orientação. Quando chegou o momento de buscar financiamento, Roelof Botha, ex-CFO do PayPal que trabalhava agora como sócio na Sequoia Capital, facilitou o processo, apresentando-os.

Stoppelman e Simmons seguiram o ciclo OODA diversas vezes até a ideia deslanchar. Seu sistema original de e-mails funcionava solicitando recomendações dos amigos e postando os comentários em um site comunitário. Não deu certo. Os fundadores da Yelp perceberam logo que as pessoas que buscavam recomendações nem sempre recebiam resposta e quem tinha recomendações para dar ficava irritado com a quantidade de perguntas.

O site original oferecia a opção de escrever comentários, de modo que qualquer pessoa podia dar sua opinião, mesmo sem ser chamada. O recurso foi acrescentado depois, como algo secundário. "Russ me perguntou: 'Não seria bom ter um espaço para as pessoas escreverem comentários livremente, sem ter que responder a um questionário'?", recorda Stoppelman. "Eu achava que ninguém escreveria uma resenha por diversão, mas respondi: 'Claro, Russ, pode botar'." Mesmo sendo difícil de encontrar essa opção, os primeiros usuários escreveram avaliações. "Eles escreviam cinco, dez, vinte avaliações de uma vez. As pessoas começaram a ficar viciadas nisso", comentou Stoppelman. "Era uma ferramenta interessante, que havíamos ignorado."

Os fundadores do Yelp relançaram o site quatro meses depois, em fevereiro de 2015, com espaço livre para qualquer pessoa postar suas avaliações. "Já estávamos acostumados com a rotina de ajustes e modificações que marcou a história do PayPal antes de virar o PayPal", contou Stoppelman. "Por isso, sabíamos que provavelmente não acertaríamos de primeira e que talvez precisássemos fazer mudanças drásticas. O grande número de pessoas escrevendo avaliações foi o sinal que nos permitiu reorientar a ideia e tomar o rumo certo." Os fundadores do Yelp jamais imaginaram que alguém fosse gostar de escrever uma avaliação sobre a lavanderia local, mas agiram rapidamente quando descobriram que estavam enganados.

"Precisamos estar atentos e abertos para momentos como esse", disse Stoppelman. No início de 2008, o Yelp criou os primeiros aplicativos para iPhone, que catapultaram a empresa. Um estagiário desenvolveu um protótipo do que veio a se tornar o primeiro aplicativo de realidade aumentada da App Store. Os fundadores do Yelp concordaram em incluir um *easter egg* (ovo de páscoa), uma funcionalidade oculta em um aplicativo só por diversão. Em seguida, observaram que a "coisa de nerd", no caso um recurso

Capítulo 3: Dominar o ciclo OODA

capaz de exibir informações sobre empresas utilizando a câmera de vídeo do aparelho, estava fazendo o maior sucesso. Os usuários podiam visualizar as avaliações do Yelp em tempo real na tela do iPhone simplesmente apontando a câmera para a direção desejada ao caminhar. O lançamento seguinte foi o Yelp Monocle, que aumentou o número de downloads em cerca de 35%. Com base na capacidade de observar, orientar, decidir e agir rapidamente, os fundadores do Yelp construíram um negócio avaliado em mais de US$ 4 bilhões.

Os fundadores do YouTube utilizaram o ciclo OODA para aproveitar uma oportunidade também. O site que acabou se tornando a principal plataforma de vídeo do mundo virtual surgiu como um site de namoro por vídeo inspirado no fórum de avaliação de fotos HOTorNOT.com.

À diferença da maioria dos sites em 2003, gerenciados por um administrador que aprovava ou deletava conteúdo, o HOTorNOT.com funcionava como um espaço de livre acesso para postagem de fotos. Era a primeira vez que alguém, fora os donos, podia fornecer conteúdo. Os usuários enviavam suas fotos e os outros os avaliavam em termos de beleza, dando notas de 1 a 10. Essa história de conteúdo gerado por usuários fascinou Chad Hurley, Steve Chen e Jawed Karim.

Ao começar a desenvolver um site capaz de suportar vídeos de paquera virtual gerados pelos usuários, eles observaram que o público da versão beta da página havia se interessado por um vídeo de Karim no zoológico de San Diego. Em um vídeo de 19 segundos intitulado "Me at the Zoo" ("Eu no zoológico"), vemos Karim em frente a uns elefantes, dizendo: "O legal deles é que eles têm uma tromba muito, muito, muito grande. Muito legal. Bem, é isso". Por que as pessoas se interessaram por esse vídeo? A resposta não era clara, mas os futuros criadores do YouTube notaram uma divergência entre essa nova informação e seu propósito original. No mundo virtual, os assuntos que não tinham nada a

O código dos criadores

ver com namoro aparentemente eram tão interessantes quanto os classificados românticos – ou talvez até mais.

Hurley, Chen e Karim chegaram à conclusão de que um site de namoro era muito limitado e consideraram a ideia de ajudar pessoas a compartilhar vídeos para leilões virtuais. O próximo passo foi abrir o site para todo mundo. Em poucos meses, as pessoas começaram a postar vídeos de animais de estimação, pegadinhas, aulas e viagens. Graças à experiência como engenheiros do PayPal, os fundadores do YouTube sabiam da importância de se desenvolver por meio de uma plataforma de distribuição existente e disponibilizaram o código HTML para as pessoas incluírem em seu perfil do MySpace, a principal rede social da época. O YouTube pegou carona no sucesso do MySpace e estourou, sendo vendido para a Google em 2006 por US$ 1,65 bilhão.

"No caso da internet de consumo, se o sujeito não sente vergonha do primeiro produto lançado é porque o lançou tarde demais", disse-me Reid Hoffman. "Todo mundo quer lançar um produto incrível, maravilhoso, revolucionário, e por isso demora demais na etapa de desenvolvimento da tal maravilha. Só que o tempo faz toda a diferença."

Veterano no ciclo OODA, Hoffman observou que as pessoas estavam usando avatares e nomes de tela de modo a ocultar a própria identidade para propósitos sociais. O empresário viu a necessidade de uma rede profissional de relacionamentos e, em 2002, começou a desenvolver uma aplicação de negócios para a mídia social que não se limitaria a compartilhamento de fotos, diversão ou encontros.

Pouco tempo depois, no dia 5 de maio de 2003, o LinkedIn entrava no ar, mas seu crescimento foi lento: apenas 20 inscrições por dia, no início. No PayPal, Hoffman testemunhara um crescimento viral. A ideia era expandir o LinkedIn da mesma forma, por meio de convites enviados de um profissional a outro. Só que as pessoas queriam primeiro saber quem estava usando o Linke-

Capítulo 3: Dominar o ciclo OODA

dIn, para decidir se entrariam ou não. "'Será que tem gente aqui?', as pessoas deviam se perguntar", disse Hoffman.

Quando ele adicionou o recurso "lista de endereços" para que os usuários pudessem ver quais dos seus contatos já estavam usando o LinkedIn, o site deu uma guinada. Os criadores têm de observar (reparar no que os clientes estão fazendo), orientar (interpretar essas informações), decidir (definir uma linha de ação) e agir (modificar as características do site). Hoffman descreveu o processo como "persistência flexível". Em 2014, o LinkedIn já contava com mais de 332 milhões de membros, faturando mais de US\$ 2 bilhões. A empresa está avaliada em US\$ 27 bilhões.

Após a venda do PayPal para o eBay, Peter Thiel lançou o fundo hedge global Clarium Capital e abriu um fundo de capital de risco, o Founders Fund. Considerou também novas oportunidades de negócios com Joe Lonsdale, Stephen Cohen, Alex Karp e Nathan Gettings e, em 2004, colocou em prática a ideia de desenvolver um software similar ao IGOR, do PayPal, para cercear terroristas, dando origem à Palantir Technologies. Atualmente, a Palantir – nome das "pedras videntes" de *O senhor dos anéis* – produz poderosos softwares empresariais, capazes de examinar múltiplas fontes de dados ao mesmo tempo.

"No PayPal, começávamos com uma ideia e íamos adaptando-a. Encontrávamos algo que funcionava e investíamos nisso", contou Lonsdale, ex-engenheiro de software do PayPal. "O mesmo acontece na Palantir. Se você tiver flexibilidade para iterar rapidamente, o projeto evolui com o tempo."

Com a ferramenta de filtragem de informações da Palantir, analistas especializados podem localizar padrões como inscrições suspeitas em escolas de aviação. Por exemplo: antes dos ataques de 11 de setembro, cinco dos 19 sequestradores de avião usaram o mesmo número de telefone, apresentando-se como Mohamed Atta, o líder do grupo, para comprar as passagens aéreas. Hoje em dia, com a Palantir, essas conexões espúrias teriam muito mais chance de serem detectadas.

A empresa de tecnologia ajudou a localizar Osama bin Laden, a coibir bombardeios nas estradas do Iraque, a desmantelar redes de homens-bomba no Afeganistão e a identificar cartéis de drogas no México. Essa improvável startup do Vale do Silício fornece à CIA, ao Departamento de Defesa dos Estados Unidos e ao FBI ferramentas para descobrir informações secretas e atuar com base nessas informações.

Os fundadores da Palantir tiveram de observar, orientar, decidir e agir para superar problemas ocultos que ninguém em Palo Alto previra. "No Vale do Silício, estávamos habituados com um sistema simples de dados estruturados", disse Lonsdale. As agências governamentais responsáveis pela segurança nacional, por sua vez, precisam lidar com uma quantidade descomunal de dados desorganizados e esparsos, "alguns confiáveis, outros não". Outras preocupações – como quem pode acessar as informações, de que maneira rastrear quem a acessou e como proteger as informações de ameaças externas – só aumentavam os problemas do governo. A Palantir precisava reestruturar sua tecnologia para oferecer uma solução.

"'Quando descobrimos que um iceberg destruirá o navio, não dizemos: 'Nosso modelo de negócios nos obriga a ir nesta direção'. Dizemos: 'Estamos diante de um iceberg. Precisamos explodir esse troço, contorná-lo ou criar uma máquina antigravidade'", disse Alex Karp, CEO da Palantir, em uma recente conferência da empresa no governo. "Faremos o que for necessário."

Com base no ciclo OODA, a equipe da Palantir trabalhou incessantemente para desenvolver o Raptor, um programa muito mais poderoso, capaz de listar dados, estruturados ou não, provenientes de qualquer fonte, confiável ou não. Por quase três anos, os engenheiros da companhia trabalharam lado a lado com os analistas de informações na revisão da ferramenta de busca, possibilitando que os analistas interagissem com os dados e fizessem conexões inteligentes. Em 2014, a Palantir Technologies teve um

Capítulo 3: Dominar o ciclo OODA

faturamento de quase US$ 1 bilhão. A empresa está avaliada em US$ 9 bilhões.

"Há milhares de problemas no mundo sendo resolvidos por meio do reconhecimento de padrões, quando temos os dados para realizar análises mais precisas e oferecer melhores soluções", disse-me Max Levchin, explicando por que utilizou o ciclo OODA novamente ao criar o projeto HVF – Hard Valuable Fun.

O HVF explora e financia iniciativas de utilização de dados para solucionar problemas humanos, criando novas eficiências de mercado. Em 2004, Levchin fundou o Slide, um serviço de compartilhamento de mídia que vendeu à Google em 2010 por US$ 182 milhões. O empresário também ajudou a fundar a Yelp e atua como presidente do conselho administrativo. Mas o HVF, fundado em 2011, trouxe Levchin de volta ao que ele mais ama: os dados.

"Há um grande paralelo com o PayPal. A indústria financeira tinha regras contra fraude criadas sem que as inúmeras variáveis existentes fossem analisadas", explicou Levchin. "O PayPal, por sua vez, tinha milhões de observações, porque havíamos perdido muito dinheiro, e isso significava que podíamos desenvolver o IGOR, um software preciso para frustrar os planos dos ladrões. Utilizamos os dados em uma caça contra os malfeitores."

Com o HVF, Levchin observou uma explosão de dados coletados por sensores de baixo custo e decidiu explorar o negócio aplicando seus conhecimentos técnicos e comercias em campos limitados por processos "para lá de ineficientes". Duas companhias surgiram do HVF em meados de 2014: a Glow e a Affirm.

Ciente da decadência do sistema de saúde norte-americano, Levchin resolveu atacar o problema de outro ângulo. Em vez de focar diretamente nos altos custos de remediar, ele se concentrou em baratear as formas de prevenir.

"Comportar-se mal todo mundo sabe, mas nem todo mundo está disposto a mudar de hábitos", disse-me Levchin. "'Segunda-

O código dos criadores

feira eu começo a dieta. Hoje é dia de *cheesecake*'. Supernormal."
Mas e se as pessoas tivessem acesso a dados que mostrassem os
resultados práticos de seus esforços?

Levchin focou nas doenças cardíacas e desenvolveu um dispositivo capaz de detectar qualquer retenção de líquido em torno do
coração, tocando um alarme se o usuário precisasse de atenção
imediata. Os fornecedores da área de saúde, porém, demonstra-
ram pouco interesse no protótipo.

Em uma ágil reorientação, Levchin decidiu se tornar o "príncipe encantado" de uma das dezenas de condições médicas negli-
genciadas pelos grandes protagonistas do setor. Em 2013, lançou
o Glow, um aplicativo para mulheres que tentavam engravidar.
Levchin focou na infertilidade, porque o tratamento raramente é
coberto pelos planos de saúde, embora o problema seja cada vez
mais comum devido à tendência das mulheres de ter filhos mais
tarde. Com base em dados e aprendizagem automática, o aplicativo combina calendário com informações inseridas pelas mulheres,
como ciclo menstrual, temperatura corporal basal, estado emocional e ingestão de vitaminas, revelando os dias mais propícios
para a fertilização.

O Glow também apresenta uma novidade digna de nota: os
casais que usam o aplicativo têm a opção de contribuir com US$
50 para um fundo de investimento colaborativo. Depois de dez
meses, o fundo é dividido igualmente entre as mulheres que não
conseguiram engravidar, para ajudá-las a custear o tratamento
de infertilidade.

"Quando tivermos algumas centenas de milhares de pontos de
dados, saberemos muito mais sobre infertilidade", disse Levchin.
Com todos esses dados à mão, ele irá, uma vez mais, observar,
orientar, decidir e agir para reforçar o ataque à infertilidade.

Desde 2012, Levchin também seguiu o ciclo OODA como
fundador e CEO da Affirm, uma inovadora empresa de concessão
de crédito. "As informações usadas atualmente para financiamento e crédito são primitivas", disse Levchin. As pontuações de cré-

Capítulo 3: Dominar o ciclo OODA

dito FICO, amplamente utilizadas hoje em dia, são um produto da década de 1970, quando os dados disponíveis sobre os consumidores eram bastante escassos. A Affirm vale-se de dezenas de milhares de pontos de dados para analisar a capacidade creditícia de uma pessoa, baseando-se em todas as fontes possíveis, desde perfis de mídias sociais até dados de telefones móveis. A empresa avalia o crédito dos consumidores com um processo que Levchin afirma ser melhor do que os cálculos de risco tradicionais.

Os mutuários qualificados podem realizar compras online criando uma "conta digital", como diz Levchin, que eles podem pagar mais tarde. Os empréstimos chegam a US$ 10 mil para os consumidores. Os comerciantes, porém, não correm riscos, pois as compras a crédito são respaldadas pela Affirm.

"Vamos ver se conseguimos derrubar os concorrentes 'grandes demais para cair'", disse-me Levchin. A julgar por sua capacidade de observar, orientar, decidir e agir rapidamente, a concorrência tem motivo para estar preocupada.

David Sacks, primeiro COO do PayPal, talvez seja o maior especialista da empresa em ciclo OODA. Sacks recebeu o crédito pela criação das opções "aceitar" ou "recusar", cobrando o custo das transações em um momento crucial da companhia.

Depois que o PayPal foi vendido, Sacks mudou-se para Hollywood, inaugurou a Room 9 Entertainment e produziu o filme *Obrigado por fumar*. Em 2006, fundou, em parceria, o Geni.com, um site de genealogia concebido como uma rede social familiar para compartilhar informações entre parentes.

"No final de 2007, percebi que o Facebook ia roubar esse espaço", disse Sacks. Ao observar a ameaça do Facebook, o empresário decidiu se concentrar no aspecto genealógico do site e agiu de modo a redirecionar a equipe ao desenvolvimento de aplicações corporativas, uma medida que levou à criação do Yammer, uma rede social com uma interface parecida com a do Facebook, mas personalizada para propósitos empresariais.

No processo de desenvolvimento do Yammer, Sacks identificou dentro das grandes corporações a necessidade de se comunicar melhor e coordenar de maneira mais eficiente o fluxo de trabalho de projetos entre unidades fragmentadas. "Resolvemos muitos 'problemas de Dilbert[1]", contou Sacks. "Questões como: 'Quem são meus companheiros de trabalho?' 'No que eles estão trabalhando?' 'Como posso contribuir?' 'O que está acontecendo em outros projetos e equipes?'"

Sacks procurava um gancho, um comportamento simples do dia a dia com o qual as pessoas se identificassem, como a troca de dinheiro no PayPal. Em conjunto com um organograma dos processos em andamento, as conversas em torno da pergunta "No que você está trabalhando?" desencadearam um crescimento viral do Yammer. A empresa oferece alertas, notificações, mensagens privadas e feeds de notícias de diferentes equipes e colegas de trabalho. As pessoas postam comunicados, arquivos, apresentações, links, perguntas, vídeos, pesquisas e outros conteúdos pertinentes ao ambiente profissional.

"Eu jamais abriria uma empresa apenas com uma boa ideia de produto", disse-me Sacks. "Você precisa ter uma boa ideia de distribuição também."

Sacks desenvolveu uma estratégia de distribuição "freemium"[2], divulgando o Yammer como um site gratuito que qualquer pessoa em uma empresa poderia começar a usar sem esperar por um software ou permissão. O funcionário pode se inscrever e convidar os colegas. Com mais funcionários usando o Yammer, as corporações veem o sistema como uma fonte valiosa e decidem pagar pelo *upgrade*, acrescentando recursos e obtendo controle administrativo.

---

1. N.T.: Dilbert, personagem criado por Scott Adams, uma espécie de porta-voz do funcionário padrão.
2. N.T.: *Freemium* é um modelo de negócio em que um produto ou serviço é oferecido gratuitamente, mas os recursos adicionais são cobrados dos usuários premium.

Evidentemente, segundo sua própria "lei de arbitragem de distribuição", Sacks sabia que a janela de oportunidade que abrira atrairia imitadores, ávidos por reproduzir sua estratégia de crescimento. Quem domina o ciclo OODA sabe que precisa estar sempre evoluindo.

Sacks enfatiza a necessidade de crescer antes de as pessoas começarem a imitá-lo. Um ano depois do lançamento do Yammer, ele já havia arrecadado US$ 140 milhões, com 200 pessoas empregadas. "Acredito no modelo de *lean startup* só até um determinado momento", disse. "Se estivéssemos em modo *lean*, com uma equipe de 15, 20 pessoas, quando a Salesforce lançou o Chatter, provavelmente teríamos sido esmagados como um inseto". Sacks vendeu a Yammer para a Microsoft em 2012 por US$ 1,2 bilhão.

O ciclo OODA infinito

Qual o segredo da máfia do PayPal? Como é que esses criadores conseguem lançar e desenvolver empresas bem-sucedidas tantas vezes?

"O PayPal foi uma experiência de aprendizado maravilhosa", disse Peter Thiel. "A grande lição que as pessoas aprenderam é que, por mais difícil que seja a situação, se investimos nela, dará certo." Thiel explicou que, em muitos outros contextos, ou as coisas funcionam automaticamente, ou fracassam cabalmente. "Se o sujeito passou a vida toda na Microsoft, seria bastante óbvio", disse. "Porém, uma pessoa de uma empresa que fracassou não enxergaria com nitidez a lição." A experiência do PayPal foi "bem no meio", com uma série de lições valiosas.

Todos os membros da equipe inicial eram jovens, competitivos, curiosos e capazes de repetir um processo diversas vezes para algo dar certo. As duas empresas, Confinity e X.com, tinham, juntas, muitas pessoas talentosas, e a aquisição por parte do eBay liberou esse talento, oferecendo-lhe capital no início da carreira. A máfia do PayPal viu o desenvolvimento de uma companhia

O código dos criadores

exitosa e correu atrás do sucesso novamente. Com o progresso das duas empresas, elas passaram a apoiar as iniciativas uma da outra.

A prática do ciclo OODA se torna instintiva com o tempo. Independentemente do campo de batalha, qualquer pessoa – não só a máfia do PayPal – pode dominá-lo. Cada um de nós é capaz de aprender a observar, orientar, decidir e agir para estar sempre um passo à frente.

CAPÍTULO 4

Falhar com inteligência

Sempre tentou. Sempre fracassou. Não importa. Tente de novo. Fracasse de novo. Fracasse melhor.

| SAMUEL BECKETT

Todos os criadores têm algo em comum: o fracasso. Alguns fracassam logo. A maioria fracassa bastante. Quase todos fracassarão novamente. Mas do fracasso decorre algo profundo: o aprendizado.

Quando estamos envolvidos com novas ideias, descobrimos que grande parte do que gostaríamos de prever é imprevisível. Os criadores também erram o alvo. Conversas difíceis, resultados inesperados e falhas nos produtos ocorrem sempre. Não é divertido, nem agradável, mas o fracasso é necessário.

"Aprendi muitas lições com o fracasso da Social-Net", disse Reid Hoffman, referindo-se à sua primeira empresa, um site que conectava os usuários com base em interesses comuns. "Devido à nossa cultura de prototipagem, acabamos produzindo milhares de protótipos na hora de criar produtos e serviços", disse David Kelley, cofundador da empresa de design IDEO. "Uma das coisas legais do

Vale do Silício é que o fracasso é visto como um sinal de honra, porque as pessoas aqui valorizam o aprendizado do processo."

Os criadores costumam ser total e até brutalmente sinceros consigo mesmos em relação ao sucesso e ao fracasso. Ao mesmo tempo, demonstram uma determinação que os ajuda a aprender com os erros. "Precisamos pedir para os amigos nos dizerem o que estão vendo", explicou Elon Musk. "Eles ficam meio sem jeito, pois não querem nos magoar, mas geralmente conseguem ver onde estamos errando antes mesmo do que nós." Os criadores são transparentes quanto às próprias deficiências e admitem que precisam de ajuda. A autoconsciência é um fator crucial. Um verdadeiro criador não ignora o fracasso, nem o oculta dos outros.

Na verdade, os criadores aceitam os fracassos como uma forma de motivação pessoal. "Em que você fracassou hoje?" Era a pergunta que o pai de Sara Blakely fazia todas às noites à mesa do jantar. Ela fracassou nos esportes, fracassou como cantora, fracassou mais de uma vez no LSAT e recebeu muitos nãos na cara quando vendia aparelhos de fax de porta em porta. Mas o fracasso não a impediu de fundar a Spanx e se tornar a bilionária independente mais jovem dos Estados Unidos.

Nem os maiores gênios do mundo tiveram sucesso de primeira. Ernest Hemingway reescreveu o final de *Adeus às armas* 39 vezes antes de publicar o livro. Alfred Hitchcock filmou a cena do chuveiro de *Psicose* 78 vezes para conseguir o efeito de suspense que queria. Vincent van Gogh descreveu seu processo criativo como um processo de "repetições", ou seja, pintar e repintar versões de um mesmo quadro. Ludwig van Beethoven compunha sinfonias fazendo centenas de correções nas partituras, a ponto de rasgar a página.

Por que criar uma empresa seria menos difícil? Por que não seria *mais* difícil? Os criadores de negócios trabalham em uma tela de flutuações de mercado. Enquanto os líderes tradicionais perseguem a eficiência para minimizar os riscos, os criadores aprendem a agir com os erros.

Capítulo 4: Falhar com inteligência

"Em um momento em que nada estava dando certo, Paul Graham, um dos fundadores da firma de capital de risco Y Combinator, deu-nos permissão para sair de nossa zona de conforto e conversar com as pessoas que estavam utilizando nosso serviço em Nova York", contou Joe Gebbia, cofundador da Airbnb. Decididos a ganhar intimidade com seus fracassos, Gebbia e Brian Chesky fizeram reservas no site, hospedaram-se em diversos apartamentos e conversaram com os anfitriões da Airbnb à mesa do café da manhã. Uma coisa que eles descobriram é que os proprietários dos apartamentos geralmente não postavam as melhores fotos de seu espaço. Os criadores incipientes, então, resolveram alugar câmeras para tirar fotos profissionais dos locais de hospedagem disponíveis.

Elizabeth Holmes, fundadora da Theranos, disse: "Começamos com a premissa de que, mesmo fracassando milhares de vezes, faríamos o negócio dar certo. Chamávamos, de brincadeira, nosso produto de 'Edison'", contou, referindo-se à famosa frase de Thomas Edison: "Eu não fracassei. Apenas descobri 10 mil maneiras que não funcionam".

Os criadores se sentem confortáveis com o desconforto. Para fracassar com inteligência, fazem pequenas apostas, estabelecem um índice de fracasso, acreditam o suficiente para persistir e transformam contratempos em trampolins. Vejamos como.

Faça pequenas apostas

"Você precisa ver o fracasso como o início e o meio, mas nunca o considere como um fim", disse Jessica Herrin, fundadora da Stella & Dot. "Muita gente me pergunta: 'Quando você soube que daria certo?' Sempre! Eu sempre soube. Só não esperava que fosse nas dez primeiras tentativas."

Em 2003, Herrin fazia colares de contas no solário de sua casa em Austin, Texas. Olhando para as brilhantes miçangas e os diversos carretéis, ela se perguntava como transformar aquilo em

O código dos criadores

um negócio viável. A casa estava cheia de kits de bijuteria do tipo "faça você mesmo", jogos educacionais, cartões comemorativos personalizados e outras ideias de venda direta. Grávida de três meses, Herrin tinha um prazo.

Gerente de e-commerce na Dell Computer, ela havia acompanhado o marido ao Texas por conta da carreira dele. Apesar do sucesso no mundo corporativo, Herrin queria "resolver o dilema da mulher moderna", como ela dizia. As mulheres precisavam de um trabalho independente, flexível, e ela encontraria uma solução.

De modo bastante inesperado, ela teve um insight em um momento de folga em um hotel de Dallas. Ao pegar o elevador cheio de vendedoras de cosméticos indo para um congresso da Mary Kay, Herrin sentiu uma ótima energia naquelas mulheres de negócios com faixas da empresa, tiaras e anéis de diamante, trocando dicas de vendas, orgulhosas de suas realizações. Era isso. Ela atualizou o modelo com ferramentas de venda social modernas e criou uma empresa chamada Luxe Jewels.

"Devo ter feito uns 100 eventos e 100 feiras de moda até chegar à forma certa, com o produto certo", disse Herrin. "Eu fazia as joias, fazia os convites. Fiz o site. Fiz tudo."

Herrin acredita em pequenas apostas a cada passo da jornada. De feira em feira, por tentativa e erro, ela ia descobrindo o que funcionava e o que não. O conceito original de joias feitas à mão funcionava, mas não o suficiente. "Quando me dei conta de que não estava totalmente certo, tive que mudar", disse Herrin. "Eu tinha que falhar."

Em 2004, Herrin e a sócia, Blythe Harris, lançaram a Stella & Dot como empresa de venda direta "só para nós, meninas", mobilizando consultoras independentes, chamadas de estilistas, para vender joias modernas diretamente a consumidoras pela internet e em exposições em casa. A Stella & Dot, batizada em homenagem às avós das duas, mistura vendas individualizadas em domicílio com um aplicativo, recursos de vídeo com dicas de moda e sites personalizados para as estilistas venderem seus produtos.

Capítulo 4: Falhar com inteligência

"As pessoas gastam dinheiro demais com erros crassos", disse Herrin, mostrando-me sua última linha de joias na sede da empresa, em San Mateo, Califórnia. "Primeiro testamos em nível restrito e só depois produzimos US$ 1 milhão em peças para vender em nível macro. Fácil."

Ao fazer apostas pequenas, Herrin administra os fracassos com inteligência. Hoje, ela conta com as estilistas da Stella & Dot para ajudá-la no processo de tentativa e erro de selecionar produtos. Por exemplo, distribui post-its coloridos nas reuniões organizacionais para que as participantes possam dar um feedback colando notas com as palavras "amei" ou "descartaria" nos mostruários. As vendedoras da linha de frente da Stella & Dot elegem colares, brincos, pulseiras, capas de catálogo e amostras de produtos em feiras itinerantes. Ao testar poucas peças com um grande número de estilistas, Herrin adianta os fracassos antes de fazer investimentos maiores.

"Tento utilizar essa mentalidade na hora de tomar uma decisão. 'Como disparar balas de revólver antes de balas de canhão, de modo que, ao redefinir meu alvo, ainda tenha pólvora para o grande tiro?'", disse Herrin. "Ou seja, assumo riscos calculados. Temos que ter pólvora suficiente no mundo dos negócios para assegurar um crescimento contínuo."

Ao considerar uma expansão para o Reino Unido, Herrin ouviu dizer que as inglesas eram mais reservadas e não abririam a própria casa para vender produtos da Stella & Dot. Será? A empresária decidiu organizar sete feiras itinerantes em cinco dias, visitando mulheres na sala de estar delas para perguntar diretamente se o modelo funcionaria. Descobriu que sim, com algumas adaptações. Em 2011, a Stella & Dot foi lançada internacionalmente. Hoje em dia, não só as inglesas, mas as alemãs, as francesas e as irlandesas também abrem a porta de casa para as exposições da companhia.

"Quando abrimos um negócio, partimos do princípio de que alguém sabe a resposta, e que só precisamos ter acesso a essa pes-

O código dos criadores

soa", disse Herrin. "Na verdade, ninguém sabe as respostas 100% das vezes. Deveríamos pensar de outra maneira: 'Estou testando estes três produtos, e um deles dará certo'."

Com mais de US$ 220 milhões em vendas no ano de 2013, a Stella & Dot continua crescendo. E mais de 16 mil estilistas – desde uma *soccer mom*[1] de Dallas e uma estudante universitária de Manhattan até uma velhinha de Miami e uma médica de São Francisco – fazem suas próprias apostas realizando exposições da empresa para as amigas.

"Nossa meta não é ganhar o máximo de dinheiro este ano", explicou Herrin. "O que digo ao conselho de administração é que devemos experimentar e aprender para que possamos ser uma empresa maior e melhor no ano que vem e no outro. Quero que a Stella & Dot seja um exemplo por muitas gerações, e para isso é necessário estar disposto a fracassar diversas vezes e cultivar essa mentalidade na organização."

O desafio do marshmallow

Peter Skillman, executivo da Nokia, apresentou um experimento em 2002, quando dirigia o departamento de experiência do usuário da Palm. Era uma competição de design que ficou conhecida como o "Desafio do Marshmallow".

A ideia é muito simples: equipes de quatro pessoas têm 18 minutos para construir uma estrutura autônoma, a mais alta possível, com 20 fios de espaguete, um metro de fita adesiva, um metro de barbante e um marshmallow. O marshmallow tem que ficar no topo. Como resolver o problema?

Skillman passou cinco anos propondo o desafio para mais de 700 pessoas em diversos grupos, entre eles alunos de administração, engenheiros de telecomunicações taiwaneses, estudantes de pós-graduação da Universidade de Tóquio e gerentes de empresas da Fortune 500. Os resultados foram apresentados na Gel Con-

---

1. N.T.: Mulher americana de classe média que mora no subúrbio e que passa grande parte do tempo levando os filhos em idade escolar a suas atividades esportivas.

Capítulo 4: Falhar com inteligência

ference de 2007, um encontro anual de inovação com foco na experiência de consumo.

Conforme esperado, os engenheiros não fazem feio. Descobrem formas de unir o espaguete para suportar o peso do marshmallow. Os alunos de administração são os que têm o pior desempenho. Passam muito tempo planejando, organizando, analisando o espaguete e debatendo (conforme descrito por Skillman) quem será o CEO da Espaguete, Inc.

Que grupo tem o melhor resultado? O de crianças do jardim de infância. Como é que uma criança pode derrotar um engenheiro altamente capacitado? É que as crianças não se preocupam com o fracasso. Não desperdiçam tempo falando de como deve ser a torre, disputando a liderança ou definindo a estratégia perfeita. Elas se lançam à missão, sem medo. Não pensam que existe somente uma solução certa. Experimentam, descartando rapidamente o que não funciona. A cada tentativa, obtêm feedback e tentam novamente.

As estruturas criadas pelas crianças variam bastante, mas têm, em média, 60 cm de altura. Engenheiros com diversos diplomas e anos de experiência encontram uma forma de apoiar o marshmallow a uma altura dois centímetros menor. As crianças do jardim de infância são também o único grupo que pede mais espaguete. Os adultos não questionam as regras, ao passo que as crianças não se restringem pelas convenções.

"Se você tiver pouco tempo, é mais importante que você fracasse", disse Skillman. "O ideal é fracassar logo para ter sucesso em seguida."

Por não temer o fracasso, as crianças vencem aprendendo com os erros.

Aperte o botão de ir

No verão de 2004, pesquisadores da California State University penduraram plaquinhas amarelas na maçaneta de 981 portas em um bairro de San Marcos, Califórnia, solicitando às pessoas

O código dos criadores

que poupassem energia. Nas plaquinhas havia mensagens persuasivas, em inglês e espanhol, além de um gráfico ilustrando formas de economizar. "Você pode economizar US$ 54 por mês", "Você pode salvar o planeta", "Seja um bom cidadão". Nenhuma dessas mensagens funcionou. Uma quarta mensagem dizia: "Setenta por cento dos seus vizinhos pararam de usar o ar-condicionado e passaram a usar ventilador. Seja mais um." Agora sim. Os moradores de San Marcos começaram a economizar. A pressão social provou ser um poderoso fator motivador, mais poderoso que incentivos financeiros ou persuasão moral.

A experiência inspirou Dan Yates e Alex Laskey a investigar o campo da ciência comportamental visando à redução do consumo de energia. De modo semelhante às plaquinhas de pendurar na porta, Yates e Laskey fizeram suas próprias apostas.

"Dan tinha um modelo de ação que me parecia bastante precário, e ainda me parece, mas é útil", disse Laskey. "Concordamos em explorar diferentes caminhos ao mesmo tempo para ver se poderíamos fazer algo juntos que tivesse um impacto positivo no meio ambiente. Quando chegávamos a uma ideia na qual sentíamos que valia a pena investir, apertávamos o 'botão de ir' e parávamos de olhar as outras opções, comprometidos com aquela ideia." A dupla explorou a reciclagem de geladeiras, o aperfeiçoamento de utensílios domésticos para melhorar a eficiência de energia e a fabricação de painéis solares, entre outras ideias.

O potencial de mudar os hábitos de consumo de energia das pessoas por meio da ciência comportamental fazia sentido para os dois amigos de universidade. Yates, cientista da computação, fundara a Edusoft, uma empresa de softwares de avaliação educacional. "Trabalhei em um monte de campanhas políticas fracassadas", disse Laskey. Ele também trabalhara com entidades políticas em pesquisas de opinião pública, incluindo eficiência de energia.

Vindo de Arlington, Virginia, para um congresso sobre energia solar na Stanford University, Yates e Laskey chegaram algumas horas mais cedo e decidiram fazer uma visita surpresa à City

Capítulo 4: Falhar com inteligência

of Palo Alto Utilities para apresentar sua ideia de comportamento de consumo. Conseguiram conversar com o diretor de marketing, que lhes disse: "Se vocês fizerem isso, seremos seu primeiro cliente." Laskey resolveu, então, focar no consumo de energia para obter ganhos de eficiência. "Você está doido? Estamos em Palo Alto, não nos Estados Unidos!", disse Yates ao amigo.

Dispostos a fazer outra pequena aposta, Yates e Laskey ligaram para uma pessoa do departamento de energia do Texas e foram convidados para uma reunião com os legisladores do Estado que aconteceria em abril de 2007. Os dois partiram para Austin. "Compartilhamos um quarto por quatro dias e criamos alvoroço no legislativo estadual", lembra Yates. Um congressista texano disse-lhes que apoiaria a "bela ideia" e que a transformaria no projeto de lei 3693, mas se alguém fizesse alguma objeção, a experiência de eficiência de consumo teria que ser interrompida. Mais uma vitória.

"Se os hippies da Califórnia e os republicanos do Texas gostaram da ideia, era sinal de que estávamos no caminho certo", disse Laskey.

Mais tarde, no mesmo ano, Yates e Laskey lançaram a Opower, empresa que fornece relatórios personalizados e comparativos de consumo de energia. Cada relatório detalha o consumo de energia da casa do cliente e o consumo de mais cem casas da vizinhança, oferecendo sugestões para melhorar a eficiência, como desligar os aparelhos eletrônicos e a luz quando não estiver em casa, isolar o sótão, calafetar portas e passar a utilizar produtos eficientes em termos de energia.

A concessionária de energia elétrica de Sacramento (SMUD, Sacramento Municipal Utility District) expressou interesse na ideia, mas sugeriu o uso de uma calculadora de carbono. "Desenvolvemos uma calculadora de carbono para eles em apenas duas semanas", disse Yates. "Foi como conseguimos convencê-los a testar nossa ideia." Outra pequena aposta.

A SMUD tornou-se o primeiro cliente da Opower e começou a fornecer relatórios aos consumidores, que totalizavam 1,1 milhão. Carinhas felizes significavam casas eficientes em energia e carinhas zangadas representavam casas que consumiam mais energia do que os vizinhos. "As pessoas não gostaram", disse Yates. A concessionária, então, desistiu das carinhas zangadas. Essa pequena aposta não deu certo.

Em Minnesota, a Connexus Energy, outro cliente da Opower, enviava aos consumidores uma mensagem dizendo "abaixo da média" se o consumo de energia excedesse o dos vizinhos. As pessoas não gostaram, pela ideia de inferioridade. A mensagem agora diz que elas "usam *mais* energia do que os vizinhos".

Nem toda pequena aposta dá resultado. A iniciativa da Opower de criar um aplicativo para promover a interação social entre amigos de Facebook não deu certo. "Foi uma decepção", contou Yates. "A ideia foi perdendo a força e acabamos desistindo do negócio."

De um modo geral, contudo, a experiência foi bem-sucedida. Os relatórios de energia enviados aos clientes ajudaram a diminuir o consumo em 2% a 3%. Conclusão: saber o que os vizinhos estão fazendo influencia no nosso comportamento.

Em 2013, Yates e Laskey fizeram uma nova experiência. O objetivo era reduzir o pico de demanda na rede elétrica. Em parceria com a concessionária de energia de Baltimore, a BGE, a Opower passou a enviar torpedos e e-mails personalizados aos consumidores explicando como diminuir o consumo em horários de alta demanda. As mensagens sugeriam pequenas mudanças, como ajustar o termostato e esperar para lavar a roupa e a louça mais tarde. A experiência resultou em uma redução de 5% no consumo nos horários de pico.

A empresa continua fazendo pequenas apostas, e, graças à parceria com mais de 90 concessionárias, tem alcançado resultados consideráveis. "A economia de energia gerada pela Opower daria para abastecer todas as casas de Miami pelo período de um ano", disse Laskey, antes de abrir o capital da empresa, em abril de 2014. "E a economia acumulada desde a criação da empresa é de cinco terawatts, energia suficiente para abastecer a população de New Hampshire, com 1,3 milhão de habitantes, por um ano."

Capítulo 4: Falhar com inteligência

"Antes de perceber que está fracassando, você está testando", explicou Alexandra Wilkis Wilson, uma das fundadoras da Gilt Groupe. "Você pode chamar esses testes de fracasso, mas nós os consideramos formas de coletar e analisar dados. Às vezes os testes têm resultados surpreendentemente bons, e às vezes aprendemos com eles, pensando: 'Poderíamos ter feito melhor'."

Os criadores testam ideias em experiências de baixo risco e, com rapidez, inventividade e pouco dinheiro, reúnem informações para determinar se um produto ou ideia fará sucesso. Ao assumir riscos pequenos, evitam erros catastróficos.

"Fracasso é algo que detectamos apenas olhando para trás", disse Shawn Carolan, cofundador da Handle e um dos sócios da Menlo Ventures. Empreendedor determinado a solucionar a sobrecarga de e-mails com o software aplicativo Handle, Carolan chama as reviravoltas de "pivôs" que revelam o fracasso somente em retrospecto. Os criadores testam diversas abordagens para descobrir o que funcionará e o que não.

Steven Dow, professor do Human-Computer Interaction Institute da Carnegie Mellon University, dedicou uma quantidade significativa de recursos à prática de tentativa e erro com inteligência. Em um esforço conjunto de experimentação, reavaliação e reorganização, Dow mostra que as experiências rendem melhores resultados do que a tentativa de aperfeiçoar um único conceito, produto ou ideia.

Para explorar esse princípio, Dow e seus colegas realizaram uma experiência simples, com base na Física do ensino médio. Reuniram dois grupos para participar da competição do ovo. O objetivo era criar uma caixa que impedisse que os ovos se quebrassem quando jogada no chão. Cada grupo recebeu o mesmo material – limpadores de cachimbo, palitos de picolé, cartolina, elástico, espuma e papel higiênico – e tinha 25 minutos para criar a caixa, mais 15 minutos para montá-la.

Mas havia uma diferença entre os grupos. Os participantes do grupo de controle tinham apenas um ovo. Cada um deles criaria, construiria e testaria sua invenção com esse ovo. Já os participantes do grupo de prototipagem receberam uma caixa de ovos e foram instruídos a realizar teste de cinco em cinco minutos na fase de criação. Eles podiam testar quantos protótipos quisessem.

Durante quase meia hora, cada indivíduo do grupo de controle trabalhou para criar uma peça única que protegesse o ovo. Ou seja, eles estavam focados no produto final, e queriam que ele fosse perfeito. Os participantes do outro grupo, todavia, criaram diversos protótipos, combinando materiais e técnicas. Em vez de focar em aperfeiçoar um único projeto, eles testavam o produto repetidas vezes, aprimorando o sistema de amortecimento da queda. A experiência demonstrava o resultado.

Os participantes entraram na fase de execução com o conhecimento adquirido na fase de projeto. Aí começaram os testes: os ovos eram largados de alturas cada vez maiores, até quebrarem. As caixas criadas pelos participantes que puderam quebrar mais ovos na fase de projeto tiveram melhor desempenho. Em média, os ovos do grupo de prototipagem ficavam seguros até 1,85 m. Os ovos dos outros participantes sobreviviam só até 1 m.

Embora tivessem o mesmo material e o mesmo tempo, os indivíduos que puderam aprender com os erros e reestruturar seus sistemas se saíram melhor. Descobriram as falhas do produto e valeram-se de testes para realizar melhorias. Além disso, aprenderam, com a prática, a construir a mesma peça diversas vezes. Os participantes do grupo de controle ficaram limitados à especulação. Fazer pequenas apostas contribuiu para o sucesso das pessoas capazes de fracassar com inteligência.

Estabeleça um índice de fracasso

Quanto de fracasso é aceitável? Dez por cento? Vinte por cento? Mais? De acordo com minhas pesquisas, um número surpreendente de criadores define esse índice com antecedência. O

Capítulo 4: Falhar com inteligência

objetivo não é a perfeição, mas evitar riscos. Estar preparado para um determinado número de fracassos lhes permite experimentar. Trata-se de uma visão holística do fracasso: até os erros mais estúpidos têm seu valor.

Os criadores enxergam os fracassos de uma maneira muito diferente do que a maioria de nós. Em uma reunião com analistas da CIA, Gilman Louie, fundador da In-Q-Tel, apresentou uma lição bastante incisiva sobre posturas contraproducentes em relação ao fracasso. A In-Q-Tel é um fundo de capital de risco estratégico criado para promover empresas de tecnologia cujos produtos possam ajudar a Inteligência dos EUA. Louie informou aos analistas que muitos deles não pensavam da maneira correta sobre os riscos que estavam dispostos a correr no trabalho. Surpreendia-lhe constatar que em algumas situações eles se mostravam extremamente corajosos, mas, em outras, totalmente avessos a riscos.

"Se os terroristas atirassem uma granada no meio da sala", disse Louie, "vocês se lançariam sobre ela para proteger o grupo. Dariam a vida pelo outro e pelo país. No entanto, se alguém entrasse aqui e dissesse: 'Preciso de alguém para tomar uma decisão, mas se não der certo, será o fim de sua carreira', vocês sairiam correndo pela porta. É impressionante: as pessoas desta agência são capazes de arriscar a própria vida por Deus e pelo país, mas não arriscariam a própria carreira."

Um dos presentes levantou a mão e explicou, de maneira sarcástica: "Se eu pular na granada e morrer, não terei que conviver com isso depois".

Sim, o fracasso pode ser assustador. Seu preço, no entanto, não é tão alto quanto pensamos.

"Você precisa mudar seu modo de pensar para dizer que não há problema em fracassar, desde que não seja algo catastrófico", disse Louie, examinando o dilema. "Não foque na probabilidade de sucesso de nenhum item em especial. Em vez disso, avalie seu desempenho no contexto de um portfólio. É uma diferença sutil, mas importante."

O código dos criadores

Os criadores não temem falhar. Ao contrário, procuram formas de amenizar seu impacto. Um caminho é tirar o foco dos fracassos individuais e avaliar os resultados em um contexto mais amplo. No mundo dos investimentos, por exemplo, nem Warren Buffett consegue escolher só ações com bom desempenho. Os investidores mais bem-sucedidos estão na frente porque escolhem mais ações com bom desempenho do que ações com mau desempenho.

O curioso é que eles ficam preocupados se tiverem muito *poucos* fracassos. "Um importante indicativo de sucesso é ter um número suficiente de fracassos", disse Pierre Omidyar, fundador do eBay. "Continuar fazendo o que fizemos para chegar aonde chegamos é uma receita para afundar um negócio."

O índice de fracasso ideal varia de criador para criador, dependendo da organização, indústria e cultura empresarial. Na prática, quanto mais baixo o custo do fracasso, mais alto pode ser esse índice. "Tenho uma estimativa: estou disposta a fracassar uma em cada três vezes", disse Jessica Herrin, fundadora da Stella & Dot. "É um equilíbrio sustentável para o sucesso." Se você não estiver fracassando, diz Herrin, provavelmente não está sendo agressivo o suficiente.

"Na verdade, com uma estrutura configurada para ter zero por cento de chance de fracasso, a pessoa geralmente terá zero por cento de chance de sucesso também", disse Reid Hoffman, um dos fundadores do LinkedIn. "O segredo é saber parar quando chegar a seu limite de fracassos." Os criadores estabelecem limites financeiros e temporais para saber quando mudar.

Com o sucesso, a tolerância ao risco diminui. Em grandes companhias como o eBay, os índices de fracasso são bem baixos. "Quando temos sucesso, todo mundo quer que continuemos fazendo aquilo que nos trouxe até ali", disse Omidyar. "Isso inclui clientes, funcionários, gerente e até o conselho diretor. Mas em um meio dinâmico como o nosso, precisamos combater o desejo de seguir fazendo o que funcionou antes."

Capítulo 4: Falhar com inteligência

As pessoas acabam chegando à conclusão de que cometer erros por extrapolar limites e testar novas ideias, na verdade, pode ser bom.

Em 2005, Eric Schmidt, CEO da Google na época, elaborou uma fórmula de gestão chamada 70-20-10: utilize 70% do tempo da gestão da empresa aprimorando o *core business* de busca e propaganda; dedique 20% a negócios subjacentes relacionados com o *core business*, como o Google Earth; e use os 10% restantes explorando ideias completamente novas. Essas medidas ajudam a gestão a priorizar a inovação, sem deixar de focar nas operações existentes. Os engenheiros da Google às vezes dedicam 20% do tempo da companhia a projetos paralelos de interesse pessoal. Alguns dos principais produtos da Google, como o Gmail, resultaram disso. "Nossa meta é ter mais oportunidades por unidade de tempo e esforço do que a concorrência", disse Schmidt.

Para capitalistas de risco que financiam os criadores de novas empresas, os índices de fracasso podem ultrapassar os 70%. De dez investimentos, apenas um ou dois produzem retornos significativos. "O que estamos querendo é que os vencedores possam vencer dez vezes mais, no mínimo", disse Shawn Carolan, um dos sócios da Menlo Ventures. "Por isso, procuramos grandes mercados e uma dinâmica que possibilite o rápido crescimento dos empreendedores." Carolan foi um dos primeiros investidores da Siri, assistente pessoal virtual comandado por voz, agora da Apple. Ele também investiu no Uber, empresa de transporte privado que conecta os passageiros com os motoristas dos veículos por meio de um aplicativo. "Buscamos empresas tão superiores no que fazem que seja impossível pensar em retroceder", disse o empresário. "A pessoa experimenta uma vez e já fica 'viciada'. São forças poderosas da natureza." Carolan também já cometeu erros. Recusou empresas que acabaram tendo grande sucesso, como Evernote, Pandora, Trulia e Redfin.

As empresas fracassam por inúmeros motivos. Às vezes, as ideias surgem antes do tempo. "Primeiro veio o Friendster, depois, o Facebook", observou Patrick Chung, sócio da New Enterprise

Associates. Às vezes, os empresários têm jeito para um tipo de clientela, mas não para outro. Recentemente, Chung ajudou dois empreendedores a lançar a Storably, uma empresa que aproveitava espaços vazios nos porões e garagens dos usuários para armazenagem. "Tentamos milhares de coisas diferentes, mas não deu certo. Resolvemos deixar de lado esse negócio", contou Chung. "Mas investimos nos mesmos empreendedores quando eles decidiram criar a Curalate, uma empresa de análise de imagens. Dessa vez, eles conseguiram 400 marcas como clientes, e 50% dos 50 principais varejistas americanos. O negócio está indo bastante bem, obrigado." Às vezes, a dinâmica interna da equipe se deteriora. "Vou direto às questões relacionadas às equipes", disse Peter Thiel, contando como avalia os investimentos no Founders Fund. "É muito mais fácil mudar o modelo de negócios do que um grupo de pessoas."

E, às vezes, a tecnologia ou o mercado se movem em uma direção diferente. "Ideias inovadoras parecem malucas no início e geralmente são binárias", disse Charles Hudson, sócio da SoftTech VC. "O fato de o mundo se mover para a direita ou para a esquerda pode resultar em um grande sucesso ou no sepultamento de uma equipe." A categoria tem de ser viável e a equipe tem de vencer. Pode parecer simples, mas conseguir as duas coisas ao mesmo tempo é difícil. "De qualquer maneira, se tivermos dois empreendedores idênticos, com a única diferença de que o primeiro já fracassou diversas vezes e o segundo não, eu investiria no primeiro", disse Matt Cohler, sócio da Benchmark, uma empresa de capital de risco. "Quem aprende com os fracassos se torna um ativo mais valioso."

Os criadores sabem que não são tão bons – ou tão ruins – quanto talvez sintam em determinados momentos. Para lidar com os altos e baixos que vivenciam diariamente, eles avaliam a carreira em longos períodos de tempo, contextualizando os fracassos em um cenário mais amplo e diminuindo o impacto de uma vitória ou derrota isolada.

Quando percebemos que estamos sujeitos a fracassar mesmo se fizermos tudo "certo" em um meio dinâmico, criar um índice de fracasso passa a ser uma medida inteligente. Ultrapassar nossas próprias barreiras para testar nossas habilidades nos ajuda a crescer e a nos preparar para o que virá em seguida. Se determinarmos um índice de fracasso muito alto e tivermos muitos reveses, podemos diminuí-lo. Nosso índice pode variar, com base não só em nossa área de atuação, mas também em diferentes estágios da carreira, questões de família, finanças, saúde, etc. O segredo é definir um índice de fracasso maior do que zero.

Acredite o suficiente para persistir

"É como mascar vidro enquanto se fita o abismo", disse Elon Musk, referindo-se ao som agudo de uma correia transportadora na fábrica da Tesla. Musk falava sobre como é começar uma empresa.

Para Musk, 2012 foi o ano da reviravolta. Mas ele penou para chegar lá. Quatro anos antes, investiu tudo o que tinha na incipiente montadora. A recessão de 2008 quase derrubou a startup. Mas Musk foi mais fundo e chegou a pedir dinheiro emprestado aos amigos para desenvolver um veículo totalmente elétrico.

A ideia de Musk era diferente de tudo o que havia em Detroit. As montadoras tradicionais produzem híbridos em grandes quantidades, a baixos preços. Musk inverteu a abordagem. O Tesla Roadster seria um carro esportivo de produção limitada e alto desempenho, similar a uma Ferrari, capaz de acelerar de 0 a 100 km/h em 4,4 segundos, mas totalmente elétrico, com 7 mil pequenas baterias. A questão era lançá-lo.

Com o dinheiro acabando e os especialistas da indústria agourando a iniciativa, os investidores resolveram marcar uma reunião de emergência. De qualquer maneira, alguém achava realmente que um empresário da internet poderia desenvolver um carro?

Em uma sala repleta de pessoas "do contra", Musk decidiu apostar sua última ficha, determinado a fazer o plano funcionar.

O código dos criadores

Prometeu devolver o dinheiro investido pelos clientes se o Tesla não tivesse o resultado esperado. Sua certeza impressionou os investidores. O compromisso de Musk acabou convencendo o famoso capitalista de risco Steve Jurvetson a investir no negócio. Kimbal, irmão de Elon e um dos membros do conselho da Tesla Motors, declarou que não havia dúvida de que Musk perseveraria, mesmo sem nenhum dinheiro. Musk fechou um contrato de financiamento no dia 24 de dezembro, aos 45 minutos do segundo tempo. Não fosse isso, a empresa teria ido à falência.

"Precisamos estar dispostos a enfrentar o que vier. Trabalhar duro, colocando muita coisa em risco. Garanto que não é nada confortável", disse Musk.

As provações e tribulações da Tesla Motors foram intensas, longas e públicas. Atrasos da engenharia, estouros de orçamento e problemas de qualidade empacaram a produção do Roadster e mais do que duplicaram as despesas. Em 2007, Musk chegou à conclusão de que só de matéria-prima o Tesla estava custando US$ 140 mil a unidade, quando o preço de mercado de um Roadster era de US$ 92 mil. O empresário dispensou o cofundador Martin Eberhard, CEO da Tesla, investiu do próprio bolso o último dinheiro que tinha e ocupou o cargo de CEO.

Cinco anos de projetos e mais projetos não foram suficientes para produzir o tão esperado Roadster. "A ideia original era juntar o chassi do Lotus Elise com a tecnologia motriz da AC Propulsion e comercializar algo rápido que simplesmente funcionasse", disse Musk. "Foi uma ideia equivocada e, olhando agora, em retrospecto, extremamente idiota."

Embora o plano de usar uma tecnologia padrão fosse atraente, o Roadster era 30% mais pesado do que o Elise. Sem espaço suficiente, os engenheiros tiveram de alongar o chassi. A distribuição de peso era diferente. O carro foi reprovado em todos os testes de impacto e voltou à fase de projeto.

"É como se você tivesse comprado uma casa de que não gosta", explicou Musk, "mas percebesse que pode transformá-la, para

Capítulo 4: Falhar com inteligência

que fique de seu agrado. O problema é que, para isso, você precisaria derrubar tudo, menos uma parede e o porão. Seria mais barato demolir tudo."

Em 2008, Musk renegociou contratos com fornecedores, cortou custos, demitiu 30% do pessoal da Tesla e fechou o escritório de Detroit. Começou a procurar fontes alternativas de renda e a fabricar baterias para o carro elétrico Smart, da Daimler, para o Mercedes Classe A e para o RAV4 elétrico, da Toyota. Solicitou ao governo uma garantia de empréstimo, alegando que os fundos de resgate não deveriam se restringir aos fabricantes de "bebedores de combustível". Com o argumento de que uma empresa de carros elétricos também merecia assistência governamental, Musk conseguiu um empréstimo de US$ 465 milhões do governo para financiar a nova geração de sedan, o Tesla Model S.

"Seja você o fundador da empresa ou o CEO, você terá de se submeter a um monte de coisa que não quer", disse Musk. "Se não fizer a sua parte, a empresa não prosperará. Você precisa estar disposto a fazer o que for necessário." Um jovem funcionário da Tesla se lembra de uma ocasião em que Musk subiu na linha de produção para retirar um veículo que tinha ficado preso na plataforma, diante do olhar atônito do pessoal da fábrica.

Musk fica de terça a quinta na Tesla e o resto da semana na SpaceX, trabalhando como CEO nas duas startups. Um ano e meio depois de assumir a Tesla, a empresa fabricou o primeiro veículo de produção com células de bateria de íon de lítio, que rodava 320 km com uma carga.

Em junho de 2010, Musk abriu o capital da Tesla Motors, tornando-se a primeira empresa automotiva de capital aberto desde que a Ford Motor Company emitiu ações em 1956. "Ninguém não vai querer essas ações", vaticinou Jim Cramer, do programa *Mad Money*. No entanto, quatro anos após a medida de Musk, as ações Tesla Motors só valorizavam. O empresário surpreendia os críticos mais uma vez.

O código dos criadores

Em 2013, o Model S foi eleito o carro do ano pela Motor Trend, o primeiro carro sem motor de combustão a ganhar o prêmio. O elegante sedan é uma maravilha da engenharia. De qualquer maneira, a Tesla continua sendo uma startup pequena na indústria automotiva. As montadoras tradicionais ofuscam-na pelo porte.

Musk salvou a Tesla, mas não foi fácil.

"Eu me preocupo bastante com o fracasso", disse-me Musk, enquanto caminhávamos pela fábrica da Tesla. "É, sinto muito medo."

Vendo enormes folhas de alumínio sendo delicadamente marcadas, cortadas e dobradas no formato do Model S e robôs gigantes instalando janelas e conectando cabos com precisão, não dava para imaginar que essa empresa havia passado tanta dificuldade poucos anos antes. Como é que Musk conseguiu perseverar?

"Se algo for muito importante, ou você *acreditar* que aquilo é importante, mesmo com medo, você segue em frente", disse ele.

É mais fácil enfrentar obstáculos quando estamos convencidos de que nosso trabalho faz diferença. Os criadores são apaixonados pelo que fazem, e essa devoção os ajuda a superar as adversidades do caminho.

"O que estou fazendo conta? Tudo bem se eu fracassar? A resposta é sim, com certeza", disse a fundadora da Stella & Dot, Jessica Herrin. "Em relação a algumas iniciativas de negócios, eu diria que elas podem dar certo ou não, mas minha bússola está apontando na direção certa. O que estou fazendo é pelos motivos certos? A resposta tem que ser sempre afirmativa." Herrin diz que sua missão é desenvolver um negócio que dê força e autonomia para as mulheres.

"Não há nada garantido", disse Alex Laskey, cofundador da Opower. Em 2013, Laskey descobriu um tumor cerebral. O tumor era benigno, mas a experiência fez com que ele reavaliasse toda a sua vida. "Eu gostaria de ser um marido melhor e um filho melhor. Como pai, acho que sou bom. Em termos de trabalho",

Capítulo 4: Falhar com inteligência

acrescentou, "não vejo complicações. E é ótimo que seja assim. Não consigo me imaginar fazendo algo sem propósito."

Elon Musk disse: "A energia sustentável é um problema que precisa ser resolvido". Já na universidade, escreveu dissertações sobre a importância dos carros elétricos e da energia solar. "Minha mãe tem esses trabalhos até hoje", contou ele, rindo. "Não estou inventando! Ninguém me disse para criar essa história depois." A sobrevivência da Tesla Motors ilustra a paixão de Musk pelo trabalho.

Às vezes, os fracassos podem contribuir para a humildade. Reed Hastings, cofundador da Netflix, sabe bem disso. "Fiz besteira", escreveu ele no blog da empresa em setembro de 2011. "Olhando em retrospecto, vejo que me tornei arrogante com base no sucesso do passado."

Alguns meses antes, Hastings anunciara que a Netflix se dividiria em dois negócios: uma empresa de envio de DVDs por correio e um serviço de filmes on-line via plataforma de *streaming*, cada um custando US$ 7,99 por mês. A iniciativa malfadada de aumentar os preços enfureceu os assinantes. Cerca de 800 mil clientes insatisfeitos cancelaram o serviço, aumentando a pressão pela renúncia de Hastings, o que colocou a Netflix em uma espiral mortal.

No dia 10 de outubro de 2011, Hastings voltou atrás. O serviço de DVDs pelo correio continuaria fazendo parte da Netflix.

Apenas um ano antes, a revista *Fortune* o elegera como "Empresário do Ano". Agora, a crítica da mídia chegara até o *Saturday Night Live*. Os preços das ações da Netflix despencaram de US$ 300 para US$ 53 em setembro de 2012, representando uma perda de quase US$ 12 bilhões.

Hastings não sabia se a Netflix seria capaz de se recuperar, mas não entrou em pânico. Ao contrário, manteve sua visão de longo prazo do negócio de *streaming* e focou em oferecer um serviço diferenciado aos clientes existentes, incluindo os assinantes do serviço de DVDs em domicílio.

"Não podíamos fazer nada para que as pessoas voltassem a nos amar da noite para o dia. Tivemos de reconquistar sua confiança, com persistência e disciplina", disse.

"Hastings levantou, sacudiu a poeira e deu a volta por cima", disse Richard Greenfield, analista da BTIG, firma de serviços financeiros. "Pouquíssimas pessoas conseguem fazer isso."

Em 2012, a Netflix conquistou quase 10 milhões de assinantes do serviço de *streaming*. Em 2013, começou a oferecer programação original, como os seriados *House of Cards* e *Orange is the New Black*, de modo a agregar valor aos assinantes. Nesse mesmo ano, a Netflix faturou, pela primeira vez, mais de US$ 1 bilhão em um único trimestre. No final de 2013, a empresa ultrapassou a marca de 40 milhões de assinantes no mundo inteiro, dos quais aproximadamente 30 milhões eram clientes de *streaming*. Apesar do declínio do negócio de DVDs pelo correio, a Netflix superou a HBO em número de assinantes.

Sim... e

Fracassar com inteligência significa saber lidar com as situações. Os criadores superam contratempos e se adaptam rapidamente. Improvisam, replanejam e seguem em frente. A maioria de nós não aprendeu a reagir dessa forma. Pensamos demais nos fracassos. Os criadores focam logo no próximo passo.

Muitos comediantes se apresentam sem roteiro, assumindo riscos e adaptando-se ao momento, de forma muito semelhante a como os criadores reagem em um meio em constante transformação: eles apostam em novas ideias sem saber o que dará certo.

A primeira regra da improvisação é dizer "sim... e". Todo comediante precisa primeiro encarar a realidade como ela é. Ao dizer "sim", ele aceita a situação. Mas a cena não tem como continuar sem informações adicionais, daí a contribuição do "e".

Capítulo 4: Falhar com inteligência

"Sim... e" começa com uma mente aberta e sem medo. Uma resposta "sim... e" abre caminho para o próximo passo.

Considere o seguinte exemplo extraído das comédias de improvisação. O comediante começa contando uma história, com uma ou duas frases indicando o assunto: "Fiquei sabendo que a garota que está na sua casa ficou trancada do lado de fora ontem". O comediante seguinte aceita o tema e acrescenta algo: "Sim! E ela ficou encharcada quando tentou entrar, porque o *sprinkler* disparou". A conversa continua: "Sim... e, no final, acabou que ela passou pela porta de cachorro". Com "sim... e", os comediantes vão tecendo a história, aproveitando as deixas para inserir tiradas engraçadas.

Os atores de improvisação aceitam o argumento apresentado, mesmo que ele não seja especialmente interessante, e buscam melhorá-lo. Bons comediantes de improvisação fazem isso automaticamente, com uma piada após a outra. Se uma ideia não funcionar, eles não a rejeitam. Em vez de se preocupar com as partes que não dão certo, eles simplesmente deixam a história se desenrolar.

Esse esquema é muito valioso para os criadores. A capacidade de aceitar a realidade como ela é e se basear no contexto (seja em um clube de comédia com uma plateia louca para rir ou em um mercado ávido por novos produtos e ideias) é fundamental para o sucesso. Podem ser programadores do Vale do Silício ou ex-atletas promovendo o que há de mais moderno em roupa esportiva. Os criadores precisam ter a motivação e a confiança de responder positivamente e construir a partir do que veio antes.

A ideia do "sim... e" serve para evitar a supressão de ideias ou o medo de compartilhá-las, mesmo que elas sejam questionáveis. Se estiverem no caminho certo, os criadores terão sucesso. Se não, desenvolverão algo melhor. Com rapidez de pensamento, mente aberta e coragem, os comediantes de improvisação e criadores propõem todo tipo de ideias, sabendo que algumas darão certo e outras não.

O verdadeiro valor da improvisação é possibilitar que os criadores experimentem novas ideias sem medo de fracassar. Um bom improvisador deve ter observação aguçada, agilidade mental e capacidade de passar rapidamente para um próximo assunto, sem se esquecer do anterior. Os criadores consideram novas ideias sabendo que muitas não funcionarão, assim como os comediantes de improvisação fazem uma piada após a outra cientes de que nem todas farão a plateia rir. Os criadores estão dispostos a dizer "sim... e", mantendo-se receptivos a novas ideias. É uma forma de fracassar com inteligência.

Transforme contratempos em trampolins

David Neeleman, cofundador da JetBlue, só foi diagnosticado com transtorno de déficit de atenção (TDA) na idade adulta. Durante a infância, ele sofreu na escola, sendo considerado um estranho. Isolado e diferente, não tinha como seguir o caminho tradicional e largou a faculdade. Essa dificuldade inicial seria mais do que suficiente para bloquear o que há de melhor em nós, mas Neeleman seguiu em frente, determinado.

Ao longo da carreira, Neeleman fundou três companhias aéreas de sucesso, todas pioneiras, e nos três casos ele podia ter desistido definitivamente. Quando tinha 23 anos, sua primeira empresa – uma agência de turismo – pediu falência na esteira da bancarrota da companhia aérea com a qual ele trabalhava. Neeleman tentou novamente. Nove anos mais tarde, depois de vender sua empresa Morris Air para a Southwest Airlines, foi dispensado por seu mentor, Herb Kelleher, da Southwest. Neeleman não se deixou abater. Na terceira tentativa, como cofundador e CEO da JetBlue, o conselho diretor da empresa o demitiu após o episódio conhecido como o "Massacre do Dia dos Namorados", uma tempestade de neve que prejudicou milhares de passageiros da JetBlue, no dia 14 de fevereiro de 2007. Mais uma vez, Neeleman teve força para se reerguer e fundou a companhia aérea de maior crescimento do Brasil, a Azul.

"Como tenho TDA, andar de avião para mim é um suplício", disse Neeleman. "E ainda me lembro do lugar exato no escritório

Capítulo 4: Falhar com inteligência

em que o vice-presidente da JetBlue, Tom Anderson, me disse: 'Olha, recebi esse prospecto sobre uma empresa da Flórida que está apresentando a opção de TV ao vivo nas aeronaves'. Eu disse: 'É isso!'" A inquietação natural de Neeleman lhe permitiu enxergar o valor dos passatempos a bordo para os clientes da JetBlue. Ele partiu rumo à Flórida e fechou um negócio que colocou a JetBlue na indústria do entretenimento.

Em 1999, Neeleman arrecadara US$ 125 milhões para inaugurar a JetBlue, o maior investimento já feito na história das companhias aéreas. Seu objetivo? "Trazer mais humanidade para as viagens de avião." Neeleman retirou os assentos de primeira classe das aeronaves da JetBlue para dar mais espaço para as pernas e colocou assentos de couro, que, apesar de custarem o dobro, duram duas vezes mais. Escolheu a Airbus para fabricar os aviões, porque a concorrência estava utilizando Boeings mais estreitos, ganhando 2,5 cm de largura e 5 cm de espaço entre uma poltrona e a poltrona da frente. Comprometida em jamais exceder sua capacidade, a JetBlue nunca vendeu mais passagens do que assentos, uma prática comum na indústria.

Conhecido como Mr. JetBlue, Neeleman viajava pela companhia no mínimo uma vez por semana. Andava pelos corredores distribuindo petiscos e solicitando feedback, ajudava a limpar a aeronave depois do pouso e às vezes descarregava as malas junto com os operadores de bagagens. O empresário tinha o hábito de se sentar na última fileira do avião para mostrar que agradar o cliente era mais importante do que agradar o CEO. Deu certo. A JetBlue decolou. A companhia aérea começou a gerar lucros a partir do final do terceiro trimestre e abriu o capital em 2002.

Tudo corria bem até a nevasca da costa leste, em 2007. Por causa do mau tempo, as companhias aéreas foram obrigadas a esperar. De qualquer maneira, os controladores mandaram os aviões para a pista. Alguns aviões ficaram presos na pista de decolagem do aeroporto JFK, em Nova York, por dez horas. O cancelamento de cerca de 1,7 mil voos em cinco dias prejudicou

O código dos criadores

mais de 130 mil passageiros, enfurecendo os clientes e expondo falhas organizacionais.

Neeleman tentou contornar a crise. Passou três dias trabalhando no centro de operações da companhia, dormindo só duas horas por noite. Logo se deu conta de que não havia como solucionar todos os problemas no tempo que desejava. A infraestrutura de tomada de decisões não estava em condições de coordenar aviões, pilotos e passageiros. "Começamos na quinta e, na segunda, estávamos a todo vapor de novo. Mas o estrago já tinha sido feito", disse.

A reputação da JetBlue, uma companhia aérea centrada no cliente, havia sido maculada. Os aviões de outras companhias aéreas também ficaram parados na pista, mas os clientes esperavam mais da JetBlue.

Neeleman assumiu a responsabilidade e deu 27 entrevistas para a televisão no dia posterior ao incidente, começando no *Today* da NBC, de manhã, e terminando no *Late Show* da CBS, às 23h30. Além disso, gravou um depoimento sincero no YouTube, desculpando-se pelo ocorrido e pedindo para os clientes confiarem na empresa de novo. Outra medida tomada foi a criação da "Declaração dos Direitos do Passageiro", prometendo *vouchers* de viagem aos clientes afetados. Neeleman também traçou um plano de 22 pontos para reparar as operações da companhia. Prometeu renovar o sistema de reservas, triplicar o tamanho da equipe operacional e treinar 1,3 profissionais de fora do aeroporto para ajudar em emergências climáticas, entre outros.

"Não salvou meu trabalho, mas a JetBlue se recuperou rapidamente, e fizemos o que era certo para nossos clientes", disse-me Neeleman. Três meses depois, a diretoria da JetBlue, sem qualquer cerimônia, resolveu demiti-lo. Havia sido determinado que a companhia precisava de um CEO com melhor controle das operações. "Poucos meses antes, tive as melhores avaliações como CEO de todo o período em que trabalhei na JetBlue", contou.

Sem perder tempo, Neeleman não se deixou abalar. "Saí da JetBlue em maio de 2007 e, em dezembro, realizamos nosso primeiro voo pela Azul", lembra. O incansável empresário exportou o modelo da JetBlue para o Brasil, declarando que dessa vez faria melhor ainda. Para que esperar?

Grande parte do sucesso dos criadores reside na capacidade de readaptação e em sua visão prospectiva. "Foi bom me dedicar a outra coisa, algo bom para o Brasil", disse Neeleman. "Também acho que havia um certo espírito competitivo no trabalho. Quero que a Azul tenha uma capitalização de mercado maior do que a da JetBlue e seja uma companhia aérea melhor. Vamos mostrar para esses caras que os superamos em todos os quesitos."

Os criadores não desperdiçam energia com os fracassos do passado. Eles aprendem as lições e seguem em frente. "O que acontece com a gente na vida não importa tanto. O que importa é como a gente lida com o que acontece", disse Neeleman. "Siga adiante. Tenho uma equipe de 10 mil tripulantes no Brasil e 25 milhões de clientes brasileiros este ano superfelizes com o conselho da JetBlue. Se pudessem, até mandariam um bilhete de agradecimento."

Durante minha pesquisa, os criadores descreveram os obstáculos – dificuldades de aprendizado, perdas na família, falta de perspectiva profissional e questões financeiras – que os ajudaram a encontrar formas alternativas de contornar os problemas.

Dean Kamen, inventor do Segway, nunca se formou. "Não me graduei, mas não me considero pouco instruído", disse Kamen. E o Segway foi um fiasco, uma vergonha profissional na ocasião do lançamento. "Se você realmente quiser ter sucesso em áreas que outras pessoas ainda não exploraram, precisa aprender a fracassar", explicou Kamen. "Ganhar intimidade com o fracasso, não se deixar destruir emocional ou intelectualmente por ele. Trabalhe duro em algo que você ama e não desista nunca."

Gavin Newsom, cofundador da empresa de hospitalidade PlumpJack Group, atual vice-governador da Califórnia, contou sobre sua luta para aprender do modo tradicional: "Como não tive sucesso na escola por conta de minha dislexia, precisei descobrir em que área eu era bom – empreendedorismo e política. Eu podia trabalhar com as pessoas de outro jeito".

Esses criadores fazem parte de uma grande lista de empreendedores que atribuem o sucesso à capacidade de vencer desafios e perseverar. Os criadores sabem contornar problemas, superando os pontos fracos com soluções improvisadas.

Carol Dweck, professora de Psicologia da Stanford University, realizou uma pesquisa para demonstrar que os indivíduos crescem com as adversidades. O trabalho revela que as pessoas tendem a escolher uma entre duas formas de enxergar as próprias habilidades. Aquelas inclinadas a uma "mentalidade fixa", segundo Carol, acreditam que a inteligência e os talentos são qualidades inatas, que trazemos de berço. Já aquelas inclinadas a uma "mentalidade de crescimento" acreditam que a inteligência e os talentos podem ser desenvolvidos por meio do esforço, ou seja, podemos seguir nossas paixões e manifestar nosso potencial dessa forma. Os criadores cultivam a mentalidade de crescimento.

"Diante de uma nova tarefa, as pessoas de mentalidade fixa se perguntam: 'Será que vou conseguir fazer isso direito logo?'", explicou Dweck na conversa que tivemos em seu escritório em Stanford. "Já as pessoas com uma mentalidade de crescimento se perguntam: 'Bom, posso aprender a fazer isso?' A mentalidade fixa leva os indivíduos a uma preocupação excessiva com a validação – notas, títulos, status e reconhecimento. Como temem que os erros manchem sua reputação, costumam ser atraídos a atividades que validem suas habilidades. Os indivíduos com mentalidade de crescimento, em contrapartida, veem os desafios como oportunidades de crescimento. Em vez de permanecer na zona de conforto, eles se arriscam e procuram atividades que ampliem seu

Capítulo 4: Falhar com inteligência

potencial, confiantes na própria capacidade de se desenvolver em áreas desconhecidas."

Nem tudo está determinado, disse Dweck. Nossa mentalidade pode ser influenciada por aquilo que ela diz ser mais importante: capacidade ou esforço. Em um de seus maiores estudos, realizado com 400 estudantes do quinto ano do ensino fundamental, na cidade de Nova York, as crianças receberam um conjunto de quebra-cabeças. Um dos grupos foi elogiado pela habilidade. "Uau, vocês devem ser muito inteligentes para conseguir resolver tantas charadas. Parabéns. Vocês têm muito jeito para isto." O outro foi elogiado pelo esforço. "Vocês devem ter se esforçado bastante." No desafio seguinte, os estudantes tinham a opção de escolher um quebra-cabeça mais fácil ou mais difícil. A experiência revelou que a maioria dos que foram elogiados pela inteligência escolheu um quebra-cabeça mais fácil, enquanto 90% dos estudantes elogiados pelo esforço escolheram um quebra-cabeça mais difícil.

Na rodada seguinte, todos receberam problemas mais complexos, que eles não seriam capazes de resolver com a mesma eficácia, e foram criticados pelo desempenho. Os estudantes que haviam sido elogiados pela inteligência ficaram abalados em termos de confiança. Recusaram-se a levar os problemas para resolver em casa, e 40% chegaram a mentir sobre a pontuação. Esses estudantes enxergavam o fracasso como um constrangimento a ser evitado. Já os estudantes que haviam sido elogiados pelo esforço disseram que gostaram da tarefa mais complexa, apesar da dificuldade. Tiveram um resultado melhor que os estudantes do outro grupo e optaram por continuar a trabalhar nos quebra-cabeças em casa.

A pesquisa de Dweck revela como podemos crescer com o fracasso e como elogiar o esforço nos motiva, ao passo que elogiar só a capacidade reduz nossa persistência. Podemos aprender a enxergar as derrotas como oportunidades de começar de novo, com mais informações. Os criadores são mestres nisso. Veem os erros como oportunidades de crescimento em vez de alçapões para o fracasso. Todo criador que se preze procura se lembrar de situações em que transpôs obstáculos, desenvolvendo a resiliência com a convicção de que sempre é possível se desenvolver, aprender novas coisas e superar os pontos fracos.

O que vale a pena fazer mesmo com medo?

Você dedica seu tempo à concretização de suas melhores ideias? Se você parasse de trabalhar de repente, os outros sentiriam sua falta?

Construir negócios inovadores não é fácil. Quase todos os criadores que entrevistei me falaram de momentos difíceis, em que precisaram encarar os medos, tomando a decisão de perseverar. Muitos me contaram histórias de situações aparentemente insuperáveis que, de alguma forma, eles conseguiram atravessar.

Em 1997, Alexander Asseily e Hosain Rahman fundaram a empresa de tecnologia de consumo Aliph, rebatizada mais tarde de Jawbone, com o intuito de desenvolver um fone de ouvido por Bluetooth à prova de ruídos. O produto só foi lançado em 2007. "Só uma coisa me fazia seguir em frente em meio a tantos anos de turbulência", contou Asseily. "A constatação de que se eu parasse, alguém realizaria a minha visão no meu lugar, e eu me arrependeria para sempre."

Asseily descreve os anos de 2005 e 2006 como anos de "inverno nuclear" para a Jawbone, que teve de enfrentar uma série de problemas para lançar o tão esperado produto inicial da startup. "Eu sabia que seria difícil por mais uns dois anos. Fomos obrigados pelas circunstâncias a ser bastante focados", disse. Asseily trabalhava em uma fábrica da China, testando a qualidade de som de milhares de fones, vivendo à base de arroz por várias semanas. Finalmente, o primeiro lote de 10 mil unidades foi despachado, embora a Jawbone não tivesse como pagar o fabricante na época. Quando os fones de ouvido chegaram à costa leste dos Estados Unidos, o armazém de estocagem estava fechado. Faltavam poucos dias para o Natal. Por coincidência, Asseily havia encontrado o CEO da empresa de distribuição em uma barca em Hong Kong

Capítulo 4: Falhar com inteligência

poucas semanas antes. Decidiu enviar-lhe uma mensagem de texto pedindo ajuda para que o carregamento chegasse ao armazém de Maryland. O CEO respondeu: "Fique tranquilo, vou resolver".

"Acho que acontece alguma coisa quando entramos nesse modo de 'vou até fim, custe o que custar'", disse-me Asseily. "As coisas se alinham de uma maneira mágica. Não foi só daquela vez."

Os criadores têm a capacidade de virar à direita, virar à esquerda ou dar meia volta e começar tudo de novo quando as circunstâncias assim o determinam. Embora não seja agradável fracassar, a grande maioria dos fracassos é contornável. O maior fracasso de todos seria não tentar.

CAPÍTULO 5

Unir esforços intelectuais

Sozinhos, podemos fazer muito pouco. Juntos, podemos fazer muito.

| HELEN KELLER

Em novembro de 2011, a Jawbone lançou a UP, uma pulseira emborrachada de mais ou menos um centímetro de largura para monitorar a saúde. A UP foi a primeira pulseira com um computador embutido, projetada para ser pequena, bonita e funcional. A UP prometia ajudar a melhorar a qualidade de vida do usuário, medindo tudo o que se possa imaginar, desde padrões de sono até passos dados e calorias queimadas. A ideia era que ela se tornasse parte do cotidiano das pessoas, que a usariam 24 horas por dia. O produto foi um sucesso, esgotando rapidamente.

Três semanas após o lançamento, contudo, os clientes relataram problemas com o carregamento e a sincronização do dispositivo. Em alguns casos, nem ligava mais.

A Jawbone não descontinuou a produção e engavetou o produto. Pelo contrário. Os fundadores da empresa, Hosain Rahman e Alexander Asseily, decidiram encontrar uma solução para o caso.

Como CEO, Rahman reconheceu a falha no site da empresa, dando a opção de devolução do dinheiro, sem qualquer pergunta. "Estamos tão comprometidos com este produto que queremos oferecer-lhe a opção de usá-lo de graça", escreveu. A medida, de devolver o dinheiro para os clientes *e* deixar que eles ficassem com o produto, fortaleceu a confiança na empresa, trazendo feedback.

Em seguida, Rahman montou um centro de comando, reunindo especialistas de engenharia, produção, design, análise de dados, marketing e serviço de atendimento ao cliente, para descobrir o que dera errado e redesenhar a pulseira, começando do zero. O grupo cobriu as paredes com fluxogramas e diagramas de projeto do produto, mapeando todos os possíveis problemas. A missão foi especialmente complexa devido às múltiplas funções da UP.

Nos 12 meses seguintes, a Jawbone, consumiu 16 mil homens-horas de trabalho, passando por 200 projetos de hardware, 46 semanas de qualificação de produto e 2,9 milhões de horas de testes com usuários reais, tudo para aperfeiçoar o *gadget*. Todos os componentes da UP foram analisados, até a fabricação de seus capacitores. Em dezembro de 2012, a pulseira foi relançada e se tornou sucesso novamente, ultrapassando a FuelBand, da Nike, e a Fitbit.

Como é que os fundadores da Jawbone conseguiram sair de uma situação tão espinhosa e desenvolver o produto de maior sucesso da empresa?

Unindo esforços intelectuais.

Diversidade cognitiva

A diferença em nossa maneira de pensar, encarar um problema e agir para superar desafios é o que, em conjunto, desencadeia grandes avanços. Os criadores unem esforços intelectuais para explorar pontos de vista distintos, visando apresentar soluções inovadoras.

Capítulo 5: Unir esforços intelectuais

Cada um de nós tem seu modo de organizar informações. Quando recorremos ao próprio conhecimento para resolver problemas, estamos, de acordo com os psicólogos, realizando uma "pesquisa local". Vasculhamos nossas experiências para encontrar soluções. Diante de desafios, raramente desviamos das abordagens do passado. Os antropólogos culturais chamam esse fenômeno de "classificação em pilha". Classificamos as informações em blocos pessoais.

Os criadores baseiam-se nas ideias uns dos outros para evitar essas limitações, valendo-se da diversidade cognitiva de um grupo heterogêneo de pensadores. Geralmente, quando falamos em diversidade, pensamos logo em raça, etnia, idade, gênero ou status socioeconômico. A diversidade cognitiva, porém, refere-se ao que acontece dentro da nossa cabeça: como interpretamos as situações, classificamos as informações e prefiguramos um conjunto de possibilidades.

O famoso centro de decodificação de Bletchley Park montado pelo serviço secreto britânico durante a Segunda Guerra Mundial é um exemplo dramático disso. Para decifrar o denominado código nazista, diversos indivíduos das forças aliadas foram reunidos. Havia ingleses, norte-americanos, poloneses, australianos, entre outros, cada um com sua especialidade. O grupo encontrava-se clandestinamente em um galpão, a 80 quilômetros de Londres, e inaugurou o que hoje chamaríamos de *hackathon*[1]. Linguistas, estrategistas militares, matemáticos, engenheiros, criptógrafos, historiadores, filósofos, classicistas e até aficionados em palavras cruzadas davam tudo de si para decifrar as mensagens codificadas que revelariam a estratégia militar e os próximos movimentos das tropas alemãs. O sucesso desse trabalho foi essencial para deter e reverter o avanço da Alemanha na Europa e na África do Norte.

---

1. N.T.: Hackaton: maratona de programação em que vários hackers se reúnem para passar horas a fio desvendando dados, sistemas lógicos e criando algo a partir disso.

Winston Churchill chegou a chamar a equipe de "os gansos que botam ovos de ouro".

Em Bletchley Park, unir esforços intelectuais era uma prioridade urgente: a força-tarefa salvou milhares de vidas. Cada vez mais empreendimentos requerem essa habilidade. As pesquisas revelam que as equipes gerenciais são mais inovadoras quando fazem uso de uma ampla gama de percepções. Engenheiros com diferentes experiências alcançam melhores resultados e conselhos de administração heterogêneos tomam melhores decisões.

Os criadores aprimoram a capacidade de reunir aliados improváveis, afastando-se dos padrões da indústria para solucionar problemas de maneira radical. Para cercear redes de terroristas, os fundadores da Palantir Technologies, Peter Thiel, Alex Karp, Joe Lonsdale, Stephen Cohen e Nathan Gettings juntaram os mais talentosos engenheiros de software do Vale do Silício com analistas de diversas agências de inteligência do governo visando criar um software capaz de decifrar informações ininteligíveis. Para construir um foguete reutilizável na SpaceX, Elon Musk recorreu a um grupo bem variado de profissionais, com engenheiros da NASA, físicos especialistas em termodinâmica, programadores de softwares de navegação e gestores de negócios. Dean Kamen administra um laboratório interdisciplinar na DEKA Research & Development Corporation, com 400 engenheiros, cientistas e peritos médicos, responsável pela invenção do Segway, do Slingshot, um sistema portátil de purificação de água, e da cadeira de rodas iBot.

Quando temos um problema, não sabemos onde encontraremos a resposta. Nossas diferenças em termos de experiência, educação, personalidade e outras características ajudam as equipes a divisar soluções de vários ângulos.

Até os indivíduos mais brilhantes recorrem à prática de unir esforços intelectuais. Os Prêmios Nobel entregues nos últimos anos têm reconhecido, cada vez mais, o trabalho das equipes, não só dos cientistas. De 2004 a 2013, por exemplo, sete dos dez Prêmios Nobel de química foram concedidos a dois ou três cientistas,

Capítulo 5: Unir esforços intelectuais

totalizando 23 laureados em toda a década, enquanto de 1901 a 1910, cada prêmio era entregue para um único indivíduo. Alguns críticos querem reavaliar as regras que restringem o prêmio a três pessoas ou menos. O prêmio de física de 2011, por exemplo, foi para três astrônomos de duas equipes que descobriram a expansão acelerada do universo. Centenas de cientistas trabalharam juntos para chegar à descoberta. "Se algo for descoberto na CERN graças ao esforço de 3 mil pessoas, o que faremos?", disse Lars Bergström, secretário do Comitê Nobel de Física, referindo-se ao centro europeu para pesquisa científica na Suíça.

A era dos gênios solitários está no fim. O mundo atual é tão interconectado que ninguém é capaz de resolver as questões e sintetizar todas as informações existentes sozinho. Seja no setor de tecnologia, alimentos orgânicos ou moda, os criadores unem esforços intelectuais para encontrar soluções. Utilizam a diversidade cognitiva desenvolvendo fóruns em que cada um pode dar sua contribuição. Para isso, criam espaços compartilhados, formam equipes-relâmpago, promovem competições e desenvolvem jogos relacionados ao trabalho de modo a solucionar problemas de forma inovadora.

Crie espaços compartilhados

"Se encontrarmos maneiras originais de reunir disciplinas, propiciaremos experiências para as pessoas", disse Rahman. "Resolveremos problemas que elas nem sabiam que tinham, criando produtos sem os quais elas não poderiam viver."

Depois de fundar uma empresa para desenvolver um software de inteligência artificial em 1999, Hosain Rahman e Alexander Asseily mudaram de direção e criaram um software abafador de ruídos e um fone de ouvido para usá-lo. "Não éramos especialistas em processamento de sinais, mas encontramos os cientistas certos, e sabíamos sintetizar informações", contou Rahman. O fone Bluetooth da Jawbone tornou-se o maior avanço no setor em

O código dos criadores

30 anos. Em 2011, a dupla lançou a Jambox, uma caixa de som sem fio que integra a tecnologia de áudio aos tocadores de música dos smartphones, revolucionando a categoria. No caso da UP, os fundadores da Jawbone tinham outra proposta: desenvolver um dispositivo de monitoramento da saúde que se adequasse ao estilo de vida atual, sem parecer coisa de nerd. A capacidade de integrar hardware e software no desenvolvimento de produtos tecnologicamente avançados, fáceis de usar e esteticamente atraentes requer a criação de um espaço compartilhado no qual as pessoas possam aproveitar as ideias umas das outras.

"A Apple inaugurou uma era, e nós estamos logo atrás", disse Rahman na conversa que tivemos na sede da Jawbone, em São Francisco. "Juntar design e engenharia não é fácil. Consome tempo e dinheiro."

Os engenheiros de hardware não pensam naturalmente em iteração. Eles usam materiais caros e têm ciclos de produtos que podem levar anos de desenvolvimento. O objetivo de uma pessoa dessa área é criar um produto perfeito antes de lançá-lo. Os projetistas de software, em contrapartida, querem lançar logo os produtos para ver o que acontece e depois aprimoram os protótipos. A Jawbone também inclui design. O diretor de criação Yves Béhar, fundador da agência de design Fuseproject, e sua equipe visam criar produtos que sejam bonitos, simples e fáceis de usar. "É muito trabalho para projetar as peças dos produtos, identificar pontos de atrito e encontrar soluções", explicou Rahman.

Os produtos da Jawbone combinam intrincados hardwares com softwares simples. A propósito, é raro encontrar empresas de tecnologia que fabricam tanto dispositivos de hardware quanto softwares, principalmente startups. Mas a Jawbone teve muito sucesso nesse ponto.

A pulseira UP conta com sofisticados sensores de movimento para monitorar os micromovimentos do sono, vibrando para acordar os usuários na hora adequada. Além disso e de inúmeras outras funções, ela mede a intensidade dos exercícios físicos e per-

Capítulo 5: Unir esforços intelectuais

mite que os usuários controlem a alimentação escaneando códigos de barras ou buscando informações nutricionais em um banco de dados específico. O *gadget* também fornece um relatório visual de monitoramento em interface iOS e integra recursos sociais para ajudar os usuários a comparar metas e realizações com amigos.

Esse tipo de dispositivo aumentou a complexidade do design e da engenharia de produtos, exigindo que os projetistas pensassem na experiência de consumo como um todo. Quando uma pessoa deixa cair um smartphone, ela sabe que pode quebrar, mas não considera isso uma ameaça às pulseiras.

"Criamos uma pulseira de borracha flexível com um computador embutido em toda a sua extensão", contou Asseily. "Ninguém havia fabricado nada parecido, mas ignoramos a possibilidade de que as pessoas fossem torcê-la para ajustá-la ao braço, danificando o circuito impresso, e a utilizassem enquanto lavavam louça, afetando a porosidade da borracha e os componentes internos."

A Jawbone realizou inúmeros testes antes de lançar a UP, mas subestimou os impactos que ela sofreria: crianças puxavam os pais pela pulseira para brincar, usuários derramavam uísque sem querer na noitada e um pequeno defeito no circuito de carga inutilizava a bateria quando a combinação de água quente e xampu penetrava no dispositivo "à prova d'água" durante o banho.

Para solucionar o problema, a Jawbone conduziu um dos maiores estudos etnográficos que se possa conceber. "Lançamos mão do conceito de *crowdsourcing*", disse Asseily. "Tínhamos um monte de pessoas dispostas a conviver com as pequenas falhas do produto para que pudéssemos melhorá-lo." Os voluntários usaram a pulseira por quase 3 milhões de horas no total (somando-se o tempo de todos os usuários). Toda empresa testa produtos, mas a Jawbone uniu esforços intelectuais com os usuários em escala massiva para obter feedback e criar um dispositivo realmente vestível.

Na fabricação da nova UP, a empresa desenvolveu um processo de modelagem que gerava uma camada protetora em torno do circuito interno e redistribuiu a parte eletrônica para que a pulseira

O código dos criadores

ficasse mais flexível. Além disso, a borracha recebeu um tratamento específico para reduzir o atrito com as roupas e prevenir que algo arrancasse o bracelete. O software foi atualizado com mais funcionalidades para o aplicativo de smartphone. A experiência é um ótimo exemplo do poder da união de esforços intelectuais.

"A contribuição do pessoal da Massive Health e da Visere nos ajudará a desenvolver softwares estéticos e simples e construir a melhor plataforma integrada de hardware, software e dados do mundo", disse Rahman quando a Jawbone adquiriu essas duas empresas de software para aprimorar a tecnologia de monitoramento relacionada à saúde e à alimentação. Em 2013, a Jawbone deu um passo a mais e comprou a BodyMedia, uma empresa que fabrica sistemas de monitoramento corporal e realiza estudos clínicos com hospitais. "Ganhamos uma equipe top de linha em multissensores", disse Rahman.

"Esse é o futuro da computação", afirmou o empresário. "Saiu da mesa para a bolsa, depois para o bolso e agora para o pulso. Amanhã, essas engenhocas terão sensores capazes de se conectar com nossos termorreceptores e nos dizer se estamos com frio ou com calor." Dito e feito. Pouco tempo depois da nossa conversa, a Jawbone anunciou uma parceria com a Nest, uma empresa que conecta os dispositivos da companhia de Rahman a termostatos.

A tecnologia continuará mudando, mas a forma de aperfeiçoá-la será sempre a mesma: unindo esforços intelectuais.

Cientes de que as equipes multidisciplinares que utilizam diversas plataformas tecnológicas serão o futuro do mundo profissional, os criadores concebem espaços físicos e virtuais nos quais as pessoas possam aproveitar as ideias umas das outras.

Encontramos um ótimo exemplo de colaboração radical na d.school, o Hasso Plattner Institute of Design da Stanford University. "É a primeira vez na história que vemos um cantor de ópera, um antropólogo, um geólogo e físico na mesma equipe", disse David Kelley, cofundador da d.school e da empresa de design IDEO.

Capítulo 5: Unir esforços intelectuais

Concebida como um "cruzamento escolar" ou ponto de junção, a d.school possibilita que diversos estudantes pratiquem a inovação interdisciplinar. Não há diplomas, mas os cursos lotam. Uma espécie de anomalia no meio acadêmico, a escola promove a abordagem colaborativa para solucionar problemas.

"Praticamos esporte de equipe", disse-me Kelley. "Você perceberá que os espaços verticais são todos para escrever." Ele mostra quadros brancos rabiscados disponíveis para ideias e conta que os alunos reúnem dados, constroem protótipos, identificam o que funciona e recomeçam o processo. "Em um esporte de equipe, temos que mexer os braços, porque falamos com três ou quatro pessoas ao mesmo tempo", disse Kelley. "Se você for jogar sozinho, tudo bem ter uma mesa, mas se for se dirigir a mais três outras pessoas, esqueça a mesa. Não funciona."

Tudo na d.school tem rodinhas e pode ser movimentado em questão de segundos. Os quadros brancos montados sobre racks metálicos podem ser reorganizados de modo a criar um espaço compartilhado e permitir a troca de ideias. As paredes divisórias também são móveis e existe uma estrutura de treliça com painéis corrediços para criar salas, dependendo da necessidade. Em uma aula de duas horas, o espaço pode ser rearranjado em diversos módulos: palestra, projeto, *debriefing*, entrevista e prototipagem. Essa variação da arrumação possibilita a união de esforços intelectuais.

Vi alunos esboçando diagramas e colando post-its coloridos em diversos murais. Em um laboratório de prototipagem, estudantes de administração, poetas e médicos, incumbidos de melhorar o sistema de segurança dos aeroportos, montavam uma maquete de papelão. Os passos eram semelhantes aos processos de *design thinking*, que se baseiam fortemente no trabalho em equipe e no feedback para gerar soluções.

"Esse é o trabalho da minha vida: fazer com que pessoas de diferentes áreas possam se desenvolver com base nas ideias umas das outras", disse Kelley, sentado em um banco alto, cercado de protótipos de isopor, um monte de cadeiras verdes e um sofá vermelho.

O código dos criadores

Kelley é careca e se parece com o Groucho Marx, sem o charuto: bigode preto grosso e óculos redondos. Figura modesta, geralmente de jeans, camisa de flanela e tênis escuros com cadarços coloridos, passaria tranquilamente por um professor excêntrico. Ninguém diria estar diante de um dos maiores designers do mundo.

Kelley foi criado em Dayton, Ohio, em uma família de fabricantes de pneus. Não tinha contato com design, mas gostava de mexer nas coisas. Certa vez, "consertou" a máquina de lavar da família, que nunca mais lavou roupa alguma. Em outra ocasião, desmontou o piano de casa. Sua mãe ainda lhe envia peças, na esperança de que ele consiga montá-lo novamente. Formado em engenharia, Kelley trabalhou na Boeing, analisando os sistemas de iluminação das aeronaves 747, e, mais tarde, na National Cash Register, projetando circuitos eletrônicos.

Em 1978, Kelley, junto com Dean Hovey, alugou uma sala por US$ 90, em cima de uma loja de roupa em Palo Alto, Califórnia. Lá, os dois abriram uma empresa que criaria, com o tempo, os óculos escuros da Nike, a baleia mecânica do filme *Free Willy*, varas de pescar para crianças e, o produto mais inovador de todos, o mouse original da Apple. Hoje, essa empresa se chama IDEO.

Responsável por tantas criações, Kelley aprendeu a contar com a colaboração dos outros. "Quando falamos sobre uma ideia, ninguém dá muita bola", disse. "Mas no momento em que apresentamos um protótipo, todo mundo se predispõe a apontar os defeitos, ajudando-nos a desenvolver e aprimorar nossos produtos." Na d.school, os alunos utilizam protótipos para obter o máximo de informações possível sobre uma determinada ideia. Para envolver os outros, tudo é válido: colar tiras de papel, encenar esquetes dos processos, fazer um vídeo. O que importa não é tanto o protótipo, mas o poder de unir a capacidade intelectual de diversas pessoas.

"Não precisamos fazer protótipo de tudo", disse-me Kelley. "Só das partes em que ninguém acreditaria. Se eu lhe disser que tenho uma máquina capaz de se locomover pelo chão e fazer uma pessoa levitar, não preciso apresentar o protótipo da parte de lo-

Capítulo 5: Unir esforços intelectuais

comoção. Mas a parte da levitação preciso provar." Os protótipos ajudam os criadores a obter feedback de usuários, capazes de dizer se usariam ou não o produto, de especialistas, capazes de fornecer uma opinião fundamentada, e de novatos, capazes de aproveitar a ideia e aprimorá-la.

Os criadores acreditam que todo mundo tem algo a oferecer. As observações de um sociólogo são tão importantes quanto as de um engenheiro. O respeito pela opinião dos outros é necessário. Estar aberto para outros pontos de vista é essencial.

"Às vezes, você tem um insight em função de sua cultura", disse Kelley. "No Japão, a pessoa para o carro em qualquer lugar e as bombas de combustível ficam no teto dos postos de gasolina. Não é o nosso sistema! Na nossa cultura, precisamos aproximar o carro da calçada. Eu jamais pensaria em colocar uma bomba de combustível no teto – diz ele, esticando o braço para cima como se pegasse a mangueira de encher o tanque – mas os japoneses sim!"

Com o intuito de criar um espaço compartilhado aberto a todos os pontos de vista, a d.school "procura eliminar a diferença de status entre professores e alunos", disse Kelley. São três professores por curso, e os alunos vêm das sete escolas de pós-graduação de Stanford. A riqueza das conversas ajuda todo mundo a se sentir igual.

Se a solução criativa de problemas é algo que não podemos controlar, como direcioná-la? "A criatividade varia de acordo com o espaço", disse George Kembel, cofundador e diretor geral da d.school, enquanto passávamos pela porta de garagem da entrada da escola. Kembel diz que a criatividade flui como a música. Cada tipo de música soa melhor em um determinado lugar. Os cantos gregorianos, por exemplo, se perderiam em um estádio, da mesma forma que um show de hip-hop ficaria deslocado em uma catedral. O clima de um pub, porém, é perfeito para bandas de blues e música *indie*. A mesma lógica se aplica à organização de espaços para propiciar a solução de problemas.

Os espaços podem ser projetos para estimular a ação. A d.school cultiva essa cultura, incentivando os alunos a se levantarem e tes-

O código dos criadores

tarem suas ideias. "Colocamos assentos desconfortáveis de propósito", disse Kembel. "Não queremos alunos colados na cadeira." Uma abordagem totalmente diferente da abordagem tradicional de negócios desde o advento da baia nos escritórios de 1968.

"Se o espaço não for 'precioso', as pessoas podem mexer nele", disse Kembel. "Se for chique demais, as pessoas não se sentem à vontade para fazer modificações." A d.school começou em um trailer, no campus de Stanford, e mudou de lugar três vezes nos primeiros seis anos. Os fundadores da escola aprenderam, por experiência própria, que os espaços inacabados estimulam a mentalidade *work-in-progress*.

Parte do sucesso na hora de unir esforços intelectuais se deve à definição do processo de trabalho. Aprender a trabalhar em harmonia requer atenção à dinâmica interpessoal. Se uma pessoa estiver tentando criar opções, a outra, priorizando feedback, uma terceira, procurando focar na equipe, e uma quarta, pressionando por uma solução, a equipe pode implodir. Esclarecer o plano de ação de vez em quando é fundamental para manter a sincronia: "Agora estamos criando opções. Depois, vamos testá-las. No final, decidimos". As equipes não precisam ter um único líder do início ao fim. Desse modo, o grupo aproveita o que há de melhor em cada um.

Na d.school surgiram diversos empreendimentos exitosos. Akshay Kothari e Ankit Gupta, estudantes de pós-graduação em engenharia elétrica e ciência da computação, respectivamente, criaram um aplicativo de notícias diárias como projeto de um curso da escola em 2010. Frustrados por não conseguirem acompanhar as notícias, observaram que "outras pessoas também se estressavam ao abrir o Google Reader e encontrar o aviso: 'Você tem mil itens não lidos desde a última vez que entrou'", lembra Kothari. Em um curso de dez semanas da d.school, os dois desenvolveram um aplicativo de iPad que facilitaria a vida de quem quisesse se manter informado, com notícias em imagens.

Capítulo 5: Unir esforços intelectuais

Trabalhando em um café em Palo Alto, Kothari e Gupta – ambos introvertidos e nerds, segundo a própria descrição – testaram as primeiras versões com os clientes do local. Como o iPad tinha acabado de ser lançado, Kothari e Gupta utilizaram-no para atrair as pessoas e obter valioso feedback. Chegavam todos os dias às nove e conversavam com os leitores para entender onde podiam melhorar. Viram que às vezes os leitores não conseguiam encontrar o que queriam, tinham dificuldade em fechar um artigo ou se deparavam com *bugs* ao tentar ler outra manchete. Por conta disso, fizeram centenas de pequenas mudanças todos os dias, como ajuste de botões, cor ou modo de exibição. A fim de aperfeiçoar o protótipo, Kothari e Gupta pediam aos clientes da cafeteria para apontar suas falhas. "Em duas semanas, as pessoas pararam de falar 'achei horrível' e começaram a perguntar 'este aplicativo já vem no iPad?'", disse Kothari. O resultado é o Pulse News, um aplicativo que reúne notícias das mais variadas fontes, desde o *Wall Street Journal* e o *Huffington Post* até a ESPN, a BBC News e a *Time*.

Poucos anos depois, Steve Jobs, inesperadamente, anunciou o aplicativo no palco principal da Apple Worldwide Developers Conference. Desde então, mais de 30 milhões de pessoas baixaram o Pulse. A capacidade de unir esforços intelectuais com os clientes de uma cafeteria ao longo do processo de desenvolvimento do produto possibilitou que Kothari e Gupta criassem um aplicativo afinado com as necessidades dos leitores. "Fomos realmente abençoados com essa oportunidade", disse-me Kothari. "É incrível trabalhar em algo que eu posso oferecer aos meus avós na Índia, que jamais tiveram computador. Hoje, eles podem ler notícias locais e internacionais todo dia no iPad." Em 2013, Kothari e Gupta venderam o Pulse para a LinkedIn por US$ 90 milhões.

Doug Dietz, o executivo por trás do equipamento de diagnóstico por ressonância magnética da GE Healthcare, também aprendeu sobre o poder de unir esforços intelectuais na d.school, onde se inscreveu em um programa de formação de executivos. Dietz recebeu vários prêmios pelo projeto industrial do equipamento da

O código dos criadores

General Electric. Um dia, ele foi a um hospital observar uma de suas máquinas em funcionamento e encontrou uma menina de sete anos com os pais, apreensivos em relação ao exame. Ao ver o aparelho, a menina começou a chorar e a berrar.

Nesse momento, Dietz se deu conta de que, durante os anos de desenvolvimento da máquina, jamais se perguntara: "Como será a experiência para uma criança?" O empresário voltou para casa frustrado. "Lembro-me de ter me sentido fracassado", disse. Ele havia construído um poderoso equipamento médico, mas os beneficiários de sua invenção não seriam apenas tecnólogos e médicos. Dietz precisava pensar nos pacientes, sobretudo nas crianças, que entrariam na máquina.

O que ele fez, então? Reuniu psicólogos infantis do Betty Brinn Children's Museum de Milwaukee e pediatras do hospital infantil do University of Pittsburgh Medical Center, assim como enfermeiros, tecnólogos, radiologistas, gestores de uma creche local e projetistas da GE, para ajudá-lo a pensar em como melhorar a experiência para as crianças. Ouvindo as crianças falarem de acampamentos e viagens espaciais, Dietz chegou à conclusão de que sua missão não era apenas criar um equipamento de ressonância magnética, mas transformar um equipamento médico em uma aventura para os pequenos.

"Formei uma equipe interfuncional que me ajudou a entender um pouco mais a magia das aventuras infantis", contou Dietz. "Para enxergar a questão de um ponto de vista mais amplo e realmente fazer a diferença, tive de envolver mais gente no processo."

Dietz cobriu o aparelho de RM com decalques coloridos, sugerindo viagens espaciais ou safáris, e criou quartos temáticos, com direito a música e tudo, para que as crianças se sentissem em casa. Antes do exame, as crianças ganham uma mochila com uma revista em quadrinhos sobre acampamento e são recebidas por um "guia florestal" em vez de um enfermeiro. Dietz criou nove temas diferentes, transformando a experiência em uma aventura.

Capítulo 5: Unir esforços intelectuais

Oitenta por cento das crianças que entravam nas antigas máquinas de RM da GE, inclusive a menina que Dietz encontrou aquela vez no hospital, tinham de ser sedadas. Com a invenção de Dietz, essa porcentagem caiu para praticamente zero. A satisfação dos clientes subiu para 90%, e a eficácia, para mais de 70%. O novo design permite que pais, filhos e profissionais médicos abordem importantes questões de saúde com menos peso e melhores resultados. Dietz chegou a ouvir uma criança dizer para a mãe: "A gente pode voltar amanhã?" A união de esforços intelectuais deu certo.

O desconforto vale a pena

Sabemos que cada pessoa, dependendo da cultura, gênero e formação profissional, tem um ponto de vista próprio que pode nos ajudar a descobrir soluções. Quando incluímos um antropólogo em um grupo de cientistas da computação ou chineses em um grupo de nórdicos, pressupomos que o elemento de fora é que produzirá novas visões. No caso da união de esforços intelectuais, contudo, observamos um benefício inesperado. Por incrível que pareça, trabalhar com pessoas "diferentes" melhora nosso próprio desempenho.

Em meios diversificados, como já esperamos entrar em contato com informações novas, sentimo-nos motivados a expressar nossas opiniões. "As pessoas não são clones umas das outras", disse Katherine Phillips, professora de liderança e ética da Columbia Business School. "Todos nós temos diferentes visões, e os grupos heterogêneos possibilitam o aprendizado."

A pesquisa de Phillips revela que, em um grupo diversificado, tornamo-nos mais alertas a novas informações, mais abertos a reavaliar nossas próprias premissas e mais sintonizados com a resolução das tarefas. O ato de unir esforços intelectuais nos impele a abandonar as expectativas tradicionais, libertando-nos para ver tudo sob uma nova perspectiva. Os insights inovadores podem vir não somente das pessoas "novas" ou "diferentes" do grupo, mas

O código dos criadores

de indivíduos que abordam as mesmas questões de outro ângulo, expressando uma visão normalmente não articulada.

Em grupos em que todos são parecidos, a norma é não perturbar o equilíbrio. Damos mais importância aos aspectos sociais do que à opinião pessoal. Os psicólogos estudaram a necessidade de pertencimento e observaram que queremos agradar pessoas semelhantes a nós. Quando nos cercamos de pessoas diferentes, sentimo-nos compelidos a explicar por que concordamos ou discordamos dos outros. Pode ser desconfortável, mas nos obriga a resolver problemas.

Para testar os efeitos da diversidade na capacidade de resolução de problemas dos grupos, Phillips realizou um estudo na Northwestern University com 242 membros de quatro fraternidades. Os participantes tinham de resolver um caso fictício de assassinato. Cada grupo recebeu uma série de entrevistas (conduzidas por um detetive que investigava o crime) e precisava apontar um suspeito. Para destacar a identidade social dos grupos, os participantes deveriam sentar com seus "irmãos" e "irmãs" em frente ao cartaz que identificava a fraternidade.

Cada pessoa tinha 20 minutos para resolver o caso, escrevendo um resumo de sua linha de raciocínio. Os participantes, então, foram divididos em equipes de três pessoas, de acordo com a afiliação e escolha de suspeito. Cada equipe recebeu mais 20 minutos para comparar anotações e chegar a um consenso quanto ao autor do crime. Depois de cinco minutos de deliberações, uma quarta pessoa se juntava ao grupo. Essa pessoa nova podia ser da mesma fraternidade ou alguém de fora.

Os grupos com pessoas de fora tinham menos confiança em suas decisões e relataram que estavam trabalhando com menos eficiência que os grupos homogêneos, mas, mesmo assim, alcançaram melhores resultados. Individualmente, os participantes descobriram o verdadeiro assassino 44% das vezes. Os grupos cujos membros pertenciam à mesma fraternidade resolveram o mistério 54% das vezes, enquanto os grupos diversificados identificaram o autor do crime 75% das vezes, apesar do desconforto social.

Capítulo 5: Unir esforços intelectuais

"O desconforto compensa", disse Phillips. Apesar de achar mais confortável trabalhar com os membros da mesma fraternidade, os grupos homogêneos ficaram presos a seu ponto de vista, acreditando piamente em suas suposições. Já os grupos diversificados se sentiram inseguros, mas foram motivados a conciliar opiniões opostas, intensificando o foco e a precisão. Mesmo quando a pessoa de fora concordava com um ou mais membros do grupo, os indivíduos queriam entender por que alguém "diferente" tinha o mesmo ponto de vista, fortalecendo a atenção dos participantes.

Estar cercado de pessoas diferentes geralmente é desconfortável. "Não gostamos de diversidade porque ela nos obriga a nos esforçar mais", disse Phillips. "Temos preguiça cognitiva. Preferimos não fazer tanto esforço se não for necessário, mas o desconforto tem um propósito."

A união de esforços intelectuais abala a coesão. Ao interagir com outras pessoas, os criadores libertam-se da forma rotineira de pensar, abrindo-se para novos insights.

Quando já sabemos que lidaremos com pessoas "diferentes de nós", preparamo-nos melhor. Em outro estudo conduzido por Phillips e seus colegas, os participantes tinham que responder qual a sua posição política antes de receber um caso de assassinato similar. Os participantes, então, eram divididos em duplas, para debater o caso com uma pessoa que chegara a uma conclusão diferente da sua. Algumas duplas eram formadas por participantes de mesma posição política, e outras, por participantes de posições contrárias. Para ressaltar as diferenças, os pesquisadores utilizaram crachás coloridos de acordo com o partido (vermelho para republicanos e azul para democratas).

Antes de discutir as conclusões, porém, os participantes deveriam escrever seu raciocínio. As composições foram avaliadas em termos de tamanho, linguagem e poder de argumentação. As composições dos participantes que acreditavam estar debatendo com uma pessoa de posição política diferente apresentavam maior coerência e clareza do que as composições dos participantes que debateram com uma pessoa da mesma posição política.

O estudo de Phillips revela que, quando esperamos interagir com pessoas de pontos de vista diferentes, fazemos nosso dever de casa. Examinamos nossos argumentos e chegamos mais bem preparados, melhorando nosso desempenho. Interagir com pessoas diferentes de nós dá mais trabalho. Como Phillips descreveu: "Se você quiser desenvolver músculos, precisa ir à academia. É doloroso".

Mas a união de esforços intelectuais não precisa ocorrer o tempo todo, podendo assumir a forma de forças-tarefas pontuais. Os criadores montam "equipes-relâmpago" para lidar com problemas específicos e necessidades urgentes.

Forme equipes-relâmpago

"Olha, este vai ser dos grandes", foi o torpedo que Eric Rasmussen, CEO fundador da Innovative Support to Emergencies, Diseases, and Disasters (InSTEDD), mandou para Nicolás di Tada em Buenos Aires. Tada escreveu de volta: "Já estou a caminho". Da central virtual de operações, Gisli Olafsson enviou um número de telefone via satélite e a mensagem: "Chego às 4h27".

No dia a dia, Olafsson tinha um emprego fixo na Microsoft Corporation, mas trabalhava também como socorrista voluntário em desastres. Na ocasião narrada acima, ele viajou de Reykjavik para o Haiti após o terremoto de 2010 na região. Seu trabalho era rastrear pedidos de socorro e direcionar a equipe de resgate islandesa.

Em minhas pesquisas, encontrei numerosos exemplos desse tipo de esforço coletivo. Chamo esses grupos de "equipes-relâmpago". Graças à tecnologia, as equipes-relâmpago representam uma nova forma de unir esforços intelectuais para resolver qualquer situação. As equipes-relâmpago se formam rapidamente, fazem o que têm de fazer e depois se separam.

Rasmussen, ex-médico da Marinha, foi informado do devastador terremoto de magnitude 7,0 cinco minutos após o tremor

Capítulo 5: Unir esforços intelectuais

inicial, concluindo que o desastre exigiria uma grande ação. Sete minutos depois, ele já havia entrado em contato com 75 pessoas de sua rede mundial de socorristas. Doze horas mais tarde, Rasmussen e sua equipe-relâmpago estavam reunidos em Porto Príncipe, traduzindo, localizando vítimas e resgatando os sobreviventes dos escombros.

Trabalhando lado a lado com um cientista da British Antarctic Survey, Rasmussen montou um centro de operações para receber mensagens de texto, traduzi-las de crioulo para francês ou inglês, mapear o local via Google Earth e mobilizar equipes para resgatar os sobreviventes. Desesperados por notícias de seus seres queridos, os haitianos congestionavam as redes sobrecarregadas dos centros de emergência. A InSTEDD e socorristas de outras equipes-relâmpago, então, montaram uma infraestrutura para interceptar e processar as mais de 90 mil mensagens geradas pela população local.

"Um funcionário da ONU estava preso em uma mercearia quando a construção veio abaixo", contou Rasmussen. "Recebemos a mensagem e fomos até lá. Do momento em que ele nos enviou a mensagem até a equipe de resgate chegar ao local passaram-se apenas duas horas e meia. Ficamos bons nisso."

A equipe de Rasmussen no Haiti e em outras equipes similares eram formadas por socorristas experientes das mais variadas organizações, como Cruz Vermelha, Tufts University e Google Earth, além dos socorristas islandeses. Graças ao seu trabalho, centenas de vidas foram salvas. As equipes-relâmpago de resgate em situações de desastre surgem da urgência. Os criadores, de modo semelhante, formam equipes-relâmpago para não perder oportunidades econômicas.

Trabalhar temporariamente em grupos heterogêneos é comum na indústria cinematográfica: atores, roteiristas e diretores trabalham assim há anos. O trabalho de curto prazo voltado para uma meta também caracteriza as firmas de consultoria. Nas empresas de advocacia, formam-se equipes legais caso a caso, assim como as equipes de aquisição nos bancos de investimento, que se concentram em acordos específicos. Nos hospitais, médicos, enfermeiras, técnicos e assistentes sociais revezam-se em equipes para tratar os pacientes individualmente.

A tecnologia permite que os criadores formem e dissolvam equipes dependendo do projeto. Com o advento da tecnologia móvel, das plataformas de redes sociais e outras ferramentas de conectividade, as pessoas podem se unir por um curto período de tempo como especialistas e trabalhar com afinco na resolução de um problema de interesse comum.

De acordo com minhas pesquisas, as equipes-relâmpago constituem o futuro do trabalho. Segundo as estatísticas de 2005, um em cada três norte-americanos profissionalmente ativos (cerca de 42 milhões de pessoas) não tem um emprego no sentido convencional do termo. "O mercado de trabalho terá mais empregos temporários", disse Sara Horowitz, fundadora da Freelancers Union. "Estamos diante de uma grande produção, com uma grande quantidade de elencos, tramas e personagens. Imagine: se eu for uma desenvolvedora de sites, preciso encontrar editores de texto, contadores, advogados e outros profissionais". A Freelancers Union é uma organização criada para apoiar os trabalhadores autônomos.

Para ter um acesso mais rápido aos profissionais desejados, os criadores casam as necessidades do projeto com pessoas de diversos lugares. Em dezembro de 2013, a fusão do oDesk com o Elance, dois sites voltados para a conexão de *freelancers* em projetos de curto prazo, resultou em uma empresa com 8 milhões de trabalhadores autônomos e um faturamento anual de cerca de US$ 750 milhões. Embora pareça uma quantia vultosa, esse número representa apenas 1,7% do mercado global de recrutamento e seleção em 2013, avaliado em US$ 422 bilhões, segundo estimativa da Staffing Industry Analysts.

O Freelancer.com conecta aproximadamente 13 milhões de usuários. A HourlyNerd, uma startup lançada em 2013 por es-

Capítulo 5: Unir esforços intelectuais

tudantes da Harvard Business School, visa colocar em contato alunos de MBA e pequenas empresas para projetos específicos. "A HourlyNerd preenche uma lacuna comum em toda empresa", disse o empreendedor serial Mark Cuban, um dos primeiros investidores da startup. "Estou animado de fazer parte disso e espero poder contribuir para todas as empresas do meu portfólio." Graças ao alcance global propiciado pela tecnologia, as equipes-relâmpago definem cada vez mais o cenário do mercado de trabalho.

Kirsten Saenz Tobey e Kristin Groos Richmond formam equipes-relâmpago para agradar um dos clientes mais difíceis do mundo: as crianças norte-americanas. Em 2006, elas lançaram a Revolution Foods, com o objetivo de oferecer opções saudáveis de comida para centenas de crianças de Oakland, Califórnia. As duas consideravam a qualidade das refeições um dos maiores problemas das escolas norte-americanas, sobretudo as de regiões de baixa renda. A solução: "Utilizar o poder dos negócios para resolver uma necessidade social", disse Tobey. Hoje em dia, a Revolution Foods oferece mais de 1 milhão de refeições por semana para alunos de mais de mil escolas.

"A coisa não foi tão simples. Não dá para você chegar com opções saudáveis de comida e esperar que as crianças aceitem a mudança na hora", contou Tobey. Foram mais de mil tentativas. Por exemplo, criar uma asinha de frango que não fosse totalmente frita, mas que ainda atraísse a meninada. Tobey e Richmond recebem relatórios diários com o que está funcionando e o que não. Uma recente proposta de couve-flor foi rejeitada, mas a abóbora fez um sucesso surpreendente. "São umas 200 crianças comendo nossa comida todos os dias. Por isso, o aprendizado é constante", disse Tobey.

Não são só as crianças que representam um desafio. As refeições precisam atender aos padrões nutricionais do National School Lunch Program e custar menos de US\$ 3 para obter apoio federal. "Temos de pensar na satisfação das crianças, na viabilidade operacional, no aspecto nutricional, no preço e na entrega",

O código dos criadores

disse Richmond. Para isso, as duas empresárias reúnem diversos especialistas, com a missão de criar soluções de cardápio.

Para fazer almôndegas saudáveis e saborosas, por exemplo, a Revolution Foods formou uma equipe-relâmpago com fornecedores locais, chefs, operadores de produção, nutricionistas, profissionais de planejamento comercial, diretores de escola e parceiros da cadeia de suprimento, tudo com o intuito de encontrar ingredientes nutritivos e o modo certo de prepará-los. As almôndegas tradicionais, feitas de carne de porco, são muito gordurosas e salgadas. Para criar um prato melhor, os nutricionistas perguntaram aos chefs: "Você já tentou usar isso em vez daquilo nesta receita?" Os produtores locais discutiram preços, enquanto o pessoal da cadeia de suprimento focou na quantidade, para verificar se seria viável produzir 1 milhão de almôndegas por mês.

"Pensamos coletivamente em como acrescentar nutrientes e agradar as crianças ao mesmo tempo, diminuindo a quantidade de açúcar, sal, gordura e óleo", contou-me Tobey. "Na verdade, a maior parte da carne que usamos nas almôndegas é peru, uma carne magra, mas com o sabor similar ao das almôndegas tradicionais."

A prova de que deu certo está no almoço. As almôndegas da equipe-relâmpago são servidas com espaguete e até em sanduíches, fazendo o maior sucesso. Outra equipe-relâmpago da Revolution Foods realizou um milagre ainda maior, criando um cachorro-quente barato e nutritivo que agradou as crianças.

Como Tobey e Richmond utilizam o máximo de produção local possível, de acordo com a estação, desenvolver novos pratos é um projeto constante, e as equipes-relâmpago são quase uma necessidade – o que explica por que a empresa mantém sete centros de culinária em todo o país, perto dos mercados locais. "Segundo o pensamento convencional, se você comprar produtos prontos, economizará dinheiro", disse Richmond. "Mas comprando os ingredientes separados economizamos muito mais."

Como alimentar centenas de milhares de crianças sem frituras nem comida pronta? Duas mães cujo meio de sobrevivência é pre-

Capítulo 5: Unir esforços intelectuais

parar refeições escolares descobriram a resposta formando equipes-relâmpago. Muita gente importante, desde a primeira-dama Michelle Obama até o famoso chef Jamie Oliver, está voltada para o problema da obesidade infantil, e as fundadoras de uma empresa com fins lucrativos encabeçam a iniciativa.

Para formar uma equipe diversificada com o objetivo de alcançar metas específicas, é necessário que os membros da equipe sejam ágeis e produtivos trabalhando juntos. Os criadores não montam equipes-relâmpago aleatoriamente. Atentos à dinâmica das equipes, geralmente misturam veteranos e novos integrantes.

Brian Uzzi, sociólogo da Northwest University, aprofundou-se no estudo da criatividade e do trabalho em equipe para compreender como os relacionamentos influenciam o sucesso. "Descobrimos que a maior recompensa é quando temos um núcleo repetido de pessoas trabalhando em diversos projetos, formando diferentes equipes com novos integrantes", disse Uzzi.

Se os membros da equipe não tiverem muita experiência em trabalhar juntos, provavelmente terão dificuldades de comunicação. Trabalhar com pessoas que já conhecemos há um bom tempo acelera a comunicação, pois já sabemos como elas lidam com problemas e temos confiança mútua. Por outro lado, se os membros da equipe tiverem intimidade demais, não haverá muito espaço para ideias originais. Novos integrantes trazem novas ideias e habilidades. O ideal é misturar: os melhores resultados são alcançados em equipes com integrantes antigos e integrantes novos.

"Quando Rodgers e Hammerstein faziam musicais", contou Uzzi, "eles viviam trocando as pessoas que faziam parte da equipe. Os dois entendiam a abordagem um do outro e se comunicavam com eficiência, mas também precisavam de novos integrantes, com novas ideias, para estimular a criatividade e inovar." Uzzi examinou o elenco de 2.258 musicais da Broadway, de 1877 a 1990. De um modo geral, seis artistas independentes se reúnem para criar um musical: um compositor, um letrista, um libretista, um coreógrafo, um diretor e um produtor. O *modus operandi* pode variar: o espetáculo *A Chorus Line* começou com o coreógrafo Michael Bennet criando um medley de números de dança antes de Marvin Hamlisch acrescentar a música e o resto do grupo se formar, enquanto o musical *The Producers* surgiu a partir de um libreto de Mel Brooks. Os projetos surgem de diferentes maneiras, mas as equipes mais bem-sucedidas são formadas por alguns poucos colaboradores de confiança trabalhando lado a lado com novos integrantes em sessões de brainstorming, resolução criativa de problemas, edição e intensa troca. As pesquisas de Uzzi revelam que essa mistura de veteranos e novos integrantes é fundamental não só no mundo das artes e do entretenimento, mas também na psicologia social, economia, ecologia e astronomia.

Se as equipes-relâmpago unem esforços intelectuais com base em um desejo individual de trabalhar questões e tarefas específicas, as competições atraem as pessoas com base na emoção da vitória e a motivação de ganhar.

Promova competições

Como encontrar uma agulha em um palheiro? Basta ter o gancho certo. Os prêmios geralmente servem de incentivo para que as pessoas se dediquem a superar desafios.

A ideia de competições não é nova. Charles Lindbergh ganhou o Prêmio Orteig, de US$ 25 mil, por ter feito o primeiro voo sem escalas de Nova York a Paris. Inventores em busca de prêmios criaram os extintores de incêndio, a comida enlatada, a margarina etc. O que, sim, é novo é o poder da internet e da tecnologia móvel de unir as pessoas.

Alpheus Bingham, por exemplo, criou a InnoCentive, uma empresa on-line que oferece prêmios para quem faz descobertas científicas. A Eli Lilly, a Life Technologies, a Roche USA, a revista *Popular Science* e outros patrocinadores usam a InnoCentive para atrair mais de 25 mil solucionadores – cientistas, pesquisado-

Capítulo 5: Unir esforços intelectuais

res, acadêmicos, médicos, técnicos e parceiros de todos os tipos. Aproximadamente 60% dos solucionadores têm título de mestrado ou doutorado. Mais de 405 vêm do Brasil, da Rússia, da Índia e da China; 30% vêm dos Estados Unidos, e o resto, de mais de 150 países.

Bingham acredita no que chama de "exploração diversificada do espaço" − uma abordagem da ciência por meio da difusão de um problema para muitas pessoas e comparação e avaliação das ideias resultantes. Formado em Química Orgânica, o empreendedor aprendeu no curso de pós-graduação que muitas pessoas atacando o mesmo problema podem, de fato, divisar soluções originais. Bingham lembra-se de uma ocasião em que teve de resolver um complexo problema de química. Sob pressão, recorreu ao que sabia, construindo um laboratório infantil de química com o que encontrou no armário da mãe. "Mais ninguém pensou em cremor tártaro", disse. "Mas eu resolvi o problema." A turma de 25 alunos chegou a 25 outras soluções.

Na Eli Lilly em 2001, Bingham observou que os pesquisadores trabalhavam isolados, cada um em sua empresa, esforçando-se para desenvolver uma vacina contra a Aids. Por que os cientistas não aproveitavam as ideias uns dos outros? Bingham levou à diretoria uma experiência que batizou de molecule.com. O empreendimento on-line utilizava a web para terceirizar a resolução de problemas à comunidade científica. Em 2005, o empreendimento tornou-se independente da Eli Lilly, dando origem à InnoCentive.

"Antigamente, a divulgação de competições era muito limitada, em todos os sentidos", disse Bingham. "O sujeito podia anunciar no *New York Times* e atrair os leitores do jornal que por acaso lessem a página 14 da edição do dia 27 de maio." A internet mudou isso. Bingham viu a web como uma ferramenta para os cientistas difundirem seus problemas para milhões de pessoas, na esperança de que algumas pudessem contribuir com ideias pertinentes. "Inovação motivada pelo desafio" é como Bingham descreve a união de esforços intelectuais por meio de competições.

Em 2007, por exemplo, John Davis, solucionador americano da InnoCentive, ganhou US$ 20 mil do Oil Spill Recovery Institute por seu projeto para reparar o estrago causado pelo naufrágio do petroleiro Exxon Valdez na costa do Alasca em 1989. O instituto postou o problema na InnoCentive. Davis, embora fosse químico, não tinha qualquer experiência na indústria de petróleo. Mas ele conhecia um método de construção comum que consiste em vibrações para manter o cimento líquido por mais tempo, permitindo que seja melhor despejado. Davis chegou à conclusão de que a técnica poderia impedir o congelamento do petróleo, permitindo que ele fosse bombeado a partir das plataformas de limpeza.

Com o objetivo de desenvolver uma luz solar que funcionasse como lâmpada e lanterna nos países em desenvolvimento, a SunNight Solar entrou em contato com a comunidade da InnoCentive. Em dois meses, um engenheiro elétrico da Nova Zelândia, Russel McMahon, resolveu o desafio e ganhou US$ 20 mil.

A organização sem fins lucrativos TB Alliance postou o desafio de simplificar o processo de fabricação de uma determinada droga com o intuito de melhorar sua eficácia e reduzir os custos do tratamento da tuberculose, doença responsável por uma morte a cada 20 segundos. Kana Sureshan foi um dos vencedores do TB Alliance Challenge, apresentando uma solução medicinal que beneficiará milhões de pessoas.

Os desafios variam de como desenvolver caixas de areia sem odor para gatos (prêmio de US$ 7,5 mil) a como prevenir a osteoartrite (prêmio de US$ 10 mil). Cientistas e outros aplicam seu conhecimento para solucionar problemas, geralmente fora de sua área de atuação.

"O interessante é que quanto mais distante o problema está da área de expertise do indivíduo, maior a probabilidade de ele resolvê-lo", disse Karim Lakhani, professor da Harvard Business School. Lakhani estudou 166 desafios da InnoCentive e concluiu

Capítulo 5: Unir esforços intelectuais

que os problemas alheios à expertise do solucionador aumentavam em 10% as chances de sucesso.

"A melhor solução nem sempre vem de um vencedor do Prêmio Nobel de Harvard", disse Bingham. "Às vezes, um menino da Romênia pode ter uma ideia melhor." As competições não se limitam a um público específico. As soluções geralmente vêm de pessoas novas no campo porque elas conseguem olhar os problemas sem a tendenciosidade dos padrões da indústria.

Bingham recorre à famosa história de Arquimedes para enfatizar a importância de unir esforços intelectuais. Na antiga Grécia, o rei Hierão II convocou o sábio para determinar a quantidade de ouro de uma coroa. Arquimedes, então, ao entrar em uma banheira para tomar banho certo dia, chega à conclusão de que a água que transborda por conta da imersão de seu corpo na banheira é um princípio que poderia ser utilizado para solucionar o problema do rei. "Eureca!", gritou. Bingham lança mão das competições "para unir esforços intelectuais na esperança de que alguém tome esse banho crucial".

O valor das competições com prêmios não se restringe à resolução isolada de um problema. As soluções normalmente servem de base para o próprio negócio. Jake Nickell e Jacob DeHart, fundadores da Threadless, comunidade on-line de artistas e fenômeno do comércio eletrônico, transformou uma competição de design de camisetas em negócio mais ou menos na mesma época em que Bingham lançou a InnoCentive. No ano 2000, Nickell venceu uma competição de design de camisetas, e a adrenalina resultante da vitória inspirou-o a fazer algo maior.

Nickell, com 33 anos, parece um adolescente: cabelo despenteado, barba ruiva desgrenhada, jeans, meias coloridas, tênis e camiseta larga no corpo magro. Mesmo sem MBA (ele nem fez faculdade), o empreendedor uniu esforços intelectuais, fazendo com que o mercado varejista tradicional pareça enfadonho e conserva-

O código dos criadores

dor. Sua estratégia? Competições. Sua missão? Traçar o perfil de artistas e vender seus produtos no mundo inteiro.

Quando venceu a competição de camisetas, Nickell morava em um pequeno apartamento em Chicago. Frequentava o Illinois Institute of Art à noite e trabalhava na CompUSA, uma loja de computadores, durante o dia. No tempo livre, acessava a comunidade on-line Dreamless.org, site criado por Joshua Davis para ilustradores, *web designers* e programadores. "Era um fórum de design nada convencional na internet, onde as pessoas utilizavam códigos para criar arte e fazer coisas bizarras com o computador", disse Nickell. Os artistas do Dreamless eram os melhores no uso de programas como Adobe Photoshop, Illustrator, Flash, entre outros. Nickell passava horas jogando "tênis de Photoshop" com amigos da comunidade, rebatendo as imagens digitais de um lado para o outro e tornando as imagens cada vez mais fantásticas.

No New Media Underground Festival, um encontro informal em Londres frequentado por muitos integrantes do Dreamless, os organizadores postaram uma competição de design de camisetas. "Entrei e ganhei!", exclamou Nickell. "Fiquei superfeliz com o fato de minha ideia estar sendo usada." A camiseta não foi produzida, e Nickell não recebeu nenhum dinheiro. A vitória representou pouco em termos práticos, mas o fez pensar.

A arte digital que os ilustradores do Dreamless postavam diariamente não passava do âmbito virtual. "Achei que seria divertido transformar aquilo em algo real, já que dedicávamos tanto tempo ao design", contou-me Nickell. E se os artistas compartilhassem designs e votassem no trabalho uns dos outros? Ele poderia imprimir os trabalhos mais votados em camisetas. Será que venderia? Seria esta uma boa forma de divulgar o trabalho dos designers? Nickell colocou a pergunta no fórum. "Foi assim que comecei a Threadless", disse. O empreendedor investiu US$ 500 como pontapé inicial, e Jacob DeHart, aluno da Purdue University e colega de comunidade, resolveu investir o mesmo.

Capítulo 5: Unir esforços intelectuais

A primeira competição teve quase cem inscrições. Cinco trabalhos foram selecionados. Os vencedores receberam duas camisetas gratuitas. Qualquer lucro futuro proveniente da venda das camisetas seria reinvestido em novas competições. Os artistas começaram a passar seis horas, em média, reunindo seus trabalhos, além de oferecer feedback sobre os trabalhos dos outros. Em pouco tempo, a Threadless se tornou uma rede social concorrida, na qual os designers trocavam ideias e avaliavam as criações uns dos outros antes de votar nos designs favoritos. Ao solicitar feedback e trabalhar para aperfeiçoar ideias, os artistas também pediam votos dos amigos.

"Os artistas pedem feedback, e isso os motiva", explicou Nickell. "É como uma droga. Ficamos viciados em melhorar, para ganhar o respeito e a admiração dos outros." A comunidade bastante coesa vota nos trabalhos, garantindo que os produtos selecionados tenham mercado. Em janeiro de 2001, quando Nickell imprimiu as primeiras duas dúzias de camisetas com os cinco trabalhos escolhidos pela Threadless, a produção foi toda vendida. "Eu não sabia imprimir camisetas, trabalhar com cartões, enviar pedidos, nada disso", confessou Nickell. Mas com um público cativo, o negócio deslanchou. No início, os vencedores ganhavam US$ 50. O prêmio aumentou para US$ 100, US$ 250 e US$ 500. Atualmente, os ganhadores recebem US$ 2 mil, com direito a vale-brinde de US$ 500 e royalties, fora a visibilidade do site.

"Imprimimos cerca de 1% dos trabalhos que nos enviam", disse Nickell. "Recebemos 200 trabalhos diariamente." Fazendo as contas, são dez trabalhos por semana impressos em camisetas e distribuídos online e na loja da Threadless em Chicago, sem falar na parceria com a Gap, que também comercializa o produto.

Diversos artistas extraordinários foram descobertos por meio das competições da Threadless. O vencedor de uma das competições tornou-se o diretor de arte da campanha presidencial de Barack Obama em 2008, outro desenhou uma linha de *snowboards* para a

Burton e outro ainda, Olly Moss, seguiu uma carreira de sucesso como artista comercial após vencer mais de 30 competições.

As competições vão muito além do âmbito comunitário da Threadless. A empresa hospedou competições similares com o objetivo de fornecer ilustrações para os laptops da Dell e os iPhones e iPads da Apple. Nos últimos anos, a Threadless se expandiu e criou garrafas de água, travesseiros, cortinas de banho e cestos de lixo para a Bed Bath & Beyond, além de trabalhos para a Disney, Cartoon Network, *Sesame Street* (Vila Sésamo) e outros.

Não é de se espantar que o modelo da Threadless seja um sucesso. Desde 2014, a plataforma tem 2,5 milhões de usuários. Mais de 50% do tráfico do site vêm de fora dos Estados Unidos. Com as competições e os prêmios, Nickell e DeHart não só traçaram o perfil de artistas, mas construíram um negócio bastante próspero.

Desenvolva jogos relacionados ao trabalho

Seja criando espaços compartilhados, formando equipes-relâmpagos ou promovendo competições, o ponto central é que os desafios podem unir as pessoas. Os criadores também utilizam o poder dos jogos para reunir a capacidade intelectual de diversos indivíduos e resolver questões profissionais. Os jogos oferecem indicadores de desempenho e feedback imediato.

Jane McGonigal, diretora de jogos do Institute for the Future, afirma que jogar com os outros melhora os relacionamentos. A experiência ajuda a desenvolver a confiança mútua, fortalece a compreensão de nossos pontos fortes e pontos fracos e nos mostra como ser mais eficiente no trabalho em equipe. Dentro dos círculos de jogos, os indivíduos trabalham com um denominador comum. Ganhando ou perdendo, os jogadores sempre ganham, pois aprendem a trabalhar em grupo de maneira produtiva.

"Se tudo der certo, mudaremos a forma de fazer ciência explorando a inteligência coletiva de pessoas do mundo inteiro", disse Zoran Popovic, diretor do Center for Game Science da Univer-

Capítulo 5: Unir esforços intelectuais

sity of Washington, em Seattle. Em 2008, Popovic e o bioquímico David Baker, professor da mesma universidade, lançaram o jogo Foldit em um esforço para atrair milhares de jogadores à difícil, mas crucial tarefa de dobrar proteínas.

O corpo humano tem mais de 100 mil tipos diferentes de proteínas, que formam cada célula e influenciam na velocidade de cada reação química. Ainda assim, não sabemos como as proteínas assumem formatos complexos, devido à infinita gama de possibilidades de sequenciação dos aminoácidos que formam as proteínas. "O que é desconhecido é a estrutura geométrica de muitas proteínas", disse Popovic. "Se soubermos o formato de qualquer proteína, descobriremos o segredo da vida." Uma tarefa que desafiou as análises de computador. A intuição humana é essencial para o progresso nessa área. O jogo explora nossa capacidade espacial de pensar em três dimensões para manipular cadeias de aminoácidos.

Muitos jogadores do Foldit descrevem-no como uma versão moderna do Tetris, aquele joguinho de encaixar blocos. Nos primeiros níveis, os jogadores aprendem como são as proteínas e como girá-las em 3D, movendo as cadeias laterais, mexendo nas ligações peptídicas e gerando ligações de hidrogênio para manter a influência estabilizadora. Os jogadores manipulam fitas geométricas multicoloridas que buscam representar as configurações de proteínas na tela do computador. É bom juntar proteínas, mas o jogador não pode exagerar, porque se elas estiverem próximas demais, cargas elétricas de diferentes cadeias laterais se repelem, fazendo surgir um sinal vermelho na tela.

Os jogadores acumulam pontos com base na quantidade de energia utilizada para criar sequências de proteínas. Quanto menos energia, mais pontos. O Foldit também possibilita competições de vários jogadores, que formam equipes, conversam uns com os outros e desenvolvem estratégias de grupo. Para intensificar o caráter competitivo do jogo, os jogadores do Foldit têm a possibilidade de enfrentar grupos de pesquisa do mundo inteiro em um grande torneio de estruturas proteicas a cada dois anos.

O código dos criadores

Beneficiando-se da inteligência de mais de 240 mil jogadores registrados no Foldit, os pesquisadores aumentam as chances de encontrar tratamentos contra o câncer, Alzheimer e outras doenças. Até o momento, os jogadores do Foldit descobriram pequenos inibidores de proteínas capazes de bloquear o vírus que causou a pandemia de gripe de 1918. Em 2011, eles levaram apenas dez dias para conseguir o que os bioquímicos estavam tentando realizar há mais de uma década: decodificar a estrutura de uma proteína chamada protease retroviral, imprescindível para saber como o HIV se multiplica. Compreendendo como essa proteína se forma, os cientistas poderão desenvolver drogas para combater a doença.

Com um simples jogo, Popovic descobriu uma maneira de unir os esforços intelectuais de milhares de pessoas para ajudar a solucionar os problemas mais complexos da biologia. "Uma pessoa sozinha jamais conseguiria resolver esse tipo de coisa", disse Popovic. "Estamos otimizando o desenvolvimento coletivo da expertise de modo divertido."

Utilizar a dinâmica dos jogos para resolver desafios profissionais, além de gerar resultados práticos, também está em sintonia com um fenômeno crescente. Mais de 500 milhões de pessoas no mundo inteiro jogam jogos on-line pelo menos uma hora por dia, incluindo 183 milhões nos Estados Unidos. Os criadores sabem que os jogos podem ser mais do que uma mera diversão, constituindo poderosas ferramentas de negócios para fazer com que o trabalho seja mais motivador, interativo e produtivo. A empresa de pesquisa tecnológica Gartner previu que mais de 70% das 2 mil principais empresas do mundo estaria usando pelo menos um tipo de aplicativo de jogo até o final de 2014.

A PHD, grupo pioneiro de planejamento e mídia da Publicis Omnicom Group, empresa multinacional de propaganda, destaca-se pelo uso da dinâmica dos jogos para unir esforços intelectuais. De modo a estimular o trabalho em equipe e a resolução

Capítulo 5: Unir esforços intelectuais

de problemas, a companhia desenvolveu um jogo *touch-screen* chamado Source que todo funcionário da PHD pode jogar. O Source, ao contrário de outros jogos, é orientado ao planejamento de mídia e funções de compra da PHD. Seja para organizar *briefings*, realizar pesquisas de mercado ou aperfeiçoar campanhas publicitárias, o sistema Source é a ferramenta perfeita.

Mark Holden, diretor mundial de estratégia e planejamento da PHD, disse: "As pessoas vêm trabalhar todos os dias, e o trabalho vira um jogo. O planejamento é socializado". Quanto mais os funcionários da empresa utilizam o Source, mais colaborativos se tornam e mais pontos, ou *pings*, acumulam. Os *pings* são rastreados, em tempo real, por um classificador. As pessoas competem umas contra as outras para ver quem será a mais produtiva e cooperativa. Os funcionários – jogadores – verificam a atividade do sistema e veem quantos *pings* os companheiros de trabalho receberam naquele dia em determinado projeto.

O desempenho dos funcionários no Source pode influenciar sua carreira. O sistema oferece motivação e feedback nesse âmbito, beneficiando a organização. O sucesso do jogo foi um fator de peso na decisão da Unilever de entregar à PHD a maior parte de seus trabalhos de planejamento de comunicação global, segundo Holden. "É quase como se houvesse uma única mente, inconsciente, trabalhando para que a gente consiga explorar pensamentos que não existiam antes", disse.

Os jogos encerram a promessa de motivar as pessoas a interagir com maior eficácia, assumindo responsabilidades que de outra forma elas não assumiriam, e de gerar novas ideias. Mas "na prática não é tão simples", disse Popovic. Os jogos precisam ser concebidos de modo a orientar os usuários à consecução das metas empresariais. Isso significa que os objetivos da empresa devem ser esclarecidos logo no início – uma tarefa nem sempre fácil – e que o jogo deve ser estruturado para alcançar esses objetivos. É importante, porém, priorizar os interesses dos jogadores. Como os funcionários dedicarão parte de seu tempo precioso à atividade, os

O código dos criadores

jogos precisam ser interessantes, mas também úteis. Não devem se limitar à função de jogo. A utilização da dinâmica dos jogos para transformar o trabalho em um processo divertido, mensurável e produtivo requer um criterioso planejamento.

Pessoas em forma de T

Um mundo no qual a união de esforços intelectuais é o segredo do sucesso requer um tipo diferente de profissional. Hoje em dia, precisamos não só saber como utilizar as ideias uns dos outros, mas também aproveitar as oportunidades para criar formas totalmente novas de reunir pessoas em prol da resolução de problemas.

John Hennessy, presidente da Stanford University, fala da necessidade de educar "pessoas em forma de T", indivíduos que possuem profundidade em uma determinada área (o traço horizontal da letra T), além de amplitude de conhecimento e curiosidade para transitar em outras disciplinas (o traço vertical da letra T). Os especialistas em forma de I têm expertise em um único campo de atuação, enquanto as pessoas em forma de T podem ser analiticamente focadas em uma área, mas abertas o suficiente para integrar outros pontos de vista.

Hennessy explica que o trabalho em equipe às vezes nos permite "obter uma grande vitória atacando problemas que não têm como ser abordados de um único ângulo". A pólio é um exemplo: "Pense em todas as pessoas incríveis que trabalhavam em terapias clínicas, aprimorando pulmões de aço. Mas essa não era a solução. A solução era uma vacina". Conectando diferentes formas de pensar, os cientistas abordaram o problema de outra maneira. Essa tendência está acelerando atualmente: "A largura de banda entre os estudantes é de 100 megabits por segundo", disse Hennessy. "Eles estão trocando informações e ampliando seus conhecimentos como pessoas em forma de T." O valor surge da integração de expertise de diferentes áreas.

Capítulo 5: Unir esforços intelectuais

A força de trabalho global, mesmo com experiências desiguais e abordagens divergentes, pode apresentar sinergia. Pessoas com diferentes visões, habilidades, idiomas ou métodos de trabalho, se forem capazes de unir esforços intelectuais, poderão criar soluções inovadoras.

Se grandes mentes pensam parecido, a união de esforços intelectuais se vale da variedade de pensamentos para solucionar problemas complexos. Você prefere a opção mais segura? Ou encara desafios? Unir esforços intelectuais lhe dará a confiança e a capacidade de focar nos problemas que importam.

CAPÍTULO 6

Oferecer pequenos gestos de bondade

Uma das mais belas compensações da vida
é que nenhum ser humano pode ajudar
o outro sem que esteja ajudando a si mesmo.

RALPH WALDO EMERSON

Eles vêm pelas aulas. Eles vêm pelo aconselhamento profissional. Eles vêm para investir na empresa e licenciar patentes. Professores de academia, cientistas e empresários vêm em busca de ideias e inspiração. Até o presidente dos Estados Unidos vem pedir sua orientação. Bob Langer recebe a todos.

Robert Langer dirige um dos maiores laboratórios acadêmicos de engenharia biomédica do mundo, em Cambridge, Massachusetts. Do laboratório de Langer no MIT saem nanopartículas contra tumores cancerígenos, pílulas inteligentes, injeções sem agulha, adesivos transdérmicos de nicotina, tecido humano regenerativo e até cordas vocais sintéticas que um dia poderão ajudar a atriz de *A noviça rebelde*, Julie Andrews, e outras pessoas a cantar de novo. Ele é o homem que fez nascer uma orelha humana nas costas de um rato. "A par-

O código dos criadores

te das relações públicas não foi tão boa, mas em termos de ciência foi um progresso", disse. Por conta de sua modéstia e humildade, ninguém diria estar diante de um dos cientistas mais influentes do mundo.

Langer foi o mais jovem cientista eleito pelas três academias de ciência norte-americanas. Conhecido como precursor nas áreas de medicamentos de liberação controlada e engenharia de tecidos humanos, fundou, em parceria, 25 empresas, licenciou tecnologia para mais 270, ganhou mais de 200 prêmios, registrou mais de 800 patentes e publicou cerca de 1,2 mil trabalhos. Mas quando lhe perguntam qual o seu maior orgulho, ele responde, sem pestanejar: "Meus alunos. São quase como filhos para mim. Fico muito feliz de vê-los progredindo".

Langer sabe como o apoio é fundamental. Sua carreira teve, como ele mesmo diz, um "início pedregoso". Após obter o doutorado em Engenharia Química pelo MIT em 1974, recusou mais de 20 ofertas de trabalho irrecusáveis na indústria de petróleo. Ele queria dar aulas. Candidatou-se a mais de 40 escolas de ensino médio, mas não conseguiu entrar em nenhuma. Frustrado, mudou de rumo e começou a procurar trabalho como pesquisador médico. Escreveu um monte de cartas, todas sem resposta.

Até que um dia, Judah Folkman, cirurgião oncológico do Boston Children's Hospital, chamou Langer para uma entrevista. Langer dirigiu-se ao hospital em seu velho Plymouth, vestindo o único paletó que tinha. Folkman (que faleceu em 2008) era conhecido como um médico excêntrico, determinado a combater o câncer impedindo a irrigação sanguínea das células cancerígenas. Apostou no jovem engenheiro químico, dizendo-lhe que, apesar da complexidade do problema, acreditava em sua capacidade de encontrar uma solução. Contratado, Langer era único engenheiro do hospital.

O rapaz passou dois anos tentando transformar a teoria de Folkman em realidade. "A única coisa que havia a meu favor era que eu não tinha lido os livros que diziam por que isso era impossível", contou Langer. Ele fracassou diversas vezes, até chegar

Capítulo 6: Oferecer pequenos gestos de bondade

a uma descoberta revolucionária: um polímero poroso capaz de hospedar moléculas e controlar sua liberação para atacar pequenos vasos sanguíneos, impedindo o crescimento dos vasos que alimentam as células cancerígenas – um método totalmente novo de combate ao câncer.

A pesquisa de Langer estava à frente de seu tempo. No início, os químicos e biólogos desprezaram-na. Langer apresentou nove solicitações de subsídio. Todas foram rejeitadas. O engenheiro químico lutou por anos para conseguir a primeira aprovação de patente. O corpo docente do MIT achava seu trabalho irrelevante, como eles mesmos disseram, sem poupá-lo. De qualquer maneira, Folkman o apoiava. "Ele me colocou no caminho do que estou fazendo hoje", disse Langer, sentado em um banco de laboratório. "Quanto mais sigo seus passos, mais sinto que estou fazendo a coisa certa."

O que é um pequeno gesto de bondade?

Para os criadores (exceto, talvez, para os mais exigentes e notoriamente antipáticos), o sucesso está vinculado ao cuidado com clientes, colegas e parceiros tanto quanto ao desenvolvimento de novos produtos. Os criadores consideram esse cuidado uma vantagem competitiva e procuram fortalecer laços prestando atenção às necessidades dos outros.

Para construir relacionamentos, eles não perdem oportunidades de oferecer ajuda – o que eu chamo de "pequenos gestos de bondade". O tempo e a energia extras dedicados a encaminhar um currículo, avaliar uma proposta, dar referências ou escrever algumas linhas de código demonstram que os criadores se importam com os outros e estão dispostos a contribuir.

Com a mudança do ambiente de trabalho dos protocolos fixos da linha de montagem automotiva para meios mais fluidos como o dos produtos e serviços on-line, os profissionais passaram a trabalhar em projetos isolados, formando alianças cruciais para a consecução de metas. Os operários de uma fábrica que trabalham no fim da linha de montagem não têm como influenciar as decisões daqueles que trabalham no início. Mas em um ambiente menos hierárquico, os profissionais podem escolher com quem trabalhar e influenciar os resultados, construindo relacionamentos benéficos para os dois lados.

O desenvolvimento de novas ideias requer a assistência ativa de cofundadores, investidores, colegas, consultores e outros. Os criadores precisam de pessoas que ajudem a obter informações, testar ideias, identificar parceiros e reunir recursos com agilidade. Pensando em como beneficiar os outros, acabam conseguindo aliados dispostos a retribuir. Prestar atenção às necessidades das pessoas amplia a vantagem competitiva dos criadores.

A troca de pequenos favores também fortalece a reputação profissional. Poucos anos atrás, os indivíduos de fora da empresa dificilmente saberiam como um determinado chefe tratava sua equipe. Hoje em dia, com as redes sociais, podemos facilmente obter referências sobre qualquer pessoa. A transparência faz com que as ações se tornem conhecidas. A reputação de generosidade ou egoísmo pode abrir ou fechar portas. Ao desenvolver parcerias significativas, os criadores tornam-se conhecidos como indivíduos com quem os outros querem trabalhar. Tal confiança vai além da troca interpessoal, sendo divulgada pelo boca a boca. Uma boa reputação aumenta consideravelmente o número de oportunidades futuras.

Ajudar os outros sempre foi a coisa certa a fazer, mas, no mundo transparente e conectado de hoje, o altruísmo também torna os criadores mais produtivos.

- "Estamos em um momento da história em que ser bom beneficia a nós mesmos", disse-me Matt Cohler, investidor de capital de risco da Benchmark. "Isso porque o mundo está mais transparente, interconectado, interdependente e eficiente." Cohler trabalhou nas primeiras equipes do LinkedIn e Facebook antes

Capítulo 6: Oferecer pequenos gestos de bondade

de se tornar investidor, sendo responsável por grande parte da transparência atual.

- "Em uma era de transparência, a honestidade e a generosidade, mesmo na forma de um pedido de desculpas, geram boa vontade", disse Alexander Asseily. "As pessoas veem que nos comportamos como elas gostariam que alguém se comportasse, e essa experiência faz com que elas confiem na marca e queiram voltar." Foi uma lição que o cofundador da Jawbone aprendeu depois que a empresa surpreendeu os clientes oferecendo a opção de receber o dinheiro de volta sem ter de devolver as pulseiras UP com defeito.

- "Acreditamos que você agirá de acordo com o desejo daqueles à sua volta", disse Alexis Maybank, da Gilt Group. Ao dedicar tempo e energia à formação de parcerias de benefício mútuo, os criadores tornam-se conhecidos como indivíduos com quem os outros querem trabalhar.

Fazer pequenos gestos de bondade possibilita agregar valor em uma escala muito maior do que se trabalhássemos sozinhos.

Uma recompensa pela bondade

"Quando as pessoas se sentem bem em relação a si mesmas, elas resolvem problemas", disse Bob Langer, enquanto caminhávamos de um laboratório a outro. "As pessoas são inseguras. Eu era. Minha missão é ajudar a desenvolver confiança científica." Langer responde e-mails em poucos minutos, revisa trabalhos em 24 horas e tem uma política de portas abertas para os alunos, desde os de graduação até os de pós-doutorado. O empresário os ajuda a entrar nas escolas de pós-graduação e a arranjar emprego, auxilia o corpo docente em acordos de propriedade intelectual, oferece informações avançadas de ciência aos capitalistas de risco e dá conselhos valiosos aos estrategistas políticos sobre como promover pesquisas científicas.

O código dos criadores

"Sempre que você for tentar solucionar um grande problema, encontrará um monte de desafios", disse-me Langer. "Não é fácil contestar o pensamento convencional." Isso faz com que o trabalho colaborativo se torne ainda mais essencial.

Os criadores sabem que a exploração de novos caminhos requer esforços interdependentes. Por isso, procuram trabalhar em equipe, oferecendo ajuda para alcançar resultados.

"Depois de passar um tempo realizando pesquisas no laboratório, comecei a perceber que estava limitado", disse Langer. "Se eu quisesse chegar ao ponto de realmente ajudar pessoas, não podia me restringir a um laboratório do MIT. Eu precisava que a indústria fabricasse aqueles sistemas."

Langer licenciou as primeiras patentes de polímeros para a Eli Lilly em meados da década de 1980 em troca de financiamento de pesquisa e uma taxa de consultoria. Mas a grande empresa farmacêutica não investiu na tecnologia. Consternado, Langer lutou para readquirir os direitos das patentes e, com o colega do MIT, Alex Klibanov, fundou a Enzytech, sua primeira startup (que se tornaria a Alkermes). Por trás de toda a afabilidade, Langer demonstrou uma grande força de caráter, rejeitando o financiamento da Lilly, mesmo com todo o risco que isso representava. Atualmente, a Alkermes desenvolve microesferas para medicamentos contra diabetes, esquizofrenia, alcoolismo e outras doenças crônicas.

Mais ou menos na mesma época, outra pequena empresa chamada Nova Pharmaceuticals sondou Langer sobre o licenciamento de tecnologia. Ele sugeriu uma colaboração com o neurocirurgião do Johns Hopkins, Henry Brem, especialista em tumores cerebrais. A parceria levou à criação do Gliadel Wafer, um disco de polímero que libera quimioterapia diretamente no local de onde o tumor foi removido. Os tratamentos anteriores sobrecarregariam o corpo do paciente. Esse disco, do tamanho de uma moeda, é capaz de liberar o medicamento diretamente no local do tumor, poupando outros tecidos. O Gliadel Wafer representou

Capítulo 6: Oferecer pequenos gestos de bondade

um grande avanço na pesquisa contra o câncer e conduziu à criação de uma empresa de US$ 12 bilhões, com Langer no conselho diretor. A experiência convenceu-o de que compartilhar conhecimento científico com startups podia realmente criar impacto.

"Desde então, transformamos diversas descobertas dos meus alunos em produtos reais", contou Langer, que fundou, em parceria, 25 empresas, cada uma com um faturamento anual superior a US$ 100 milhões.

"Ele foi responsável por algumas carreiras brilhantes", disse o ex-aluno de pós-doutorado Marsha Moses, atualmente diretor do Vascular Biology Program do Boston Children's Hospital. Mais de 250 ex-alunos de Langer ajudaram a criar empresas ou administram divisões de grandes companhias farmacêuticas, e cerca de 200 têm laboratórios próprios.

David Edwards é um desses ex-alunos. No início da década de 1990, Edwards era o único matemático do laboratório de Langer, estruturando complexos cenários com base em equações matemáticas. Langer perguntou-lhe se ele havia considerado a possibilidade de desenvolver medicamentos inaláveis, como os utilizados no tratamento da asma. Os inaladores, como liberam menos de 5% de remédio para os pulmões, constituem um mecanismo ineficiente para o tratamento. Edwards, valendo-se de seus conhecimentos matemáticos, criou uma forma de fazer com que as partículas de aerossol continuassem leves, evitando alguns problemas dos tratamentos padrões, como a tendência de as partículas grudarem no fundo da garganta. A pesquisa resultou em exitosos estudos de laboratório, um trabalho publicado e a fundação da Advanced Inhalation Research, ou AIR, empresa que foi vendida mais tarde por US$ 114 milhões. (Langer também ajudou nisso.) Edwards, então, tornou-se professor de engenharia biomédica em Harvard.

"As ideias podem vir do Bob ou de qualquer outra pessoa", disse o aluno de pós-doutorado Pedro Valencia, enquanto passávamos por depósitos com símbolos de risco biológico e uma equipe trabalhando em nanopartículas direcionadas menores que o diâmetro de

O código dos criadores

um fio de cabelo. "Bob não liga para quem leva o crédito. Nosso foco é aliviar o sofrimento humano." Em colaboração com Joseph Vacanti, do Massachusetts General Hospital de Harvard, por exemplo, Langer utilizou andaimes de polímero para criar pele nova para vítimas de queimadura e cartilagem para a medula espinhal. Recentemente, pesquisadores do Langer Lab cortaram medulas espinhais de ratos, desenvolveram células de reposição em andaimes de polímero e implantaram-nas onde a medula havia sido cortada. Os roedores voltaram a andar, mesmo com um pequeno defeito nas patas. A incrível descoberta poderia ajudar pessoas paralíticas a caminhar novamente um dia. "Esse trabalho pode representar o início do desenvolvimento de qualquer tipo de tecido: medulas espinhais, intestinos, fígados, traqueias", disse Langer.

O advento de novas soluções invariavelmente requer um combate às convenções. Os criadores oferecem pequenos gestos de bondade para construir importantes parcerias, buscando aliados onde podem e se comprometendo a ajudar os outros.

"No final, o que importa é: 'Quantos produtos e terapias terão o dedo de Bob?'", disse Robert Brown, reitor da Boston University. "Acho que esse número será grande, e a qualidade de vida das pessoas melhorará muito com isso."

A cooperação é contagiante

Oferecer pequenos gestos de bondade pode ser contagiante. Phillip Kunz, sociólogo da Brigham Young University, realizou um fascinante experimento no campo da ciência da generosidade. Kunz selecionou aleatoriamente 600 pessoas de diversas classes econômicas e enviou-lhes um cartão de Natal, assinado com caneta vermelha: "Feliz Natal, Phil".

O sociólogo recebeu 117 cartões de volta. Muitos eram genéricos, dizendo somente "Feliz Natal". Alguns diziam o óbvio: "Não lembramos quem você é, e talvez nem nos conheçamos, mas Feliz Natal de qualquer maneira". Outros incluíam fotos de casas novas,

Capítulo 6: Oferecer pequenos gestos de bondade

bebês ou animais de estimação, com cartas detalhadas recordando "a velha amizade" entre eles. Além disso, Kunz recebeu 11 ligações, ou de pessoas curiosas para descobrir quem ele era, ou de gente achando que retomaria o contato com um antigo amigo desaparecido.

A experiência revelou que grande parte das pessoas procura retribuir pequenos gestos de bondade. Todos nós sabemos o que é isso, pois acontece diariamente. Seja com um sorriso, o ato de segurar a porta para alguém, um elogio de um estranho, generosidade gera generosidade, em uma reação em cadeia.

Em dezembro de 2012, uma cliente do *drive-through* de uma cafeteria Tim Hortons de Winnipeg, Manitoba, pagou o pedido do carro de um desconhecido atrás do seu. O pequeno gesto de bondade teve um incrível efeito propagador: os 226 clientes seguintes da cafeteira pagaram para o carro de trás. Em 2013, um Chick-fil-A de Houston relatou uma sequência de 67 carros que pagaram para o carro de trás. Poucos meses depois, um Heav'nly Donuts de Amesbury, Massachusetts, registrou uma sequência de 55 carros generosos.

A generosidade cria um efeito multiplicador três a cinco vezes maior que o gesto inicial. O professor James Fowler, da Universidade da Califórnia, em San Diego, e Nicholas Christakis, da Yale University, chamam esse fenômeno de "contágio social". Os indivíduos beneficiados por atos de generosidade têm maior probabilidade de serem generosos no futuro. "Quando o sujeito ganha com a cooperação, dificilmente volta a ser a pessoa egoísta que era antes", explicou Fowler.

Em um estudo de 2010, Fowler e Christakis verificaram que generosidade gera generosidade e propicia a colaboração. Na experiência, quatro pessoas desconhecidas se reuniram para um jogo. "É como um grande Sudoku", disse Fowler. Cada participante recebeu 20 centavos e devia definir, em segredo, quanto guardar e quanto contribuir para um fundo comum, que seria dividido igualmente. O melhor cenário para cada jogador seria se os quatro investissem todo o dinheiro no fundo, mas, como eles

O código dos criadores

não sabiam o que os outros fariam, tinham de decidir no escuro. O resultado só seria revelado no final. O jogo era repetido, com os participantes em outro grupo de quatro pessoas.

"O que vemos é que um único ato de cooperação na primeira rodada influencia o comportamento da pessoa no jogo todo", explicou Fowler. Cada dólar investido na primeira rodada fez com que os beneficiados dessem 20 centavos a mais na segunda rodada. Os indivíduos que jogaram com esses participantes deram oito centavos a mais na terceira rodada. Aqueles que participaram da quarta rodada deram cinco centavos a mais. "Não parece muito dinheiro", disse Fowler, "mas cada dólar extra gerou uma espécie de fundo de contrapartida em efeito dominó, produzindo um montante final extra de três dólares".

A pesquisa demonstra que os atos de generosidade podem gerar ganhos significativos. Nos ambientes de trabalho atuais, menos rígidos, os indivíduos podem influenciar a cooperação engendrada por pequenos gestos de bondade e beneficiar-se igualmente dela.

Um bom exemplo: Reid Hoffman, do LinkedIn

"As pessoas vêm primeiro", disse o cofundador do LinkedIn Reid Hoffman quando nos encontramos em um café de Palo Alto. "São os indivíduos à nossa volta que nos transformam em bons profissionais, obtendo informações, realizando tarefas, fazendo transações e conseguindo oportunidades para nós e para as pessoas que importam." Hoffman se destaca na economia em rede. Aliás, ele foi um dos responsáveis pela sua criação.

Ellen Levy, uma amiga em comum, disse: "Reid é o tipo de cara capaz de cortar sua grama se você precisar". Levy trabalhou no LinkedIn após fundar a empresa de consultoria Silicon Valley Connect. O comentário sublinha a possibilidade de fazer dos pequenos gestos de bondade uma prática diária. O que é novo é a conectividade on-line, que torna esses gestos visíveis.

Capítulo 6: Oferecer pequenos gestos de bondade

"Não significa que as pessoas darão a vida por nós, mas elas pensarão em como nos ajudar da melhor maneira", disse Hoffman. "Se você focar em pequenas coisas que possam beneficiar os outros, a maioria das pessoas se importará com você e fará de tudo para ajudar." Esse é um dos motivos pelos quais empreendedores, investidores e estrategistas políticos procuram Hoffman: ele quer ajudar. Mesmo quando decide não investir em uma empresa após ouvir a proposta do empreendedor, ele tenta dar uma mão. "Gosto de dar conselhos e ser útil", disse. Os pequenos gestos de bondade renderam a Hoffman a reputação de investidor extremamente confiável no Vale do Silício.

Embora Hoffman ajude os outros, suas ações são colaborativas, não altruístas. "O legal de muitos negócios é que não temos uma situação de soma zero", disse Hoffman. "As pessoas estão realmente interessadas em ajudar. As ferramentas on-line facilitam esse processo, gerando grande valor. Muita gente entende mal o conceito de rede de contatos, porque a maioria dos indivíduos que se autodenominam *networker* só está interessada em receber", disse Hoffman, sacudindo a cabeça. "A melhor maneira de se beneficiar é focar em como ajudar as pessoas ao seu redor."

O LinkedIn se fundamenta na teoria dos jogos. "A teoria dos jogos funciona quando criamos um sistema multitransacional e as pessoas interagem com frequência", explicou Hoffman. "Os outros não têm como queimá-lo, porque qualquer imprecação contra você acabará voltando para eles." Hoffman estruturou o LinkedIn de tal modo que é fácil avaliar a reputação dos usuários. Os membros do site conectam-se com colegas de trabalho e de turma, que, por sua vez, podem apresentá-los a potenciais empregadores, empregados, clientes ou consumidores. Em certo sentido, a rede profissional on-line cria um incentivo econômico para todo mundo se comportar melhor. "O sujeito precisa se dar conta de que é um mundo pequeno, em que todos podem descobrir quem ele é", disse Hoffman.

O código dos criadores

Hoffman, pós-graduado em Filosofia pela University of Oxford, descreve-se como um intelectual público e, embora tenha considerado uma carreira no meio acadêmico, chegou à conclusão de que "podia criar um software com o mesmo impacto de uma atividade intelectual, mas com o poder do modelo comercial por trás, o que significa alcançar dezenas de milhares de pessoas". Motivado a desenvolver negócios de tecnologia de consumo desse porte, o empresário foca em cultivar relacionamentos de benefício mútuo.

"Muita gente achava que o sujeito era afortunado de estar me seguindo porque sou 'uma grande pessoa', mas agora o que importa é o perfil de quem está nos seguindo", disse Hoffman, notando as mudanças nos padrões de liderança. Devido à natureza competitiva do mundo de hoje, pessoas de todos os níveis e estágios de carreira precisavam atrair aliados como empregados, investidores ou mentores. Como? "É bom ter uma reserva de dinheiro para pagá-los", disse Hoffman. "Mas profissionais de alta qualidade podem ganhar bem em qualquer lugar. Por isso, é importante que seu projeto seja interessante e que você seja interessante." Os criadores atraem pessoas que lhes oferecem oportunidades e modos de evoluir na carreira.

Essa estratégia é nítida na forma de trabalhar de Hoffman. Nos primeiros dias do YouTube, ele deu aos fundadores do site, Jawed Karim, Chad Hurley e Steve Chen, espaço gratuito no LinkedIn. Como investidor-anjo, ofereceu apoio aos fundadores da Flickr, Groupon, Mozilla, Digg, Mightybell, Technorati e Tiny Pictures. Hoffman é a pessoa que apresentou Mark Zuckerberg a seu colega de faculdade Peter Thiel, que fez o primeiro investimento externo do Facebook. Hoffman contribuiu como membro do conselho administrativo da Airbnb, Edmodo, Xapo, Mozilla Corporation, Wrapp e Shopkick, além das organizações sem fins lucrativos Endeavor, Questbridge e Kiva.org. Em 2012, a fim de acelerar as atividades da Kiva, emprestou US$ 1 milhão do próprio bolso como incentivo para atrair 40 mil novos membros, concedendo microcréditos de US$ 25 a empreendedores do mundo em desen-

Capítulo 6: Oferecer pequenos gestos de bondade

volvimento. Em poucos dias, a Kiva registrou um tráfego equivalente a dois meses de trabalho.

Para descrever como a colaboração e a competição podem andar juntas, Hoffman traça um paralelo com seu jogo de tabuleiro preferido, Colonizadores de Catan. A primeira pessoa que tiver dez pontos de vitória vence, mas a única forma de vencer é negociando com os outros. "Não temos como crescer sem trocas", explicou Hoffman. "Estamos todos competindo, mas precisamos fazer negociações para seguir em frente. Devemos construir relacionamentos e descobrir por que as pessoas se interessam ou não em fazer negócios conosco. Costumamos brincar dizendo que usaremos esse jogo para recrutar funcionários. É uma forma de saber como eles pensam." Cada jogador tenta construir um império conquistando espaços no tabuleiro. Para isso, os jogadores podem negociar recursos, formar alianças, realizar conspirações, criar estratégias, ajudar ou punir os outros. Muita gente no Vale do Silício concorda que o jogo se parece com a vida real, na medida em que os participantes negociam recursos e são obrigados a rever seus planos a cada jogada. Não é de se espantar que Hoffman, um homem que oferece tantos pequenos gestos de bondade, adore esse jogo.

Um guia para a bondade

Os criadores baseiam-se em certos princípios para agir de maneira eficaz na hora de fazer um pequeno gesto de bondade. Decidem quem ajudar, estabelecem parâmetros para o tempo e o esforço que investirão e interagem com os outros em trocas recorrentes.

Decida quem ajudar

Indicações de colegas confiáveis são quase sempre um pré-requisito fundamental. Reid Hoffman explica: "Só trabalho com pessoas fortemente recomendadas por uma fonte em que confio". O LinkedIn baseia-se no mesmo princípio. O filtro de Sara Blakely é "empreendedoras iniciantes". Ela procura ajudá-las fornecendo-lhes espaço no site e nos catálogos da Spanx.

O objetivo de Jake Nickell, um dos fundadores da Threadless, é promover artistas desconhecidos. "Uma moça, cujo trabalho foi selecionado para a Gap, é uma dona de casa com dois filhos pequenos para criar, que vive em base militar sem o marido, enviado para o Iraque", contou Nickell. "Depois de colocar os filhos na cama, ela ia trabalhar no design da camiseta." Os criadores apoiam indivíduos que compartilham de seus valores.

Estabeleça parâmetros para tempo e esforço

Bob Langer dá conta de sua agenda lotada dividindo os compromissos em períodos de 15 e 30 minutos. Mostra-se disponível e responde com presteza, mas procura ser eficiente nas conversas. Para Joe Lonsdale, cofundador da Palantir, da Addepar e da Formation 8, o padrão envolve a natureza do problema a ser solucionado: "Infelizmente, muitas empresas de tecnologia focam somente em diversão e autoexpressão. Estou interessado em ajudar meus amigos e confrontar problemas importantes para a civilização em termos de energia, saúde, política e economia". Fazer pequenos gestos de bondade fortalece os relacionamentos e amplia as conexões, mas os criadores mantêm a produtividade do próprio trabalho.

Interaja

Hamdi Ulukaya, fundador da Chobani, contratou ex-funcionários da Kraft após comprar uma fábrica de laticínios caindo aos pedaços. Formou parcerias com criadores de gado leiteiro do norte de Nova York que passavam por dificuldades. Quando a Chobani precisou de ajuda na própria fábrica, a boa relação de trabalho com a comunidade local impulsionou seu crescimento. Como estudantes de administração, Alexis Maybank e Alexandra Wilkis Wilson realizaram um projeto de pesquisa para Susan Posen, CEO da empresa do filho, o estilista Zac Posen. Quando precisaram de ajuda para criar a Gilt Groupe, pediram um favor, e o site de moda on-line foi lançado com Zac Posen como o primeiro estilista.

Frank Flynn, professor de Stanford, conduziu uma pesquisa sobre generosidade e frequência de troca de favores com 161 engenheiros de uma empresa do Vale do Silício, verificando que os engenheiros mais produtivos costumavam oferecer ajuda aos colegas de trabalho. O pesquisador descobriu também, contudo, que alguns dos engenheiros menos produtivos eram igualmente generosos. A diferença estava em *como* eles faziam pequenos gestos de bondade. Os mais produtivos interagiam constantemente. A capacidade de ajudar os colegas rendia-lhes respeito e status social, enquanto a disposição de pedir favores ajudava na eficácia profissional. Os engenheiros menos produtivos predispunham-se a ajudar os outros, mas não pediam favores em troca. A generosidade drenava os recursos, prejudicando a produtividade. O segredo é estar sempre trocando, em uma relação em que todos ganham.

O Corolário de Weed para a Lei de Moore

"Brinco dizendo que desejo o que nunca tive na faculdade: ser o primeiro número na memória de discagem rápida das pessoas", disse Jeff Weedman, um dos líderes fundadores do programa Connect + Develop da Procter & Gamble. Graças à equipe de Weedman, a P&G – a maior empresa de bens de consumo do mundo, com um faturamento anual de US$ 83 bilhões – forma parcerias com empresas, desenvolvedores, inovadores e cientistas para promover novas ideias. Weedman ajudou a criar o Connect + Develop, uma plataforma de inovação aberta, como uma startup interna da P&G.

"A P&G deparou com um bloqueio dez anos atrás", disse Weedman. "Nossas inovações passaram a ser menos fluentes. Tínhamos sucesso somente em um terço das iniciativas." A P&G queria conquistar a reputação de parceira generosa e competidora

O código dos criadores

justa. "Parece uma meta vaga, mas não é", contou-me Weedman. "Comparamo-nos com outras culturas corporativas, perguntando: 'As pessoas gostam de estabelecer parcerias conosco?'" A mudança de foco no caso da P&G significava construir alianças com outras empresas, inclusive concorrentes.

Poucos anos atrás, um indivíduo contatou a Connect + Develop com uma tecnologia fascinante, mas como não estava alinhada com os negócios da P&G, Weedman encaminhou a pessoa para uma concorrente direta. Na reunião seguinte do setor, a diretora de inovação da outra empresa agradeceu-lhe a indicação. "Meu maior problema foi fazer minha equipe aceitar a indicação", explicou ela. "Levei um tempo para convencê-los de que isso estava totalmente de acordo com o modo de operação da empresa: se o negócio não se enquadra na P&G, ele é repassado."

"Quero que as pessoas saibam que devem sempre me ligar primeiro", disse Weedman. "Se estivermos interessados, seguimos adiante. Caso contrário, não bloquearemos o negócio. Muito pelo contrário. Ajudaremos os outros a darem continuidade à transação." Para Weedman é óbvio: fazer pequenos gestos de bondade gera um valor maior do que qualquer possível custo para a P&G. "A bondade é uma moeda essencial", explicou.

"Criei o 'Corolário de Weed para a Lei de Moore'" – a teoria de que o poder de processamento dos computadores dobra a cada 18 meses –, disse Weedman. "O segundo negócio com a mesma empresa leva a metade do tempo do primeiro, o terceiro, um terço do tempo, e assim por diante. De um modo geral, o segundo negócio e o terceiro são maiores em termos de valor e não identificáveis quando o primeiro negócio é fechado." Evidentemente, uma vez que questões como direitos de propriedade intelectual e outros assuntos legais são definidos, as futuras transações costumam ser mais rápidas. Weedman acredita, porém, que "o fator confiança" é o que leva à exploração de formas de beneficiar ambas as empresas. Saber o que os parceiros podem fazer abre portas.

As pessoas começam a dizer: "Oh, eu não sabia que você fazia isso!" ou "E se a gente fizesse isso?"

O contrato de licença da marca Pampers Kandoo com a Nehemiah Manufacturing ilustra bem o Corolário de Weed. A P&G, considerando a marca pequena demais e uma distração das outras linhas de produto, resolveu oferecê-la para a fabricante de Cincinnati. Em troca, Dan Meyer, um dos fundadores da Nehemiah, encaminhou parceiros para a P&G que eram grandes demais para a empresa gerenciar. Nos últimos anos, a Nehemiah licenciou nove marcas da P&G. Em 2012, Weedman apresentou Meyer a Julie Pickens e Mindee Doney, fundadoras da Little Busy Bodies, uma marca de lenços umedecidos para higiene do bebê.

O que Weedman ganhou apresentando Dan Meyer para um parceiro do setor? "Não sei", respondeu Weedman. "Estou ajudando uma empresa com a qual fazemos negócios, e isso é bom. Posso garantir que alguma coisa boa acontecerá, só não sei o quê. Uma parte é motivada por dados, mas a outra, pela confiança."

Unindo-se pela existência

"A cooperação não é um fenômeno pequeno", disse Martin Nowak, diretor do Programa de Dinâmica Evolutiva de Harvard. "É algo necessário para explicar o mundo que vemos." Nowak diz que a teoria da evolução de Darwin precisa ser atualizada. Além da mutação e da seleção natural, a evolução requer um terceiro mecanismo: a cooperação.

Segundo Nowak, a formação da linguagem é o fenômeno mais interessante dos últimos 600 milhões de anos, e a capacidade de comunicação possibilita um modo de evolução vinculado a ideias, não somente à genética.

Ouvi falar da "Matemática da Evolução" de Nowak e fui até seu laboratório de Dinâmica Evolutiva. O simpático professor com sotaque de Arnold Schwarzenegger – Nowak nasceu na

O código dos criadores

mesma parte da Áustria que o ex-governador e herói do cinema – cumprimentou-me, cercado de equações rabiscadas nas paredes.

Para compreender as complexas estratégias de tomada de decisão que sustentam o comportamento humano, Nowak utiliza modelos de computador e a teoria dos jogos para simular relacionamentos entre as pessoas. Talvez o exemplo mais conhecido seja o "Dilema do Prisioneiro". Dois criminosos suspeitos são presos, interrogados separadamente e colocados diante de uma proposta. Se um deles "desertar" incriminando o outro, será libertado, mas o cúmplice cumprirá pena na cadeia por dez anos. Se os dois "cooperarem" mantendo o silêncio, cada um é sentenciado a um ano de prisão. Se os dois desertarem, cada um ficará preso por cinco anos. A escolha racional é desertar e esperar que o outro não o traia.

Os prisioneiros estão isolados. Se eles tivessem a oportunidade de fazer um pacto, certamente concordariam em manter silêncio e cumprir apenas um ano de prisão. Mas como não podem se falar, cada um faz o que lhe parece mais sensato e deserta. Resultado: cinco anos de cadeia para cada. A comunicação muda tudo.

Nowak e seus colegas desenvolveram uma versão do Dilema do Prisioneiro na qual os jogadores conquistam reputações. Quando a reputação espalha-se, a cooperação aumenta. O egoísmo representa uma vantagem de curto prazo, mas não de longo prazo, com repetidas interações. Os desertores não conseguem enganar os outros jogadores com tanta facilidade, e a vantagem diminui.

"As pessoas ganham reputações que as precedem", disse Nowak. Isso é cada vez mais verdadeiro no mundo atual de comunicação instantânea via tecnologia móvel e mídia social. "Você ajuda por causa da reputação, porque as pessoas que ajudam são ajudadas", frisou Nowak. "Você também ouve sobre a reputação dos outros e só ajuda quem o ajudou no passado." A comunicação torna a cooperação ainda mais fundamental.

"Eu o ajudo e alguém me ajuda", explicou Nowak. "Não espero reciprocidade necessariamente de você, mas com base na

Capítulo 6: Oferecer pequenos gestos de bondade

reputação. Alguém observa meu comportamento e o divulga." A reputação exerce um forte impacto nos relacionamentos. Os indivíduos com reputação de egoístas tendem a ser evitados, enquanto protagonistas cooperativos são recompensados.

A pesquisa de Nowak demonstra que, mesmo em interesse próprio, somos incentivados a agir de forma generosa em relação aos outros. Generosidade gera generosidade, e quem ganha somos nós.

"Pessoas legais terminam em primeiro lugar", afirmou David Rand, ex-cientista e pesquisador do laboratório de Nowak e atual professor da Yale University. Rand aprimorou o modelo matemático de Nowak estudando interações repetidas entre desconhecidos em uma rede de contatos on-line. Em 2011, conduziu uma experiência com mais de 800 usuários do Mechanical Turk, o site de "bicos" da Amazon. Cada indivíduo estava conectado com um ou mais jogadores em um jogo em que todo mundo recebeu o mesmo número de pontos para compartilhar (ou não) com seus contatos. Conforme esperado, as pessoas se beneficiaram da cooperação. Algumas decidiram se aliar com quem as ajudara e cortar laços com quem não. No mundo real, uma vez que podemos controlar com quem interagimos, acontece o mesmo: formamos parcerias com quem ajuda e cortamos relações com quem não ajuda.

Rand focou nas reações dos jogadores que não agiram de modo cooperativo no início. Ameaçados pela perda de conexões, a probabilidade de eles compartilharem seus pontos com os outros duplicava na segunda rodada. Para não serem descartados, esses jogadores compensavam nas rodadas seguintes, sendo mais cooperativos do que os outros.

"Resumo da ópera: é melhor o sujeito ser legal, ou será cortado", disse Rand.

A realização deste livro só foi possível graças aos pequenos gestos de bondade dos criadores. Mais de 200 criadores dispuseram generosamente de seu tempo para oferecer informações e responder a uma série de perguntas, via telefone, e-mail e Skype. Quase toda conversa terminava com: "Avise-me como posso ajudar mais. Vou colocá-la em contato com outro empreendedor que você deve entrevistar. Estamos aqui, se você precisar de mais alguma coisa". Essa generosidade é uma inspiração, mas também uma qualidade. Os criadores são especiais não só pelas organizações que construíram, mas por como chegaram lá.

CONCLUSÃO

O poder
dos seis

Se você pode fazer algo, ou sonha que pode, comece
logo. A ousadia traz inspiração, força e magia.
| W. H. MURRAY

Em meados da década de 1990 em Palo Alto, Califórnia, o programador Pierre Omidyar fez uma
inovação polinizadora. "Sou inspirado por ideias e
gosto de transportá-las de um setor para o outro",
contou-me. Ao detectar a oportunidade de levar as
vendas individuais para o mundo virtual, Omidyar
propôs uma espécie de mercado de pulgas na internet para o amigo Jeff Skoll. Na época, Skoll era
responsável pelos canais de distribuição on-line de
uma subsidiária do grupo de jornais Knight Ridder. "Vi a lacuna que Pierre descreveu", disse Skoll.
"Larguei o trabalho e formamos uma parceria."

A inspiração de Omidyar, o eBay, cresceu rapidamente. Ele e Skoll se moviam com agilidade
para manter-se à frente de concorrentes capazes de
acabar com o negócio deles ainda na fase de startup. Mas o mesmo ritmo alucinante essencial para
a sobrevivência tornou-se, segundo Skoll, "nosso

O código dos criadores

calcanhar de Aquiles". O site do eBay começou a ter problemas de sistema com o aumento do tráfego. Os dois mantiveram os olhos firmes no horizonte. "Os empreendedores enxergam além dos obstáculos", declarou Skoll. Em 1999, porém, o site travou por quatro dias. "Em determinado momento, olhamos um para o outro e dissemos: 'O que vamos fazer? A empresa já era!'", lembra Skoll, balançando a cabeça. A dupla reuniu a capacidade intelectual de diferentes campos técnicos para encontrar uma solução. Em cinco anos, a eBay deixou de ser apenas uma ideia na cabeça de um homem para se transformar em um ícone cultural com centenas de milhões de usuários. "O ingrediente secreto foi a convicção de que as pessoas, em essência, são boas", explicou Omidyar. Conforme esperado, compradores e vendedores desenvolveram confiança on-line, permitindo que o eBay hospedasse um volume de transações que parecia crescer na velocidade da luz.

"Lembro-me de ter pensando que jamais havia estudado casos como esses na faculdade de administração", contou-me Skoll. "Tínhamos empresas querendo nos comprar, tentávamos levantar capital de risco, nossa tecnologia estava dando pane e nossa equipe crescia exponencialmente. Tudo ao mesmo tempo."

Omidyar e Skoll decifraram o código. Reuniram as seis habilidades essenciais que possibilitaram o sucesso do eBay, mas tiveram que descobrir o código sozinhos. Você já tem o modelo.

Aplicando o código

Os criadores utilizam seis habilidades essenciais para criar negócios bem-sucedidos. Cada habilidade tem o seu próprio valor isolado, mas elas só se sustentam em conjunto. Assim como no código Morse, em que formamos palavras e ideias juntando pontos e traços, a combinação das seis habilidades desencadeia incríveis oportunidades.

O código parece óbvio uma vez revelado, mas é difícil decifrá-lo sem a chave. A experiência de um único empreendedor não

Conclusão: O poder dos seis

revela o segredo dos criadores. Foram necessárias 200 entrevistas e incontáveis horas de pesquisa para descobrir a resposta.

Ao longo do livro, entramos em contato com histórias de extraordinários empreendedores. Steve Ells, do Chipotle, do capítulo "Encontrar a lacuna", não se restringiu a criar uma cadeia de restaurante fast-casual; ele superou estrategicamente a concorrência com um compromisso inabalável de criar fast-food mais saudável. Os fundadores da Opower, Dan Yates e Alex Laskey, não se limitaram a "Fracassar com inteligência" para testar ideias; reuniram acadêmicos, legisladores, gerentes de concessionárias de energia elétrica e programadores de software para encontrar uma nova forma de poupar energia. Todos os criadores que você conheceu neste livro dominaram as seis habilidades.

A boa notícia é que as seis habilidades não são dons raros, talentos improváveis ou um privilégio de uma categoria especial de pessoas. Elas estão disponíveis para todos nós. Cada habilidade pode ser desenvolvida e cultivada. Sabendo o código, você pode aplicá-lo em seu próximo empreendimento.

Quando Skoll criou a Participant Media em 2004, ele reaplicou as habilidades aprendidas na experiência com o eBay. Identificou uma lacuna nas ofertas de filmes de Hollywood – filmes com mensagens, como *A lista de Schindler*, eram uma raridade – e passou um ano conversando com atores, agentes, advogados, roteiristas, diretores, produtores e executivos para explorar a oportunidade. "A melhor maneira de ficar milionário é ser bilionário e entrar na indústria cinematográfica", disseram-lhe. (Quando o eBay abriu o capital em 1998, Skoll tinha 22% da empresa, o suficiente para ser bilionário.) "É muito comum identificarmos uma oportunidade e aparecer alguém para nos desencorajar", disse Skoll.

O empresário lançou a Participant Media e tomou logo algumas decisões fundamentais. Uma delas foi o compromisso de transformar a apresentação sobre mudanças climáticas de Al Gore em filme. "Topei na hora", disse Skoll. Mas para cada *Uma verdade inconveniente*, ele produziu filmes como *Jimmy Carter* e *Um novo despertar*, que atraíram pouca atenção. "De dez filmes, esperamos que cinco ou seis fracassem, dois ou três não deem lucro nem prejuízo e um seja um sucesso, cobrindo as perdas do resto do portfólio", explicou Skoll. "Tudo é uma aposta. Um filme é uma aposta. Um vídeo de internet é uma aposta. Um investimento é uma aposta. O segredo é fazer apostas suficientes para aprender."

Em Hollywood, Skoll forma equipes-relâmpago para a produção e a distribuição de filmes. Ciente da importância dos relacionamentos, ele assume riscos apoiando os outros mesmo quando as chances de vencer são pequenas ou nulas. O ator George Clooney pediu-lhe para ler o roteiro de um filme em preto e branco, escrito em quatro atos. Todos os grandes estúdios haviam recusado o projeto, um drama de época sobre a cruzada do lendário âncora da televisão norte-americana Edward Murrow contra Joseph McCarthy. Skoll decidiu apostar no filme. "Não era muito bom, mas o entusiasmo do George me convenceu", disse. O resultado foi o filme *Boa noite e boa sorte*, indicado a seis categorias do Oscar, inclusive a de melhor filme.

Ao empregar as seis habilidades diversas vezes, Skoll e sua equipe da Participant Media produziram mais de 50 filmes, recebendo sete Oscars e 36 indicações. Cinco filmes tiveram um faturamento superior a US$ 100 milhões: *Jogos do poder* (US$ 119 milhões), *Histórias cruzadas* (US$ 212 milhões), *Contágio* (US$ 135 milhões), *O exótico Hotel Marigold* (US$ 137 milhões) e *Lincoln* (US$ 275 milhões).

Você pode estar se perguntando o que você tem em comum com criadores como Jeff Skoll. A resposta: mais do que você pensa. Eles não são super-humanos. Skoll pagou seus estudos universitários trabalhando em um posto de gasolina. Kevin Plank criou um negócio anual de venda de rosas para o Dia dos Namorados (Cupid's Valentine) de modo a conseguir capital inicial para a Under Armour. O cofundador da Threadless, Jake Nickell, abandonou a escola de artes. De inícios comuns surgem resultados fora

Conclusão: O poder dos seis

do comum. Não é necessário apresentar credenciais. A curiosidade e o desejo de trabalhar são mais importantes.

Mas o código exige uma nova forma de enxergar o mundo. As escolas nos preparam para acreditar que só existe uma única resposta certa. Os testes padronizados nos ensinaram a pensar de maneira padronizada. Só que não é assim que o mundo funciona, por mais que desejemos. Uma mudança fundamental tem ocorrido: as empresas estão deixando de focar na resolução de problemas complexos, mas definidos, e adotando outros ângulos para a realização de novas ideias.

"Precisamos assumir responsabilidade pelo nosso próprio aprendizado", explicou Drew Houston, um dos fundadores da Dropbox. "Administrar uma startup significa oscilar entre a euforia e o terror diariamente. Temos de nos acostumar com isso." Não basta ter uma ideia. É necessário determinação, ousadia e a capacidade de convencer os outros a aderir a uma visão que vale a pena seguir. "Você não pode ligar de parecer louco. Divirta-se com a ideia", disse Jessica Herrin, fundadora da Stella & Dot. "Não há empregos na fazenda de unicórnios", brincou. Ou seja, não existe trabalho perfeito.

Você pode utilizar o código para descobrir futuros empreendimentos, mesmo com a constante mudança dos desafios enfrentados pelos empreendedores. Toda criação é singular. Em alguns momentos, aparecem lacunas a preencher. Aí elas desaparecem e surgem outras oportunidades. O próximo Steve Jobs pode inovar na área de saúde, como fez Elizabeth Holmes com os exames laboratoriais. O Bill Gates de amanhã talvez se pareça com Joe Lonsdale, um desses "cientistas malucos" obcecados em "solucionar problemas difíceis com tecnologia". Não existe uma única forma de criar, e dois negócios jamais serão iguais.

É preciso coragem para trazer algo original ao mundo. Nas palavras do famoso pintor Henri Matisse: "A criatividade exige coragem". Mas criar uma empresa é como pintar na água: é necessário lidar com tendências de mercado flutuantes e ameaças competitivas sempre diversas.

Acredite em si mesmo, acredite em sua ideia

O sucesso dos criadores se deve à convicção inabalável nas próprias capacidades e ao poderoso desejo de mudar o mundo. É necessário ter otimismo, determinar o que precisa ser feito e partir para a ação. Ninguém disse que será fácil, mas valerá a pena. A Yelp começou devagar, até se tornar o grande site de avaliação de estabelecimentos comerciais; a Tesla Motors levou sete anos para produzir seu primeiro carro; a Revolution Foods levou comida saudável para alunos de baixa renda em uma escola de cada vez. Todo grande progresso tem uma história pregressa.

"Você precisa acreditar que é capaz de chegar lá", disse-me Hosain Rahman, cofundador da Jawbone, referindo-se ao desafio de criar hardwares e softwares fáceis de usar. "Você precisa acreditar na importância da singularidade", disse Peter Thiel. "Você precisa da convicção de que pode desenvolver algo, mudar as coisas e melhorar a vida das pessoas", declarou Max Levchin. "Fui criado do outro lado da Cortina de Ferro, e para mim a ideia de empreendedorismo é aquela noção romântica de capitalismo."

A criação, em essência, é um ato de fé, um compromisso com um sonho para o futuro. Todos nós temos o potencial de nos tornar criadores, e o crescente universo do empreendedorismo oferece infinitos caminhos. Basta atrever-se. Olhe para o mundo à sua volta. Ele está em constante transformação, sendo perpetuamente construído. Só você pode acessar seu imenso poder e tornar-se um dos criadores do mundo.

Agradecimentos

Inúmeras pessoas acreditaram neste livro desde o início. Sou grata a cada uma delas.

Aos mais de 200 empreendedores que generosamente compartilharam seus conhecimentos, experiências e horas preciosas: vocês literalmente tornaram possível este projeto. Quando decidi escrever um livro, não me dei conta de que isso significava anos de pesquisa até as primeiras palavras aparecerem na tela do meu laptop. Vocês me ensinaram que o ato da criação requer tempo, coragem, paixão e resiliência. No princípio, achei que, após um curto período sabático dedicado a escrever, eu fosse voltar à minha vida anterior. Aprendi que não há volta atrás. Saímos diferentes. Estou profundamente mudada, graças à inspiração dos criadores que entrevistei e sua forma de trabalhar.

Enquanto eu ainda trabalhava na Casa Branca, o brilhante autor Tom Peters incentivou-me a escrever,

O código dos criadores

ajudando-me em momentos cruciais. Ele também me apresentou a Donna Carpenter, que, junto com Maurice Coyle, contribuíram com críticas e observações bastante valiosas sobre os rascunhos. Obrigada também a Vince Ercolano, Sally Atwater e Lisa Moscatiello, pela preparação dos originais.

À minha equipe de pesquisa, obrigada pelo compromisso, pelo tempo dedicado, pelo empenho e, acima de tudo, por tornar o trabalho divertido. Alex Kapur, obrigada por examinar centenas de estudos acadêmicos e conversar comigo sobre eles durante anos. Joanna Prusinska, serei eternamente grata a você por transcrever as entrevistas, lidar com as solicitações de pesquisa e ajudar a fazer com que o livro cruzasse a linha de chegada. Brian Gowen, parabéns pela diligência na análise das empresas. Dana Abu-Nasrah, você é uma especialista em mídia social. Cody Reneau, obrigada por se inscrever na escola de direção da NASCAR comigo para aprender a manejar a velocidade. (Ainda tenho certeza de que a ultrapassei com uma volta de diferença no autódromo de Road Atlanta.) Obrigada também a Robert Lynch, Alice Sweitzer, Sachin Anand, Julie Kraut, Morgan Hargrave, Todd Schweitzer, Zhizhou Zhu, Mohammad Modarres, Steven Hoffman, Chardet Durbin e Lauren Kane.

Lee Hamilton levou-me ao Woodrow Wilson International Center for Scholars como *public policy scholar* e sinto-me honrada de continuar minha afiliação como *global fellow*. Agradeço de coração a Mike Van Dusen, Rob Litwak, Lucy Jilka, John Dysland, John Tyler, Jane Harman, a sucessora de Lee, e todo mundo no centro que apoiou meu trabalho. Um agradecimento especial a Janet Spikes e sua equipe de decodificação da biblioteca do Wilson Center pela assistência incansável.

Também tive a honra de ser *senior fellow* da the Harvard Kennedy School of Government no Center for Business and Government e no Center for Public Leadership. Foi um privilégio trabalhar ao lado de David Gergen, Richard Zeckhauser, John Haigh, Roger Porter, Jack Donahue, Scott Leland, Jennifer Nash, Max Bazerman, Patricia Bellinger, Owen Andrews e Tom Novak.

Agradecimentos

A Ewing Marion Kauffman Foundation apoiou minha pesquisa, atitude pela qual sou profundamente grata. Gostaria de agradecer, em especial, a Yasuyuki Motoyama, professor sênior da Kaufman Foundation, pelo interesse demonstrado em relação aos grandes empreendedores.

Meus agradecimentos também à equipe da Simon & Schuster, pelo profissionalismo, paciência e entusiasmo. Obrigada a Jon Karp, por acreditar neste livro. Agradeço a Ben Loehnen pela incrível capacidade, liderança e excelentes sugestões que melhoraram o material. Brit Hvide ofereceu valioso feedback, cuidando da produção do livro. Meus agradecimentos vão também a Emily Loose e Dominick Anfuso, que apoiaram a ideia desde o começo.

Kim Witherspoon e Michael Carlisle da Inkwell Management apostaram em uma escritora iniciante. Obrigada por estarem ao meu lado. Eric Rayman orientou-me em momentos cruciais. Obrigada pelos sábios conselhos.

Devo um enorme agradecimento a Steve Lagerfeld, ex-editor da *Wilson Quarterly*, que me guiou em cada passo do caminho. Não tenho palavras para expressar o quanto Steve me ajudou com palavras. Ele é um editor excepcional e um ser humano melhor ainda.

Uma das minhas maiores bênçãos é ter amigos inteligentes e de espírito generoso como Annmarie Sasdi, Myrna Hymans, Joyce Said Ward, Lou O'Neil, Charles Cross e Amy Gilliam, que me abriram sua casa como retiro para escrever e ficaram acordados até tarde ouvindo sobre a última entrevista que eu tinha feito para o livro. Serei eternamente grata a meus grandes amigos e comitê consultivo pessoal: Jim e Olivia Jones, Kathleen Miller, Jamie Stiehm, Katie McNerney, Lisa Hayes, Carmen Suro-Bredie, Vanessa Moore, Chris Abraham, Porter Bibb, Paula Silver, Herbert Winokur, Marsh Carter, Juleanna Glover, John Bryson, Kristin Canavan, John Maull, Alissa Douglas, Anne Haack, Melissa Gallagher-Rogers, Melissa Paoloni, Beverly Kirk, Charles Holloway, Charles O'Reilly, Joel Peterson, Uta Kremer, Lenny Mendonca, Christopher Michel, George

O código dos criadores

Kurian, Ben Kershberg, Laura Lovelace, Larry Altman, Andrew Rosen, Binta Brown, Drew Erdmann, Vijay Vaitheeswaran, Cait Murphy, David Wessel e Rajiv Chandrasekaran.

Obrigada também a meus companheiros de turma da Stanford Business School, que sempre me surpreenderam fazendo apresentações, lendo rascunhos dos capítulos, ajudando a desenvolver meu site e convidando-me para dar palestras. Sinto-me grata pelo que parceiros de longa data são capazes de fazer um pelo outro. Desejo o mesmo para vocês!

Acima de tudo, agradeço a meus pais, Judy e John Wilkinson. Obrigada por criarem um mundo em que tudo era possível e por me ensinarem, com o exemplo, a trabalhar duro, apoiar os outros e ser original. Sua força incondicional fez com que este livro e tantos outros sonhos se tornassem realidade. A meu irmão, David Wilkinson, obrigada pelo amor, pela bondade extraordinária, pelo estímulo e pela pureza de alma. Ser sua irmã é uma honra. Minha avó Nadine Girod começou a me incentivar a escrever um livro quando eu estava na quarta série. Agora que escrevi, minha avó de 97 anos e seu namorado, de 103, foram os primeiros a oferecer a casa para uma festa de comemoração. Nadine e Red, vocês me inspiram. Lançaremos *O código dos criadores* em Salem, Oregon. À minha família e meus amigos que são como família, este livro não teria sido escrito sem a sua vibração com as vitórias, demorados abraços, longas caminhadas, gargalhadas, franqueza comovente, ocasionais puxões de orelha e infinitas palavras de incentivo.

A todo mundo que ajudou a tornar realidade este livro, obrigada do fundo do coração. Espero que o esforço ajude a inspirar os outros a manifestar sua capacidade única de criar.

APÊNDICE

Metodologia de pesquisa

Descrição do projeto

Como os criadores conseguem expandir os empreendimentos ao máximo? O que eles fazem para gerar negócios com faturamento superior a US$ 100 milhões anuais e 100 mil pessoas atendidas? O propósito da minha pesquisa era identificar as habilidades desenvolvidas pelos criadores para alcançar esses resultados.

Neste projeto, fui guiada por dois objetivos principais: primeiro, identificar um grupo seleto de criadores responsáveis por empreendimentos significativos em âmbito nacional e, em alguns casos, internacional; e segundo, conduzir estudos de caso para determinar que medidas e habilidades específicas levaram esses criadores a atingir resultados tão impressionantes.

Para isso, concebi uma rigorosa metodologia em quatro etapas para avaliar se eu havia, de fato, identificado os criadores de maior sucesso em termos de expansão e definição de ecossistemas empresariais.

Etapa 1: Avaliação de pesquisas acadêmicas

Devido à natureza interdisciplinar do empreendedorismo e deste projeto específico, avaliei pesquisas acadêmicas das mais diversas áreas, como empreendedorismo, comportamento organizacional, economia, psicologia, sociologia, criatividade, teoria da decisão e estratégia. Meu objetivo era descobrir as ações e habilidades necessárias para começar e expandir um negócio. Além disso, revisei inúmeros trabalhos sobre processos de inovação para verificar as principais características dos grandes inovadores. Minha pesquisa contou com a colaboração do corpo docente de diversas universidades: Harvard University, Massachusetts Institute of Technology, Carnegie Mellon University, University of Michigan, Northwestern University, Stanford University e University of Chicago.

Etapa 2: Definição do critério de seleção

O projeto incluía 200 entrevistas com fundadores de diversos setores, como tecnologia, varejo, energia, saúde, mídia, aplicativos móveis, ciências, imóveis, hotelaria e turismo, restaurantes e educação. (Observação: o conjunto de dados inclui empreendedores comerciais e um pequeno subgrupo de empreendedores sociais e altos executivos que apresentaram iniciativas revolucionárias dentro de organizações maiores.)

Os seguintes critérios ajudaram-me a classificar os entrevistados:

- A pessoa fundou uma empresa que alcançou um faturamento de mais de US$ 100 milhões e/ou atende a mais de 100 mil indivíduos.
- A pessoa atingiu um alto crescimento no período de cinco a dez anos.
- A pessoa é atualmente a fundadora/CEO ou ainda está ativamente envolvida na gestão.

Apêndice: Metodologia de pesquisa

- A pessoa veio recomendada por pelo menos três colegas do setor.

Etapa 3: Entrevista com os especialistas da indústria

Nesta etapa, eu tinha três objetivos: 1) avaliar as ações e habilidades dos criadores de grande sucesso; 2) descobrir como esses indivíduos aproveitam oportunidades em contextos dinâmicos; e 3) entrevistar alguns indivíduos que não entraram na primeira lista.

Minha pesquisa se baseia no método da teoria fundamentada, amplamente utilizada em análise qualitativa. Seguindo essa metodologia, desenvolvi um abrangente guia de entrevista, com perguntas específicas, mas abertas. As entrevistas tinham uma estrutura fixa de perguntas, mas as perguntas seguintes dependiam de cada entrevistado.

Eu mesma realizei as entrevistas. Cada entrevista durou de uma a três horas. (Algumas poucas entrevistas foram realizadas por telefone.)

Exemplo de perguntas incluídas:

- Qual a sua formação e como você detectou a oportunidade de abrir uma empresa?
- Como você promove e administra o crescimento de sua empresa?
- Que atualizações, adaptações ou obstáculos você enfrentou para chegar aonde chegou?
- Que tipo de conexão você tem com outros indivíduos e/ou empresas e como cultiva os relacionamentos de modo a ampliar seu negócio?

Etapa 4: Identificação e análise de padrões

Todas as entrevistas foram gravadas e transcritas. Dos dados coletados, marquei os pontos-chave com uma série de códigos, agrupando os códigos de conteúdo similar em conceitos. Os resultados permitiram-me identificar as categorias que formam a

O código dos criadores

base do desenvolvimento da teoria das seis habilidades essenciais dos criadores.

Além disso, revisei centenas de estudos acadêmicos e reuni mais de 5 mil amostras de dados secundários, incluindo anotações de campo, artigos de jornal e revista, relatórios governamentais, relatórios organizacionais e outras informações provenientes de visitas a sites. Codifiquei todo o material utilizando o método comparativo constante (análise linha por linha). Fiz isso manualmente, uma vez que o uso de softwares não é recomendado na teoria fundamentada.

Sintetizei, no total, quase 10 mil páginas de anotações transcritas, mais de 5 mil páginas de dados secundários e muito mais de 4 mil páginas de pesquisas acadêmicas, incluindo experimentos, estudos, argumentos conceituais e entrevistas com colegas da área. Lancei mão do método comparativo constante para analisar os dados. Desenvolvi memorandos para registrar conceitos emergentes e a relação entre eles. Nas entrevistas adicionais, criei novas categorias, aprimorando os conceitos. Utilizei o método comparativo constante para reexaminar os dados, até saturá-los e chegar a seis habilidades essenciais.

Minha pesquisa aponta para padrões de ação que podem ser emulados. A capacidade de criar e desenvolver novos negócios pode ser aprendida. Não é necessário ter espírito empreendedor, formação diferenciada, acesso a recursos específicos ou treinamento. Os criadores que entrevistei descreveram comportamentos que qualquer um é capaz de praticar. Embora provenham de diferentes setores, eles têm abordagens e habilidades em comum. A concretização desta pesquisa, portanto, dará aos criadores aspirantes informações valiosas para fortalecer a capacidade de transformar ideias em negócios grandiosos.

Referências

Decifrando o código

Blakely, Sara. Entrevista da autora.

Burke, Monte. "Under Armour CEO Kevin Plank and His Underdog Horse Farm." *Forbes*, 7 de setembro de 2012. http://www.forbes.com/sites/monteburke/2012/09/07/under-armour-ceo-kevin-plank-and-his-underdog-horse-farm/.

Carr, Austin. "Most Innovative Companies 2012: 19: Airbnb." *Fast Company*, 7 de fevereiro de 2012. <http://www.fastcompany.com/3017358/most-innovative-companies-2012/19airbnb>.

Chase, Robin. Entrevista da autora.

Dessauer, Carin. "Team Player." *Bethesda Magazine*, Março–Abril 2009. <http://www.bethesdamagazine.com/Bethesda-Magazine/March-April-2009/Team-Player>.

Friedman, Thomas L. "Welcome to the Sharing Economy." *New York Times*, 20 de julho de 2013. <http://www.nytimes.com/2013/07/21/opinion/sunday/friedman-welcome-to-the-sharing-economy.html>.

"From Rags to Microfiber: The Story of Under Armour." *Sports Illustrated*, 9 de abril de 2009. <http://www.si.com/more-sports/2009/04/09/under-armour>.

Gebbia, Joe. Entrevista da autora.

Heath, Thomas. "Taking on the Giants: How Under Armour founder Kevin Plank is going head-to-head with the industry's biggest players." *Washington Post*, 4 de janeiro de 2010. <http://www.washingtonpost.com/wp-dyn/content/article/2010/01/15/AR2010011503033.html>.

Hempel, Jessi. "Airbnb: More than a Place to Crash." *Fortune*, 3 de maio de 2012. <http://fortune.com/2012/05/03/airbnb-more-than-a-place-to-crash>.

Hoffman, Reid. Entrevista da autora.

Holmes, Elizabeth. Entrevista da autora.

Langer, Bob. Entrevista da autora.

Laskey, Alex. Entrevista da autora.

Levchin, Max. Entrevista da autora.

Musk, Elon. Entrevista da autora.

Omidyar, Pierre. Entrevista da autora.

Parloff, Roger. "This CEO's Out for Blood." *Fortune*, 12 de junho de 2014. <http://fortune.com/2014/06/12/theranos-blood-holmes>.

Plank, Kevin. Entrevista da autora.

Plank, Kevin. "How I Did It: Kevin Plank of Under Armour (2003 Column)." *Inc.* Mansueto Ventures, 1 de dezembro de 2003. <http://www.inc.com/magazine/20031201/howididit.html>.

Rago, Joseph. "Elizabeth Holmes: The Breakthrough of Instant Diagnosis." *Wall Street Journal*, 8 de setembro de 2013. <http://online.wsj.com/news/articles/SB10001424127887324123004579055003869574012>.

Spector, Mike, Douglas MacMillan, e Evelyn M. Rusli. "TPG-Led Group Closes $450 Million Investment in Airbnb." *WSJ*, 18 de abril de 2014. http://online.wsj.com/news/articles/SB10001424052702304626304579509800267341652.

Stoppelman, Jeremy. Entrevista da autora.

Thiel, Peter. Entrevista da autora.

Wilhelm, Alex. "If Dropbox's 2013 Revenue Is $200M, an $8B Valuation Is Pretty Steep." *TechCrunch.com,* 19 de novembro de 2013. <http://techcrunch.com/2013/11/19/if-dropboxs-2013-revenue-is-200m-an-8b-valuation-is-pretty-steep>.

Encontrar a lacuna

Baron, Robert A. e Scott A. Shane. *Entrepreneurship:* A Process Perspective. 2nd. ed. Mason, OH: Thomson South-Western, 2007.

Referências

Bronson, Po e Ashley Merryman. "The Creativity Crisis." *Newsweek*, 23 de janeiro de 2014.

Callaghan, Beth. "Kevin Rose Interviews Elon Musk." *AllThingsD.com*, 7 de setembro de 2012. <http://allthingsd.com/20120907/kevin-rose-interviews-elon-musk>.

Chafkin, Max. "Elon Musk's Guide to the Galaxy." *Inc.*, 1 de outubro de 2010. http://www.inc.com/magazine/20101001/elon-musks-guide-to-the-galaxy_pagen_4.html.

Chouinard, Michelle M., Paul L. Harris e Michael P. Maratsos. "Children's questions: A mechanism for cognitive development." *Monographs of the Society for Research in Child Development* (2007): i-129.

Destro, Jeanne. "Review: Tinkering Spirit Made America Great." Review of *The Tinkerers:* The Amateurs, DIYers, and Inventors Who Made America Great, by Alec Foege. *Baxter Bulletin (Mountain Home, AR),* 10 de fevereiro de 2013. <http://archive.baxterbulletin.com/usatoday/article/1872299>.

Dunn, Julie. "Free-Range Burritos: Is This McDonalds?" *New York Times*, 29 de setembro de 2002. <http://www.nytimes.com/2002/09/29/business/grass-roots-business-free-range-burritos-is-this-mcdonald-s.html>.

Ells, Steve. Entrevista da autora.

"Elon Musk Profiled: Bloomberg Risk Takers: Video." *Bloomberg*, n.d. <http://www.bloomberg.com/video/elon-musk-profiled-bloomberg-risk-takers-_saQce11QCGWrZ9UuCMNBw.html>.

Estes, Zachary e Thomas B. Ward. "The Emergence of Novel Attributes in Concept Modification." *Creativity Research Journal* 14, nº 2 (2002): 149–56.

Frank, Michael C. e Michael Ramscar. "How Do Presentation and Context Influence Representation for Functional Fixedness Tasks?" *Proceedings of the 25th Annual Meeting of the Cognitive Science Society*. Boston: Cognitive Science Society, 2003.

Gentner, Dedre. Entrevista da autora.

Getzels, Jacob W. "The Problem of the Problem." In Robin M. Hogarth, ed., *Question Framing and Response Consistency*, 37–49. New Directions for Methodology of Social and Behavioral Science 11. San Francisco: Jossey-Bass, 1982.

Gick, Mary L. e Keith J. Holyoak. "Schema Induction and Analogical Transfer." *Cognitive Psychology* 15, no. 1 (1983): 1–38.

Hennessy, John. Entrevista da autora.

Herrin, Jessica. Entrevista da autora.

Hoffman, Carl. "Elon Musk, the Rocket Man With a Sweet Ride." *Smithsonian. com*, dezembro de 2012. <http://www.smithsonianmag.com/science-nature/elon-musk-the-rocket-man-with-a-sweet-ride-136059680>.

Junod, Tom. "Elon Musk SpaceX Interview." *Esquire*, 15 de novembro de 2012. <http://www.esquire.com/features/americans-2012/elon-musk-interview-1212>.

Kamen, Dean. Entrevista da autora.

Langer, Robert S. "Langer Lab: Professor Robert Langer." MIT, n.d. <http://mit.edu/langerlab/langer.html>.

"Launch Manifest." SpaceX. http://www.spacex.com/missions.

Maybank, Alexis. Entrevista da autora.

Maybank, Alexis e Alexandra W. Wilson. *By Invitation Only:* How We Built Gilt and Changed the Way Millions Shop. Nova York: Portfolio/Penguin, 2012.

Mayfield, Dan. "Battery Industry Analyst Sam Jaffe Skeptical on NM's Chances for Tesla Gigafactory." *Albuquerque Business First*, 26 de fevereiro de 2014. <http://www.bizjournals.com/albuquerque/blog/morning-edition/2014/02/analyst-skeptical-nm-tesla-factory.html>.

Porter, Jane. "How Stella & Dot Is Giving Old-Fashioned Direct Sales A Mobile Makeover." *Fast Company*. 2 de maio de 2014. <http://www.fastcompany.com/3029929/bottom-line/how-stella-dot-is-giving-old-fashioned-direct-sales-a-mobile-makeover>.

Rothenberg, Albert. "The Janusian Process in Scientific Creativity." *Creativity Research Journal* 9, nº 2 (1996): 207–31.

Schultz, Howard, e Dori J. Yang. *Dedique-se de coração*. Editora Elsevier, 1999.

Seligson, Hannah. "M.I.T. Lab Hatches Ideas, and Companies, by the Dozens." *New York Times*, 24 de novembro de 2012. <http://www.nytimes.com/2012/11/25/business/mit-lab-hatches-ideas-and-companies-by-the-dozens.html>.

SpaceX. "Mission Summary: Dragon Becomes First Private Spacecraft to Visit the Space Station." *Space Exploration Technologies Corp.*, 1 de junho de 2012. http://www.spacex.com/news/2013/02/08/mission-summary.

Stein, Joel. "The Fast-Food Ethicist." *Time*, 23 de julho de 2012. <http://content.time.com/time/magazine/article/0,9171,2119329,00.html>.

Tice, Carol. "Why Starbucks' VIA Instant Coffee Is Bigger than Frappuccino." *CBSNews.com*, 9 de agosto de 2010. <http://www.cbsnews.com/news/why-starbucks-via-instant-coffee-is-bigger-than-frappuccino>.

Tierney, John. "NASA, We've Got a Problem. But It Can Be Fixed." *New York Times*, 12 de abril de 2010. <http://www.nytimes.com/2010/04/13/science/13tier.html>.

Vogel, Gretchen. "Working Conditions: A Day in the Life of a Topflight Lab." *Science* 285.5433 (1999): 1531-1532.

Ward, Thomas B. "Cognition, Creativity, and Entrepreneurship." *Journal of Business Venturing* 19, nº 2 (2004): 173–88.

"Welcome to DEKA Research and Development." n.d. <http://www. dekaresearch.com/index.shtml>.

Wilkis Wilson, Alexandra. Entrevista da autora.

Orientar-se para a frente

"Avis Budget Group To Acquire Zipcar For $12.25 Per Share In Cash." *Zipcar Inc.*, 2 de janeiro de 2013. http://www.zipcar.com/press/releases/avis-budget-group-acquires-zipcar.

Baron Robert. Entrevista da autora.

Bartiromo, Maria. "BARTIMORO: Chobani CEO at Center of Greek Yogurt Craze." *USA Today*, 16 de julho de 2013. <http://www.usatoday.com/story/money/columnist/bartiromo/2013/06/16/chobani-ulukaya-yogart/2423611>.

Burke, Monte. "Under Armour CEO Kevin Plank and His Underdog Horse Farm." *Forbes,* 7 de setembro de 2012. http://www.forbes.com/sites/monteburke/2012/09/07/under-armour-ceo-kevin-plank-and-his-underdog-horse-farm.

"Under Armour's About-Face." *Forbes*, 14 de fevereiro de 2011. <http://www. forbes.com/forbes/2011/0214/focus-kevin-plank-under-armour-clothing -about-face.html>.

Della Cava, Marco. "Change Agents: Elizabeth Holmes Wants Your Blood." *USA Today*, 8 de julho de 2014. <http://www.usatoday.com/story/tech/2014/07/08/change-agents-elizabeth-holmes-theranos-blood-testing-revolution/12183437>.

First Round Capital. "How to Win as a First-Time Founder, a Drew Houston Manifesto." *First Round Review*, n.d. <http://firstround.com/article/How-to-Win-as-a-First-Time-Founder-a-Drew-Houston-Manifesto>.

Friedman, Thomas L. "Welcome to the Sharing Economy." *New York Times*, 20 de julho de 2013. <http://www.nytimes.com/2013/07/21/opinion/sunday/friedman-welcome-to-the-sharing-economy.html>.

Geron, Tomio. "Airbnb and the Unstoppable Rise of the Share Economy." *Forbes,* 23 de janeiro de 2013. <http://www.forbes.com/sites/tomiogeron/2013/01/23/airbnb-and-the-unstoppable-rise-of-the-share-economy>.

O código dos criadores

Gruley, Bryan. "At Chobani, the Turkish King of Greek Yogurt." *Bloomberg Businessweek,* 31 de janeiro de 2013. <http://www.businessweek.com/articles/2013-01-31/at-chobani-the-turkish-king-of-greek-yogurt>.

Heath, Thomas. "Taking on the Giants: How Under Armour Founder Kevin Plank Is Going Head-to-Head with the Industry's Biggest Players." *Washington Post,* 24 de janeiro de 2010. <http://www.washingtonpost.com/wp-dyn/content/article/2010/01/15/AR2010011503033.html>.

Hippel, Eric von. Entrevista da autora.

Hippel, Eric von, Susumu Ogawa e Jeroen P. J. de Jong. "The Age of the Consumer-Innovator." *MIT Sloan Management Review,* 21 de setembro de 2011. <http://sloanreview.mit.edu/article/the-age-of-the-consumer-innovator>.

Hippel, Eric von, Stefan Thomke e Mary Sonnack. "Creating Breakthroughs at 3M." *Harvard Business Review* 77, nº 5 (setembro-outubro de 1999).

Hong, Kaylene. "Dropbox Reaches 300M Users, adding on 100m users in just six months." *The Next Web,* 1 de agosto de 2014.<http://thenextweb.com/insider/2014/05/29/dropbox-reaches-300m-users-adding-100m-users-just-six-months>.

Houston, Drew. Entrevista da autora.

Isaacson, Walter. "The Real Leadership Lessons of Steve Jobs." *Harvard Business Review,* abril de 2012. <http://hbr.org/2012/04/the-real-leadership-lessons-of-steve-jobs>.

Isaacson, Walter. *Steve Jobs.* Editora Companhia das Letras, 2011.

Koo, Minjung, and Ayelet Fishbach. "Dynamics of Self-Regulation: How (Un) Accomplished Goal Actions Affect Motivation." *Journal of Personality and Social Psychology* 94, nº 2 (2008): 183–95.

Levy, Justin R. *Facebook Marketing: Designing Your Next Marketing Campaign.* Indianapolis, Ind: Que, 2010.

Louie, Gilman. Entrevista da autora.

McGirt, Ellen. "Facebook's Mark Zuckerberg: Hacker. Dropout. CEO." *Fast Company,* 1 de maio de 2007. <http://www.fastcompany.com/59441/facebooks-mark-zuckerberg-hacker-dropout-ceo?utm_source=facebook>.

Murray, David K. *Plan B: How to Hatch a Second Plan That's Always Better than Your First.* Nova York: Free Press, 2011.

Plank, Kevin. "How I Did It: Kevin Plank of Under Armour." *Inc.,* 1 de dezembro de 2003. <http://www.inc.com/magazine/20031201/howididit.html>.

Rahman, Hosain. Entrevista da autora.

Roper, Caitlin. "This Woman Invented a Way to Run 30 Lab Tests on Only One Drop of Blood." *Wired*, 18 de fevereiro de 2014. <http://www.wired.com/2014/02/elizabeth-holmes-theranos>.

Sacks, Danielle. "The Sharing Economy." *Fast Company*, 18 de abril de 2011. <http://www.fastcompany.com/1747551/sharing-economy>.

Sánchez, José C., Tania Carballo, e Andrea Gutiérrez. "The Entrepreneur from a Cognitive Approach." *Psicothema* 23, nº 3 (2011): 433–38.

Steiner, Christopher. "The $700 Million Yogurt Startup." *Forbes*, 8 de setembro de 2011. <http://www.forbes.com/sites/christophersteiner/2011/09/08/the-700-million-yogurt-startup/2>.

Dominar o ciclo OODA

Baer, Drake. "How LinkedIn's Reid Hoffman Jumped off a Cliff and Built on Airplane." *Fast Company*, 17 de maio de 2013. <http://www.fastcompany.com/3009831/bottom-line/how-linkedins-reid-hoffman-jumped-off-a-cliff-and-built-an-airplane.>

Boyd, J.R. 1976–1996. Unpublished briefings under the name "A Discourse on winning and losing": "Introduction" (1996), "Patterns of conflict" (1986), "Organic design for command and control" (1987), "Strategic game of ? and ?" (1987), "Destruction and creation" (1976), and "The essence of winning and Losing" (1996) disponível via Defence and the National Interest <http://www.d-n-i.net/second_level/boyd_military.htm>.

Cloud, John. "The YouTube Gurus." *Time*, 25 de dezembro de 2006. http://content.time.com/time/printout/0,8816,1570795,00.html#.

Coram, Robert. *Boyd: The Fighter Pilot Who Changed the Art of War.* Boston: Little, Brown, 2002.

Greenberg, Andy. "How a 'Deviant' Philosopher Built Palantir, A CIA-Funded Data-Mining Juggernaut." *Forbes*, 14 de agosto de 2013. <http://www.forbes.com/sites/andygreenberg/2013/08/14/agent-of-intelligence-how-a-deviant-philosopher-built-palantir-a-cia-funded-data-mining-juggernaut>.

Hammond, Grant T. *The Mind of War: John Boyd and American Security.*

Washington, DC: Smithsonian Institution Press, 2001.

Hammonds, Keith H. "The Strategy of the Fighter Pilot." *Fast Company*, 31 de maio de 2002. <ttp://www.fastcompany.com/44983/strategy-fighter-pilot>.

O código dos criadores

Hardy, Quentin. "Unlocking Secrets, if Not Its Own Value." *New York Times*, 31 de maio de 2014. <http://www.nytimes.com/2014/06/01/business/unlocking-secrets-if-not-its-own-value.html>.

Helft, Miguel. "It Pays to Have Pals in Silicon Valley." *New York Times*, 17 de outubro de 2006. <http://www.nytimes.com/2006/10/17/technology/17paypal.html>.

House Armed Services Committee. "United States Military Reform after Operation Desert Storm." Hearing, 30 de abril de 1991. U.S. House of *Representatives*. <http://pogoblog.typepad.com/files/reform-perspective-on-the-gulf-war-hasc-1991-hearing.pdf>.

Jackson, Eric M. *The PayPal Wars: Battles with eBay, the Media, the Mafia, and the Rest of Planet Earth.* Medford, OR: WND Books, 2012.

Koetsier, John. "From $1.5B to Half a Trillion Dollars: PayPal Celebrates a 10th Anniversary." *Reuters*, 8 de julho de 2012. <http://www.reuters.com/article/2012/07/08/idUS181564047920120708>.

Lilien, Gary L., et al. "Performance Assessment of the Lead User Idea-Generation Process for New Product Development." *Management Science* 48, n° 8 (2002): 1042–59.

Livingston, Jessica. *Founders at Work: Stories of Startups' Early Days.* Berkeley, CA: Apress, 2008.

Lonsdale, Joe. Entrevista da autora.

Mac, Ryan. "CIA-Funded Data-Miner Palantir Not Yet Profitable but Looking for $8 Billion Valuation." *Forbes*, 16 de agosto de 2013. <http://www.forbes.com/sites/ryanmac/2013/08/16/cia-funded-data-miner-palantir-not-yet-profitable-but-looking-for-8-billion-valuation>.

MacMillan, Douglas. "PayPal Co-Founder Max Levchin Raises $45 Million for Startup Affirm." *Digits* blog, *Wall Street Journal*, 9 de junho de 2014. <http://blogs.wsj.com/digits/2014/06/09/paypal-co-founder-max-levchin-raises-45-million-for-startup-affirm>.

O'Brien, Jeffrey M. "Meet the PayPal Mafia." *CNN Money*, 26 de novembro de 2007. <http://cnnfn.cnn.com/2007/11/13/magazines/fortune/paypal_mafia.fortune/index.htm>.

Packer, George. "Peter Thiel's Rise to Wealth and Libertarian Futurism." *New Yorker*, 28 de novembro de 2011. <http://www.newyorker.com/reporting/2011/11/28/111128fa_fact_packer?currentPage=all>.

Parr, Ben. "Easter Egg: Yelp Is the iPhone's First Augmented Reality App." Mashable.com, 72 de agosto de 2009. http://mashable.com/2009/08/27/yelp-augmented-reality.

Richmond, Riva. "Yelp Co-Founder Jeremy Stoppelman on Innovating and Staying Relevant." *Entrepreneur*, 10 de setembro de 2012. http://www. entrepreneur.com/blog/224338#.

Rininger, Tyson V. *F-15 Eagle at War*. Minneapolis, MN: Zenith Press, 2009.

Roush, Wade. "Yammer Is Not Just Facebook for Enterprises: A Deep Dive with CEO David Sacks." *Xconomy*, 13 de outubro de 2011. <http://www. xconomy.com/san-francisco/2011/10/13/yammer-is-not-just-facebook-for-enterprises-a-deep-dive-with-ceo-david-sacks/2>.

Rowan, David. "Reid Hoffman: The network philosopher." *Wired UK*, 1 de março de 2012 <http://www.wired.co.uk/magazine/archive/2012/04/features/reid-hoffman-network-philosopher>.

Rusli, Evelyn M. "Reid Hoffman of LinkedIn Has Become the Go-To Guy of Tech." *New York Times*, 5 de novembro de 2011. <http://www.nytimes. com/2011/11/06/business/reid-hoffman-of-linkedin-has-become-the-go-to-guy-of-tech.html>.

Sacks, David. Entrevista da autora.

Sacks, David. "The Answers to All Your Questions (in Under 20 Minutes)" (vídeo). *Khosla Ventures*, 20 de maio de 2013. <http://www.khoslaventures.com/new-sales-models-david-sacks>.

Swisher, Kara. "PayPal Co-Founder Levchin Launches New Payments Startup, Affirm." *AllThingsD.com*, 26 de fevereiro de 2013. <http://allthingsd. com/20130226/exclusive-paypal-co-founder-levchin-launches-new-payments-startup-affirm>.

Tweney, Dylan. "How PayPal Gave Rise to a Silicon Valley <Mafia>." *Wired*, 15 de novembro de 2007. <http://www.wired.com/2007/11/how-paypal-gave>.

Falhar com inteligência

Asseily, Alex. Entrevista da autora.

Carolan, Shawn. Entrevista da autora.

Chafkin, Max. "Elon Musk's Guide to the Galaxy." *Inc.*, 1 de outubro de 2010. <http://www.inc.com/magazine/20101001/elon-musks-guide-to-the-galaxy_pagen_4.html>.

Chung, Patrick. Entrevista da autora.

Cohler, Matt. Entrevista da autora.

Cuddy, Amy J. C., Kyle T. Doherty, e Maarten W. Bos. "OPOWER: Increasing Energy Efficiency Through Normative Influence (A)." *Harvard Business School* Case 911-016, setembro de 2010. (Revisado janeiro de 2012.)

Davis, Joshua. "How Elon Musk Turned Tesla into the Car Company of the Future." *Wired*, 27 de setembro de 2010. <http://www.wired.com/2010/09/ ff_tesla/all/1>.

Dow, Steven P., Kate Heddleston, e Scott R. Klemmer. "The Efficacy of Prototyping Under Time Constraints." *Proceedings of the Seventh ACM Conference on Creativity and Cognition*. New York: Association for Computing Machinery, 2009.

Dweck, Carol S. Entrevista da autora.

Dweck, Carol S. "Caution—Praise Can Be Dangerous." *American Educator* 23, nº 1 (1999): 4–9.

Dyer, Jeff, Hal B. Gregersen e Clayton M. Christensen. *The Innovator's DNA: Mastering the Five Skills of Disruptive Innovators*. Boston: Harvard Business School Press, 2011.

Gray, Dave. "Experimentation Is the New Planning." *Fast Company*, 14 de setembro de 2012. <http://www.fastcompany.com/3001275/experimentation-new-planning>.

Hastings, Reed. "An Explanation and Some Reflections." Netflix US & *Canada Blog*, Netflix. 18 de setembro de 2011. blog.netflix.com/2011/09/explanation-and-some-reflections.html.

Hudson, Charles. Entrevista da autora.

Kasperkevic, Jana. "Elon Musk and Richard Branson's Best Advice for Entrepreneurs." *Inc.*, 8 de agosto de 2013. <http://www.inc.com/jana-kasperkevic/google-hangout-advice-elon-musk-richard-branson.html>.

Kelley, David. Entrevista da autora.

Laskey, Alex. "How Behavioral Science Can Lower Your Energy Bill" (vídeo). Palestra TED, fevereiro de 2013. <https://www.ted.com/talks/alex_laskey_how_behavioral_science_can_lower_your_energy_bill>.

Lawler, Richard. "Netflix Tops 40 Million Customers Total, More Paid US Subscribers than HBO." *Engadget*, 21 de outubro de 2013. http://www.engadget.com/2013/10/21/netflix-q3-40-million-total.

MacKenzie, Angus. "2013 Motor Trend Car of the Year: Tesla Model S." *Motor Trend*, janeiro de 2013. <http://www.motortrend.com/oftheyear/car/1301_2013_motor_trend_car_of_the_year_tesla_model_s>.

Neeleman, David. Entrevista da autora.

Referências

Newsom, Gavin. Entrevista da autora.

Nolan, Jessica M., P. W. Schultz, Robert B. Cialdini, Noah J. Goldstein, e Vladas Griskevicius. "Normative Social Influence Is Underdetected." *Personality and Social Psychology Bulletin* 34, nº 7 (2008): 913–23.

Peters, Sara. "Dell World: Elon Musk's Innovation Tips." *Enterprise Efficiency*, 12 de dezembro de 2013. <http://www.enterpriseefficiency.com/author. asp?section_id=1134&doc_id=270408>.

Schlangenstein, Mary. "JetBlue CEO Could Leave Airline When Contract Expires Next Year." *Dallas Morning News*, 7 de maio de 2014. <http://www. dallasnews.com/business/airline-industry/20140507-jetblue-ceo-could-leave-airline-when-contract-expires-next-year.ece>.

Schmit, Julie. "Do You Use More Energy than Your Neighbors?" *USA Today*, 2 de janeiro de 2010. <http://usatoday30.usatoday.com/money/industries/ energy/2010-02-01-homeenergy01_st_n.htm>.

Schultz, P. Wesley, et al. "The Constructive, Destructive, and Reconstructive Power of Social Norms." *Psychological Science* 18, no. 5 (2007): 429–34.

Skillman, Peter. "Peter Skillman at Gel 2007" (vídeo). 19 de abril de 2007. <http://vimeo.com/39910683>.

Stewart, James B. "Netflix Looks Back on Its Near-Death Spiral." *New York Times*, 26 de abril de 2013. <http://www.nytimes.com/2013/04/27/business/ netflix-looks-back-on-its-near-death-spiral.html>.

Tinjum, Aaron. "We've now saved 5 terawatt-hours. That's enough energy to power New Hampshire for a year." *Opower*, 22 de julho de 2014. <http://blog. opower.com/tag/terawatt-hour/>.

Yates, Dan. Entrevista da autora.

Zuckerman, Laurence. "Ambitious Low-Fare Carrier Names Itself JetBlue Airways." *New York Times*, 15 de julho de 1999. <http://www.nytimes.com/1999/07/15/ business/ambitious-low-fare-carrier-names-itself-jetblue-airways.html>.

Unir esforços intelectuais

"Best Lifestyle Trackers: Jawbone UP." *MSN*, 19 de agosto de 2013. <http:// technology.ie.msn.com/best-lifestyle-trackers-1?page=2>.

Bingham, Alph. Entrevista da autora.

Black, Jane. "At Some Schools, Tastier Trays Come at a Price." *Washington Post*, 30 de setembro de 2009. <http://www.washingtonpost.com/wp-dyn/content/ article/2009/09/29/AR2009092900741.html>.

O código dos criadores

Boesler, Matthew. "Tom Ryan, CEO of Threadless: Social Web Commerce and the Atrium Platform." *Benzinga,* 29 de julho de 2011. <http://www.benzinga.com/general/movers-shakers/11/07/1818198/tom-ryan-ceo-of-threadless-social-web-commerce-and-the-atrium-p>.

Bogard, Travis. "Jawbone Now Works with Nest." The Jawbone Blog, Jawbone, 23 de junho de 2014. <https://jawbone.com/blog/jawbone-up-works-with-nest>.

Dietz, Doug. Entrevista da autora.

Dietz, Doug. "Transforming Healthcare for Children and Their Families" (vídeo). Palestra *TEDx* Talk, San Jose, CA, 2012. http://tedxtalks.ted.com/video/TEDxSanJoseCA-2012-Doug-Dietz-T.

Dodgson, Mark. "Learning from Britain's Secret Decryption Centre, Bletchley Park." *Australian Broadcasting Corporation*, December 6, 2013. <http://www.abc.net.au/radionational/programs/ockhamsrazor/learning-from-britains-secret-decryption-centre-bletchley-park/5136522>.

"Gartner Predicts Over 70 Percent of Global 2000 Organisations Will Have at Least One Gamified Application by 2014." *Gartner Inc.*, N.p., 9 de novembro de 2011. <http://www.gartner.com/newsroom/id/1844115>.

Groos Richmond, Kristin. Entrevista da autora.

Guimera, Roger, Brian Uzzi, Jarrett Spiro e Luís A. Amaral. "Team Assembly Mechanisms Determine Collaboration Network Structure and Team Performance." *Science* 308, n° 5722 (2005): 697–702.

Holden, Mark. Entrevista da autora.

Horowitz, Sara. Entrevista da autora.

"InnoCentive Solvers Make a Difference in Rural Africa and India." *InnoCentive*, 3 de março de 2008. <http://www.innocentive.com/innocentive-solvers-make-difference-rural-africa-and-india. "Innovation Management | Crowdsourcing | Challenges | Competitions." N.p., n.d. http://www.innocentive.com/.>

"Jawbone Acquires Visere and Massive Health." *mHealth Spot*, 4 de fevereiro de 2013. <http://mhealthspot.com/2013/02/jawbone-acquires-visere-massive-health>.

Jeppesen, Lars Bo e Karim R. Lakhani. "Marginality and Problem-Solving Effectiveness in Broadcast Search." *Organization Science* 21, n°. 5 (2010): 1016–33.

Kanellos, Michael. "Silicon Valley Entrepreneurs Aim to Disrupt Food Industry." *Forbes,* 23 de janeiro de 2012. <http://www.forbes.com/sites/michaelkanellos/2012/01/23/why-are-entrepreneurs-flocking-to-food>.

Referências

Kelley, David, e Tom Kelley. *Confiança criativa*. Editora HSM, 2014.

Kembel, George. Entrevista da autora.

Kothari, Akshay. Entrevista da autora.

Lakhani, Karim R. Entrevista da autora.

Loyd, Denise Lewin, et al. "Social Category Diversity Promotes Premeeting Elaboration: The Role of Relationship Focus." *Organization Science* 24, n° 3 (2013): 757–72.

Maxmen, Amy. "Driving Innovation: Ready, Set, Go!" *Cell* 140, n° 2 (2010): 171–73.

McGonigal, Jane. "Making Alternate Reality the New Business Reality." *Harvard Business Review* 86, n° 2 (2008): 29.

McGonigal, Jane. *A realidade em jogo*. Editora Best Seller, 2012.

Nickell, Jake. Entrevista da autora.

"Nobel Prizes and Laureates." *Nobelprize.org*. Nobel Media AB, <http://www.nobelprize.org/nobel_prizes/.>

Page, Scott E. *The Difference: How the Power of Diversity Creates Better Groups, Firms, Schools, and Societies*. Princeton, NJ: Princeton University Press, 2007.

Pang, Alex Soojung-Kim. "Mighty Mouse." *Stanford Magazine*, Stanford University, abril de 2002. https://alumni.stanford.edu/get/page/magazine/article/?article_id=37694.

Papapostolou, David, Matt Norton, e Sean Garbett. "2014 Contingent Market Forecasts." *Staffing Industry Analysts webinar*, 13 de novembro de 2013. http://www.staffingindustry.com/content/download/155422/6074769/file/Forecast%20webinar%2020131113%20FINAL.pdf.

Phillips, Katherine W. Entrevista da autora.

Phillips, Katherine W., Katie A. Liljenquist e Margaret A. Neale. "Is the Pain Worth the Gain? The Advantages and Liabilities of Agreeing with Socially Distinct Newcomers." *Personality and Social Psychology Bulletin* 35, n° 3 (2009): 336–50.

Rasmussen, Eric. Entrevista da autora.

Saenz Tobey, Kirsten. Entrevista da autora.

Sawchuk, Hillary, e Kelly Kane. "Threadless Founder Jake Nickell." *A Drink With,* 4 de abril de 2013. <http://adrinkwith.com/jake-nickell>.

Stern, Joanna. "Jawbone UP Fitness Gadget Back on Sale with Fixed Up Hardware and a New App." *ABC News*, 13 de novembro de 2012. http://abcnews.go.com/Technology/jawbone-fitness-gadget-back-sale-fixed-hardware-app/story?id=17704171.

Tischler, Linda. "Ideo's David Kelley on 'Design Thinking.' " *Fast Company*, 1 de fevereiro de 2009. <http://www.fastcompany.com/1139331/ideos-david-kelley-design-thinking>.

Truong, Alice. "Holiday Gifts: Techie Picks for the Health Nut." *USA Today*, 26 de novembro de 2012. <http://www.usatoday.com/story/tech/columnist/2012/11/24/holiday-gifts-techie-picks-for-health-fitness/1713025>.

U.S. Government Accountability Office. *Employment Arrangements: Improved Outreach Could Help Ensure Proper Worker Classification*. Washington, DC: U.S. Government Accountability Office, 1 de julho de 2006. <http://www.gao.gov/products/GAO-06-656>.

University of Washington. "Computer Game's High Score Could Earn the Nobel Prize in Medicine." *Science Daily*, 9 de maio de 2008. <http://www.sciencedaily.com/releases/2008/05/080508122520.htm>.

Uzzi, Brian. Entrevista da autora.

Zoran Popovic. Entrevista da autora.

Oferecer pequenos gestos de bondade

Aoki, Naomi. "The Crusader MIT Scientist Robert Langer Doesn't Believe in Science for Science's Sake. He Sees It as a Means to Change the World—and He Has." *Boston Globe*, 25 de maio de 2003.

Arnaud, Celia H. "Big-Picture Thinker." *Chemical and Engineering News* 90, nº 13. 26 de março de 2012. <http://cen.acs.org/articles/90/i13/Big-Picture-Thinker.html>.

Blanding, Michael. "The Bioconductor." *One* 4, nº 1. Outono-inverno de 2011. Carey Business School, Johns Hopkins University. http://carey.jhu.edu/one/2011/fall/the-bioconductor.

Chivers, Tom. "Martin Nowak: A Helping Hand for Evolution." *The Telegraph*, 15 de março de 2011. <http://www.telegraph.co.uk/science/evolution/8382449/Martin-Nowak-a-helping-hand-for-evolution.html>.

Christakis, Nicholas A., e James H. Fowler. "Social Contagion Theory: Examining Dynamic Social Networks and Human Behavior." *Statistics in Medicine* 32, nº 4 (2013): 556–77.

Referências

Flynn, Francis J. "How Much Should I Give and How Often? The Effects of Generosity and Frequency of Favor Exchange on Social Status and Productivity." *Academy of Management Journal* 46, n° 5 (2003): 539–53.

Fowler, James H. Entrevista da autora.

Fowler, James H. e Nicholas A. Christakis. "Cooperative Behavior Cascades in Human Social Networks." *Proceedings of the National Academy of Sciences* 107, no. 12 (2010): 5334–8.

Harman, Oren. "How Evolution Explains Altruism." *New York Times*, Sunday Book Review, 8 de abril de 2011. <http://www.nytimes.com/2011/04/10/books/review/book-review-supercooperators-by-martin-a-nowak.html>.

Hoffman, Reid. "Big Think Interview with Reid Hoffman." *Big Think*, 4 de novembro de 2009. <http://bigthink.com/videos/big-think-interview-with-reid-hoffman>.

"Kiva Announces $1 Million in Free Trials Funded by Reid Hoffman, Founder of LinkedIn." *Kiva*, 13 de março de 2012. <http://www.kiva.org/press/releases/release_20130114-3>.

Kunz, Phillip R. e Michael Woolcott. "Season's Greetings: From My Status to Yours." *Social Science Research* 5, n° 3 (1976): 269–78.

"Langer Lab: Professor Robert Langer." Massachusetts Institute of Technology. Última atualização 20 de junho de 2014. <http://web.mit.edu/langerlab/langer.html.>

Levy, Ellen. Entrevista da autora.

Nonacs, Peter. "Reciprocity, Reputation and Nepotism." *American Scientist* 99 (2011): 422–24.

Nowak, Martin A. Entrevista da autora.

Nowak, Martin A. "Why We Help: The Evolution of Cooperation." *Scientific American* 307, n° 1 (julho de 2012).

Nowak, Martin A., e Roger Highfield. *Supercooperators: Altruism, Evolution, and Why We Need Each Other to Succeed*. Nova York: Free Press, 2011.

Pearson, Helen. "Profile: Being Bob Langer." *Nature*, 4 de março de 2009. <http://www.nature.com/news/2009/090304/full/458022a.html>.

Rand, David G. Entrevista da autora.

Rand, David G., Samuel Arbesman e Nicholas A. Christakis. "Dynamic Social Networks Promote Cooperation in Experiments with Humans." *Proceedings of the National Academy of Sciences* 108, n° 48 (2011): 19193–8.

Radowitz, John V. "Bionic vocal cord may restore the sound of Dame Julie." *The Independent*. N.p., 21 de agosto de 2012. <http://www.independent. co.uk/news/science/bionic-vocal-cord-may-restore-the-sound-of-dame-julie-8063484.html>.

"Reid Hoffman." *Who Owns Facebook? The Definitive Who's Who Guide to Facebook Wealth*, n.d. <http://whoownsfacebook.com>.

Reuell, Peter. "Nice Guys Can Finish First." *Harvard Gazette*, 14 de novembro de 2011. <http://news.harvard.edu/gazette/story/2011/11/social-networks>.

"Robert Langer Biography." American Academy of Achievement. Última atualização 19 de dezembro de 2013. <http://www.achievement.org/autodoc/page/lan1bio-1>.

Rowan, David. "Reid Hoffman: The Network Philosopher." *Wired UK*, 1 de março de 2012. <http://www.wired.co.uk/magazine/archive/2012/04/features/reid-hoffman-network-philosopher>.

Rusli, Evelyn M. "A King of Connections Is Tech's Go-To Guy." *New York Times*, 5 de novembro de 2011. <http://www.nytimes.com/2011/11/06/business/reid-hoffman-of-linkedin-has-become-the-go-to-guy-of-tech.html>.

Seligson, Hannah. "M.I.T. Lab Hatches Ideas, and Companies, by the Dozens." *New York Times*, 24 de novembro de 2012. <http://www.nytimes.com/2012/11/25/business/mit-lab-hatches-ideas-and-companies-by-the-dozens.html>.

"SPANX - Leg Up Official Rules." *Spanx*. <http://pages.email.spanx.com/legup/>.

Tsvetkova, Milena. "The Science of 'Paying It Forward'." *New York Times*, N.p., março de 2014. <http://www.nytimes.com/2014/03/16/opinion/sunday/the-science-of-paying-it-forward.html?_r=0>.

Vogel, Gretchen. "A Day in the Life of a Topflight Lab." *Science* 285, n° 5433 (1999): 1531–2.

Weedman, Jeff. Entrevista da autora.

Conclusão

Antonucci, Mike. "The Whole World in His Plans." *Stanford Magazine*, Stanford University, abril de 2012. <https://alumni.stanford.edu/get/page/magazine/article/?article_id=47654>.

"Jeff Skoll." *Participant Media*, n.d. <http://www.participantmedia.com/company/jeff-skoll>.

Referências

Omidyar, Pierre. "How Pierre Omidyar Turned an Idealistic Notion into Billions of Dollars." As told to Issie Lapowsky. *Inc.*, dezembro de 2013–janeiro de 2014. http://www.inc.com/magazine/201312/pierre-omidyar/ebay-inspiration-more-effective-than-delegation.html.

Plank, Kevin. Entrevista da autora.

Shulgan, Chris. "Mr. Skoll Goes to Hollywood."*The Globe and Mail*, 21 de fevereiro de 2006, última atualização 30 de dezembro de 2010. http://www.theglobeandmail.com/report-on-business/mr-skoll-goes-to-hollywood/article1321720.

Skoll, Jeff. Entrevista da autora.

Skoll, Jeff. "My Journey into Movies That Matter." TED Talk, March 2007. <https://www.ted.com/talks/jeff_skoll_makes_movies_that_make_change>.

Índice remissivo

Referências de página em itálico
indicam ilustrações.

acessível, luxo, 53
Adams, Douglas: *O guia do mochileiro*
    das galáxias, 15–16
TDA (transtorno de déficit de
    atenção), 130-31
Advanced Inhalation Research (AIR),
    182
aventura, máquinas de IRM, série, 152
adversidade, crescimento por meio
    da, 134
aéreo, combate, 83-85, 92
Affirm, 101-103
agilidade. *Ver* ciclo OODA
AIDS, vacina contra a, 163
AIR (Advanced Inhalation Research),
    182
Airbnb, 11-13, 61, 72-73, 109, 186-
    187
Airbus, 131
Alba, Jessica, 45
Aliph. *Ver* Jawbone
Alkermes (*antiga* Enzytech), 180
Alsop Louie Partners, 61
AltaVista, 24-25, 32
Amazon.com, 55, 193
analogias, 29-35
Anderson, Tom, 131
Andrews, Julie, 175-176
angiogênico, inibidor, 30-31
Apple, 67-68, 78-79, 121, 144, 148

Apple Worldwide Developers
    Conference, 151
Arquimedes, 165
Arquitetos, 35-47. *Ver também*
    encontrar a lacuna
    (habilidade essencial)
    Blakely, história de, 41-45
    Musk, história do foguete de,
        35-37, 37-40
    Musk, história do carro
        elétrico de, 40
    Musk, história do painel
        solar de, 40-41
    identificação de problemas
        pelos, 40-41, 46
    racionalização a partir
        dos primeiros
        princípios, 38-40
    conhecimento tácito dos,
        45-46
Aristóteles, 38
Asseily, Alexander, 136-137, 145, 179.
    Ver também Jawbone
asma, medicamentos inaláveis para,
    181
Atlanta Falcons, 11
Atta, Mohamed, 98
atenção, transtorno de déficit de,
    (TDA), 138
corrida de carro como analogia. *Ver*
    olhar para a frente
Avis, 71
Azul (Brasil), 130, 133

O código dos criadores

Baker, David, 168
Baron, Robert, 75
bateria, custo do sistema de, 41
Baxter Healthcare, 26
Beckett, Samuel, 107
Beethoven, Ludwig van, 108-109
Béhar, Yves, 144
comportamental, ciência, 113-116
Benchmark, 122
Bennett, Michael, 162
Bergstrom, Lars, 143
O exótico Hotel Marigold, 192
BGE (Baltimore), 116
Billpoint, 89, 92
Bingham, Alpheus, 162-164, 165
bin Laden, Osama, 100
biomédica, engenharia, 31
BJ's Wholesale Club, 60
Black Diamond, 73
Blakely, Sara
    racionalização a partir dos
    primeiros princípios, 42-45
    fracassos/sucessos de, 107-
    108
    criação da Spanx, 14, 41-45,
    56, 66
    empreendedoras ajudadas
    por, 182
Blecharczyk, Nathan, 12-13. *Ver*
também Airbnb
Bletchley Park, centro de
decodificação de, 141
Blockbuster, 66
sangue, exame de, 61-63
Bluetooth, fones de ouvido, 67, 136.
Ver também Jawbone
BodyMedia, 146
Boeing, 37, 131
Borders, 66
Boston Children's Hospital, 176
Botha, Roelof, 95.
Bowerman, Bill, 29-30
Boyd, John ("Boyd 40-Segundos"),
19, 83-87
Bra-llelujah, 45
Braque, Georges, 48-49
Brem, Henry, 181-182
Brin, Sergey, 32-33. *Ver também* Google

British Antarctic Survey, equipe da,
157
Brooks, Mel, 162
Brown, Robert, 182
Bryzek, Mike, 53. *Ver também* Gilt
Groupe
Buck's Restaurant (Woodside, Calif.), 82
Buffett, Warren, 120

Califórnia, Universidade do Estado
da, 113
câncer, tratamentos contra o, 31, 176-
177, 181-182
"vela, problema da", 51-52
Cantrell, Jim, 36
cardiovasculares, doenças, 63, 101-103
Carolan, Shawn, 117, 121-122
compartilhamento de veículos, 69-71.
Ver também Zipcar
CERN (Suíça), 143
Charged Cotton, 77
Jogos do poder, 198
Chase, Robin, 15, 69-72
Chen, Steve, 14, 97-98, 186. *Ver*
também YouTube
Chesky, Brian, 11-13, 72-73, 109. *Ver*
também Airbnb
Chez Panisse (Berkeley), 50
Chipotle, 14, 47-51, 67, 197
Chobani, 14, 59-60, 188-189
A Chorus Line, 162
Christakis, Nicholas, 183-184
Christie, Thomas, 84
Chung, Patrick, 121-122
Churchill, Winston, 142
CIA, 100, 118-120
Clarium Capital, 99
analisador automático, 62
Clooney, George, 198
nuvem, armazenamento em. *Ver*
Dropbox
cafeteria, tradição da, 28, 29
cognitiva, diversidade, 140-143,
153-154
Cohen, Stephen, 99. *Ver também*
Palantir Technologies
Cohler, Matt, 122, 179
colaboração. *Ver* unir esforços

Índice remissivo

intelectuais
Compaq, 24
Confinity, 25, 82-83, 90, 105
Connect + Develop, 189-190
Connexus Energy, 116
Contágio, 198
cooperação, 182-184, 181-193
Costco, 60
Cotton Incorporated, 77
contrafactual, pensamento, 75
Craigslist, 32
Cramer, Jim, 125
criatividade, 9-13, 15-16, 54-56, 199
criadores
    histórico, 14
    autoconfiança, 200
    características dos, 13-14
    identificação/seleção para
    pesquisa, 201-204
    entrevistas com, 17-18, 206-208
    entusiasmo dos, 125-126
    seis habilidades essenciais
    dos, 16-21, 195-198, 205-208 (*ver também* encontrar a
    lacuna; olhar para a frente;
    cominar o ciclo OODA;
    fracassar com inteligência;
    unir esforços intelectuais;
    fazer pequenos gestos de
    bondade)
cartão de crédito, fraude de, 91-92
crédito, pontuações de, 102-103
Cuban, Mark, 158
Culinary Institute of America (Nova
York), 47
Cupid's Valentine, 198
Curalate, 122
curiosidade, 23-25, 55-56
ciberladrões, 88

Daimler, 125
Danielson, Antje, 69-72. *Ver também*
Zipcar
Danone, 60
Darwin, Charles, 191
Davis, John, 164
Davis, Joshua, 166

de Geus, Arie, 81
DeHart, Jacob, 165-166, 168
DEKA Research and Development,
142
de Mestral, George, 29
Deutsche Bank, 82
diabetes, 63
diagnóstico, exame de sangue para,
62-63
Dietz, Doug, 151-153
Digg, 83
distribuição, arbitragem na, 86,105
batalhas aéreas, 83-85, 93
Doney, Mindee, 191
Doohan, James, 39
Dorsey, Jack, 45
Dotbank.com, 88
ponto-com, crise das empresas (2000),
95
Dow, Steven, 117
Dragon (espaçonave), 39-40
Dreamless.org, 166
DreamTab, 66
DreamWorks Animation, 66
olhar para a frente (habilidade
essencial), 57-81
    evitando a nostalgia, 74-78
    Chase e Danielson, a história
    de, 70-72
    conceito, 18-19, 57
    focando no horizonte, 58-61
    Holmes, a história de, 61-64
    Houston, a história de, 67-69
    Jobs, a história de, 78-79
    usuários de ponta, 73-74
    mapeando o caminho à
    frente, 61-64
    Plank, a história de, 76-78
    prestando atenção aos lados,
    69-74
    visão prospectiva x visão
    retrospectiva, 64-67
    Ulukaya, a história de, 58-60
Dropbox, 17, 67-69
medicamento, sistemas de
administração de, 30-31, 180-182
d.school (Hasso Plattner Institute of
Design, Universidade de Stanford),

O código dos criadores

146-151
Duncker, Karl, 51
Dweck, Carol, 134-135

E39, camiseta, 78
Eastman Kodak, 66
eBay
    índices de fracasso na, 120
    fundação/crescimento da, 32,
    195-197
    e PayPal, 25, 82-83, 86, 88,
    91, 105
eBay Canadá, 53
eBay Motors, 63
Eberhard, Martin, 124
e-commerce, 52-55
Edison, Thomas, 109
Edmodo, 187
Edusoft, 114
Edwards, David, 181-182
ovo, competição do, 117-118
Elance, 158
elétricos, carros, 41, 125. *Ver também*
Tesla Motors
Eli Lilly, 162-163, 180
Ells, Steve
    fundação do Chipotle, 48-
    50, 197
    sobre aperfeiçoamento
    contínuo, 56, 67
    sobre entusiasmo, 14
    sobre sustentabilidade, 49-51
Emerson, Ralph Waldo, 175
Endeavor, 187
energia, consumo de, 114-117
código nazista, 141
empreendedores. *Ver* criadores
Enzytech (*futura* Alkermes), 180
Euphrates, queijo, 58
Agência Espacial Europeia, 40
Evernote, 121
evolução, teoria da, 191-192
Exxon Valdez, desastre do (1989), 164

F-16, caça, 84
Facebook, 65-66, 103, 179
fracassar com inteligência (habilidade
essencial), 107-137

conceito, 19-20, 107-109
medo de fracassar, 119-120
crescimento x mentalidade
fixa, 134-135
Hastings, a história de, 127-
128
Herrin, a história de, 109-
112, 119-121, 126
humildade no fracasso, 127
identificar o que vale a pena
fazer, 136-137
marshmallow, o desafio do,
112-113
Musk, a história de, 123-126
Neeleman, a história de,
130-133
persistência, 123-128
fazendo pequenas apostas,
109-112
apertando o botão de ir
(comprometendo-se), 113-
118
motivos do fracasso, 126
tolerância ao risco, 120
obstáculos transformados em
pontos fortes, 130-136
estabelecendo índices de
fracasso, 118-123
Yates e Laskey, a história de,
113-117
"sim... e", improvisação,
128-130
Adeus às armas (Hemingway), 108
fast-food, 49-50. *Ver também* Chipotle
Ferdowsi, Arash, 68-69
fertilidade, 101-103
FICO, pontuações, 103-104
FieldLink, 82
caças/pilotos, 83-85, 93. *Ver também*
Boyd, John
encontrar a lacuna (habilidade
essencial), 197. *Ver também* Arquitetos;
Integradores; Polinizadores
    analogia como forma de
    descoberta, 29-30, 32-33, 35
    anormalidades, fazendo uso
    de, 45
    Blakely, a história de, 44-46

Índice remissivo

conceito, 18-19
curiosidade, 23-25, 55-56
Ells, a história de, 47-51
primeiros princípios,
racionalização a partir dos,
37-45
integração, inovação por
meio da, 48-49, 51-53
Kamen, a história de, 26-27
Langer, a história de, 30-31
Maybank e Wilson, a história
de, 53-55
Musk, a história de, 23-25,
35-41
identificação de problemas,
46
perguntas a fazer, 55
Schultz, a história de, 27-29
FIRST (For Inspiration and
Recognition of Science and
Technology), 27
primeiros princípios, racionalização a
partir dos, 38-40
Fishbach, Ayelet, 64
Fitbit, 140
treinamento, tecnologia de, 78
equipes-relâmpago, 156-162, 198
Flexcar, 71
flexível, persistência, 99
gripe, pandemia de, (1918), 170
dominar o ciclo OODA (habilidade
essencial), 81-106
agir, passo, 85, 87-90
Boyd, a história de, 83-86
conceito, 19
decidir, passo, 85, 88
definição, 83-85
infinito, 105-106
LinkedIn, a história do, 83,
87, 98-99
observar, passo, 85-86
orientar, passo, 85, 86-87
Palantir Technologies, a
história da, 83, 94
PayPal, a história da, 83, 85-
96, 99, 101, 103-105
desenvolvimento de equipes,
92-105

Yelp, a história da, 83, 94,
95-97, 200
YouTube, a história do, 83,
97-98
Flynn, Frank, 189
Foldit, 169-170
Folkman, Judah, 176-177
Footless Pantyhose, 45
Ford Motor Company, 125
For Inspiration and Recognition of
Science and Technology (FIRST),
26-27
Founders Fund, 83, 99, 122
Fowler, James, 183-184
Frank, Michael, 51
Freelancer.com, 158
Freelancers Union, 158
Free Willy, 148
liofilizado, café, 28
Fuelband (Nike), 140
Fuhu, 66
Fujioka, Robb, 66
Fulks, Kip, 10
funcional, fixação, 51
Fuseproject, 144
future, foco no. *Ver* olhar para a frente

jogos, teoria dos, 168-171, 185, 191-
194
lacunas, encontrando. *Ver* encontrar a
lacuna
The Gap, loja, 167
Gartner, 170
Gebbia, Joe. *Ver também* Airbnb
fundação da Airbnb, 12-13
expansão da Airbnb, 72-73
inspiração para a Airbnb, 12
sobre "lucratividade
instantânea", 11-12
sobre complexidade, 61
sobre crescimento, 60
sobre sair da zona de
conforto, 109
Gel Conference (2007), 112-113
General Electric, 152-153
General Motors, 40
generosidade, 178-179. *Ver também*
fazer pequenos gestos de bondade

Geni.com, 3, 103
Gentner, Dedre, 30
Georgia Tech, 11
Gettings, Nathan, 99. *Ver também*
Palantir Technologies
Getzels, Jacob, 46
Gick, Mary, 34
fazer pequenos gestos de bondade
(habilidade essencial), 175-194
    conceito, 19-21
    cooperação, 182-184, 191-193
    Hoffman, a história de, 184-187
    interativa, 188-189
    Langer, a história de, 175-177, 179-182, 188
    construção de relacionamentos, 177-179
    e reputação, 178, 192-193
    tempo/esforço para, 188
    Corolário de Weed para a Lei de Moore, 189-191
    quem ajudar, 188
Gilt Groupe, 53-55, 189
Glenn, John, 39
Gliadel Wafer, 181
Glow101-102
Gmail, 121
metas, 64, 69. *Ver também* olhar para a frente
"botão de ir" (compromisso), 113-118
Boa noite e boa sorte, 198
Google, 32-33, 98, 101, 121
GoPro, 66
Gore, Al, 197
Graham, Paul, 109
Greek yogurt, 58-60. *Ver também* Chobani
Greenfield, Richard, 128
Grove, Andy, 74-75
crescimento x mentalidade fixa, 134-135
Gupta, Ankit, 150-151
Gutenberg, Johannes, 29

Haiti, terremoto no, (2010), 156-157
Hamlisch, Marvin, 162
Handle, 117

Harris, Blythe, 110
Harvard Business School, 159
Hasso Plattner Institute of Design (d.school, Universidade de Stanford University), 146-151
Hastings, Reed, 127-128
cardíacas, doenças, 61, 101-103
stent coronário, 26
Histórias cruzadas, 198
ajudando os outros. *Ver* fazer pequenos gestos de bondade
Hemingway, Ernest: *Adeus às armas*, 108
Hennessy, John, 32, 172
Herrin, Jessica, 32, 109-112, 120, 126, 199. *Ver também* Stella & Dot
Hierão II, 165
Hitchcock, Alfred: *Psicose*, 108
O guia do mochileiro das galáxias (Adams), 23-24
Hoffman, Reid. *Ver também* LinkedIn
    sobre empreendedorismo, 14-15
    sobre fracasso, 107-108, 120-121
    sobre ajudar os outros, 184-187
    domínio do ciclo OODA, 87-90, 92-93, 95, 98
Holden, Mark, 171
Hollywood, filmes, 197-198
Holmes, Elizabeth. *Ver também* Theranos
    sobre propósito, meta de longo prazo, 16, 63, 199
    sobre fracasso, 108-109
    criação da Theranos, 15-16, 61-64
Holyoak, Keith, 34
Horowitz, Sara, 158
HOTorNOT.com, 97
HourlyNerd, 158-159
House of Cards (Netflix), 128
Houston, Drew, 67-69, 199. *Ver também* Dropbox
Hovey, Dean, 148
Hudson, Charles, 121-123
Hui, John e Steve, 66

Índice remissivo

Human-Computer Interaction Institute (Carnegie Mellon University), 117-118
Hurley, Chad, 14, 97-98, 186. *Ver também* YouTube
HVF (HardValuable Fun), 83, 101

iBot, 26, 142
IDEO, 107, 146, 148
IGOR, 91, 101
iMac, 78
improvisação, 72-73, 123-30
Incas, 30
inconveniente, Uma verdade, 197-198
infertilidade, dados de, 102
pandemia de gripe (1918), 170
InnoCentive, 162-165
inovação/improvisação, 73-74
In-Q-Tel, 61, 70, 119
InSTEDD (Innovative Support to Emergencies, Diseases, and Disasters), 156-157
InStyle, 55
Integradores, 47-56. *Ver também* encontrar a lacuna (habilidade essencial)
    características dos, 48-49
    Ells, a história de, 47-51
    pensamento janusiano, 52-53
    Maybank e Wilson, a história de, 53-55
    inovação, 51
analistas de informações, 99-100, 119-120
Intel, microprocessadores, 31, 75
Estação Espacial Internacional, 39, 40
sample sales, conceito de 53
iPad, 150-151
iPhone, 67, 96-97
iPod, 79
Isaacson, Walter, 79
iTunes, 79
JAMBOX, 144
janusiano, pensamento, 52-53
Jawbone (*antiga* Aliph), 67, 136-137, 139-140, 143-146
JetBlue, 17, 130-133

Jobs, Steve, 78-79, 151. *Ver também* Apple
Jurvetson, Steve, 124

Kamen, Dean, 26-27, 133, 142. *Ver também* DEKA; FIRST
Kandoo, 191
Karim, Jawed, 14, 97-98, 186. *Ver também* YouTube
Karp, Alex, 99-100. *Ver também* Palantir Technologies
Kelleher, Herb, 130
Keller, Helen, 139
Kelley, David, 107, 146-149, 151
Kembel, George, 150
Kiva.org, 187
Klibanov, Alex, 180
Knight, Phil, 2. *Ver também* Nike
Koo, Minjung, 64-65
Kothari, Akshay, 150-151
Kunz, Phillip, 182-183

Lakhani, Karim, 164
Langer, Bob. *Ver também* Langer Lab
    no Boston Children's Hospital, 176
    carreira de, 176
    sobre colaboração, 181-182
    empresas fundadas por, 176, 181
    sistema de administração de medicamentos criado por, 30-31
    fazendo pequenos gestos de bondade, 188
    pesquisa de polímeros conduzida por, 31, 177-178, 180-181
Langer Lab (Massachusetts Institute of Technology), 30, 175-176, 182
Laskey, Alex, 15, 123-130, 197. *Ver também* Opower
lean startups, 105
Levchin, Max. *Ver também* PayPal
    criação da Affirm, 101-103
    histórico de, 14, 81
    empresas fundadas em

O código dos criadores

parceria por, 82, 95
sobre empreendedorismo, 200
criação da HVF, 101-103
criação da Glow, 102-103
criação/expansão da PayPal,
82-83, 89-92
sobre trabalho em equipe,
93-94
Levy, Ellen, 185
Life Technologies, 162
Lincoln, 198
Lindbergh, Charles, 162
LinkedIn
e teoria dos jogos, 185
papel do ciclo OODA na,
83, 87-88, 98-100
aquisição do Pulse, 151
indicações no, 188
transparência no, 179
Little Busy Bodies, 191
empréstimos, 103
local, busca, 141
Lockheed, 37
Lonsdale, Joe, 199. *Ver também* Palantir
Technologies
sobre fazer pequenos gestos
de bondade, 188
fundação em parceria da
Palantir, 94, 99-100
sobre PayPal, 94, 99
Louie, Gilman, 61, 70 119. *Ver também*
In-Q-Tel
Luke Arm, 26
respiratórias, doenças, 63
Luxe Jewels, 110
luxo, moda de, 53-55

MapMyFitness, 78
Marte, viagem a, 40
desafio do marshmallow, o, 112-113
marciano, oásis, 36
Mary Kay, 32, 110
"Matemática da Evolução", 192
Matisse, Henri, 199
Maybank, Alexis, 53-55, 56, 179, 189.
Ver também Gilt Groupe
McGonigal, Jane, 168
McMahon, Russell, 164

Mechanical Turk, 193
Medicare/Medicaid, 63
Menlo Ventures, 121
Mercedes Classe A, 125
motor caseiro, 38
Methodfive, 35
Meyer, Dan, 191
Microsoft, 105
MiGs, 83-84
MIT (Massachusetts Institute of
Technology), 30, 175-177
MIT Sloan, 73
molecule.com, 163
transferência on-line de dinheiro. *Ver*
PayPal
Moore, Gordon, 75
Morris Air, 130
Moses, Marsha, 181
Moss, Olly, 167
motivação, 64-65. *Ver também* visão
prospectiva
Mozilla Corporation, 186-187
equipamento de imagem por
ressonância magnética (IRM), 151-
152
Mueller, Tom, 36, 38
Murray, W. H., 195
musicais, 161
Musk, Elon, 46. *Ver também* PayPal;
SolarCity; SpaceX; Tesla Motors
histórico de, 14, 23-25
projeto de carro elétrico de,
40-41, 123-127
sobre fracasso, 108, 123-126
sobre racionalização a partir
dos primeiros princípios,
37-42
projeto de foguete de, 36-37,
142
sobre energia sustentável,
127
Musk, Kimbal, 23-25, 123
MySpace, 98
Nabi, tablet, 66
NASA, 36, 39-40
National School Lunch Program, 159
nazista, código, 141
Neeleman, David, 130-133. *Ver*

Índice remissivo

também JetBlue
Nehemiah Manufacturing, 191
Neiman Marcus, 42, 44
Nest, 146
Netflix, 127-128
unir esforços intelectuais (habilidade
essencial), 139-173
    diversidade cognitiva, 140-
    143, 153-154
    os espaços compartilhados,
    143-153
    conceito, 19-20
    Dietz, a história de, 151-153
    experiência com grupo
    diverso, 154-156
    equipes-relâmpago, 156-162,
    198
    via jogos, 168-172
    Kelley, a história de, 146-
    149, 151
    Nickell, a história de, 165-
    168
    esforço e ganho, 153-156
    prêmios/competições, 162-
    168
    Rahman, a história de, 139-
    140, 143-147
    T, pessoa em forma de, 172-
    173
Newmark, Craig, 32
New Media Underground Festival,
166
Newsom, Gavin, 134
Nguyen, Phong, 53. *Ver também* Gilt
Groupe
Nickell, Jake, 165-168, 188, 198. *Ver*
também Threadless
Nike, 10, 30, 140, 148
Niman Ranch (perto de São
Francisco), 50
11 de setembro, ataques de (2001), 99
Nobel, Prêmios, 142-143
Nokia Ventures, 82
Northwestern University, 154
nostalgia, 74-79
Nova Pharmaceuticals, 180
Inovação50-51
Nowak, Martin, 191-193

Obama, Michelle, 161
oDesk, 158
Ogbogu, Eric, 9
Oil Spill Recovery Institute, 164
Olafsson, Gisli, 156
Oliver, Jamie, 161
Omidyar, Pierre, 17, 32, 120, 195-196.
Ver também eBay
OODA, ciclo, (observar, orientar,
decidir e agir), 81-106
Opower, 15, 115-116, 197
opostos, combinação de, 51-52
Orange Is the New Black (Netflix), 128
Orteig, Prêmio, 162
Page, Larry, 32-33. *Ver também* Google
PageRank, 32-33
Palantir Technologies, 83, 94, 99-100,
142
Palm Pilots, 82, 87-88
Palo Alto Utilities, 115
Paltrow, Gwyneth, 45
Pampers, 191
Pandora, 121
meia-calça sem pé. *Ver* Spanx
Participant Media, 197-198
PayPal
    fundação/crescimento da, 14,
    25, 35
    papel do ciclo OODA na,
    83, 86-96, 99, 103-106
PayPal, máfia da, 83, 95, 105-106. *Ver*
também Levchin, Max; Musk, Elon;
Thiel, Peter
persistência, 123-128
P&G (Procter & Gamble), 183–85
PHD, 170-171
Phillips, Katherine, 153-156
Picasso, Pablo, 48
Pickens, Julie, 191
pilha, classificação em, 141
Plank, Kevin
    expansão da Under Armour,
    76-78
    criação da Under Armour,
    10-11, 76-77
    histórico de, 9-11
    Cupid's Valentine, 198

sobre olhar adiante, 61
PlumpJack Group, 134
pólio, 172
polímeros
nos tratamentos contra o câncer, 177, 181
em microchips humanos, 31
para renovação da pele/medula espinhal, 182
para bandagens cirúrgicas, 31
Popovi⊠, Zoran, 168-171
Popular Science, 162
Posen, Susan, 189
Posen, Zac, 189
Power Panties, 45
Prisioneiro, Dilema do, 192
prêmios/competições, 162-168
The Producers, 162
Programa de Dinâmica Evolutiva (Universidade de Harvard University), 191
PSA, exame de, 63
proteínas, dobrar, 169-170
protótipos, 147-149
Psicose (Hitchcock), 108
Publicis Omnicom Group, 170
Publix, 60
Pulse News, 151

Questbridge, 187

Rahman, Hosain. *Ver também* Jawbone
sobre acreditar em si mesmo, 200
sobre resolução de problemas com diversidade de talentos, 143-146
criação da JAMBOX, 144
fundação em parceria da Jawbone, 67, 136, 139, 140
UP, criação da pulseira, 139-140, 144-145, 179
Ramscar, Michael, 51
Rand, David, 193-194
Raptor, 100
Rasmussen, Eric, 156-157
RAV4, 125
Raytheon, 37

Redfin, 121
indicações, 188
relacionamento no ambiente de trabalho. *Ver* fazer pequenos gestos de bondade
reputação, 179, 190-193. *Ver* fazer pequenos gestos de bondade
pesquisa, metodologia de, 205-208
Ressi, Adeo, 35
retroviral, protease, 170
avaliações on-line. *Ver* Yelp
Revolution Foods, 159-160, 200
Richmond, Kristin Groos, 159-160. *Ver também* Revolution Foods
risco, tolerância ao, 120
Rive, Lyndon e Peter, 41
Roberts, Julia, 45
robôs, competições para criar, 26-27
Roche USA, 162
foguetes, 37-38. *Ver também* SpaceX
Rodgers e Hammerstein, 161
Room 9 Entertainment, 102
Rothenberg, Albert, 52
tênis de corrida, 29, 77
Ryan, Kevin, 53. *Ver também* Gilt Groupe

Sabrejets, 83
Sacks, David, 86, 88, 89, 90, 95, 103-105. *Ver também* Paypal; Yammer
Sacramento Municipal Utility District, 115
Salk, Jonas, 56
Schmidt, Eric, 121
almoços escolares, 160-161
Schultz, Howard, 27-29
tela, nomes de, 98
motores de busca, 34-25, 32-33
Segway, 26, 133, 142
setembro, ataques de 11 de, (2001), 99
Colonizadores de Catan, 187
70-20-10, fórmula de gestão, 121
compartilhada, economia, 71. *Ver também* Airbnb; Zipcar
Shopkick, 187
ShopRite, 59
Silicon Valley Connect, 185
Simmons, Russell, 95. *Ver também* Yelp
Siri, 121

Índice remissivo

seis habilidades essenciais dos criadores, 16-21, 195-197, 203-204. *Ver também* encontrar lacuna; olhar para a frente; dominar o ciclo OODA; fracassar com inteligência; unir esforços intelectuais; fazer pequenos gestos de bondade
skate, 73
Skillman, Peter, 112-113
Skoll, Jeff, 195-196, 197-198. *Ver também* eBay; Participant Media
Slide, 83, 101
Slingshot, 142
Smart carro, 125
smartphones/tablets, 67, 144-145, 146
snowmobiles, 86
social, contágio, 183
SocialNet, 93
sociais, redes, 45, 98. *Ver também* Facebook
SolarCity, 25, 41, 83
solares, painéis, 41
Source, jogo, 170-171
Southwest Airlines, 130
viagem espacial, 35-36, 38-40
SpaceX, 14, 25, 38-40, 83, 125, 142
Spanx, 14, 41-45, 66, 188
Square, 45
Staffing Industry Analysts, 158
The Stanford Review, 92
Starbucks, 27-29
Stella & Dot, 32, 109-112, 126
Stoppelman, Jeremy, 15, 94-96. *Ver também* Yelp
Stop & Shop, 60
Storably, 122
sucesso, histórias de. *Ver* criatividade
Polinizadores, 24-35. *Ver também* encontrar a lacuna (habilidade essencial)
    conceito de analogia usado pelos, 29-35
    características dos, 27
    Kamen, a história de, 26-27
    Langer, a história de, 30-31
    Omidyar e Skoll, a história de, 195-196
    conceitos ultrapassados

renovados por, 32-35
    Schultz, a história de, 27-29
    maneira de pensar dos, 34-35
SunNight Solar, 164
Sureshan, Kana, 164
SUVs de luxo, 52
Szent-Györgyi, Albert, 23

di Tada, Nico, 156
TB Alliance, 164
trabalho em equipe, 92-105. *Ver também* unir esforços intelectuais
Tesla Model S, 125-126
Tesla Motors, 25, 83, 124-127, 200
Tesla Roadster, 123
Tetris, 169
Obrigado por fumar, 103
Theranos, 15-16, 61-63
Thiel, Peter. *Ver também* Palantir Technologies; PayPal
    histórico de, 14
    e Hoffman, 186
    unindo esforços intelectuais, 142
    utilização do ciclo OODA, 81-83, 86-88, 90-95, 99, 105-106
    sobre dinâmica de equipe, 121
    sobre singularidade, 200
Thoreau, Henry David, 57
Threadless, 165-168
3M, 74
Tobey, Kirsten Saenz, 159-160. *Ver também* Revolution Foods
Tower, Jeremiah, 47
Toyota, 125
transparência, 178-179
Trulia, 121
exposições em casa. *Ver* Stella & Dot
T, pessoas em forma de, 172-173
Twitter, 45

Uber, 121
Ulukaya, Hamdi, 14, 59-60, 188. *Ver também* Chobani
Under Armour, 10-11, 61, 76-78, 198
Unilever, 171

Universidade de Illinois, Urbana-Champaign, 93
Universidade da Carolina do Norte, 11
UP, pulseira, 139-140, 144-145, 179
Urban, Glen, 70
Uzzi, Brian, 161-162

Vacanti, Joseph, 182
Valencia, Don, 28-29
Valencia, Pedro, 182
"Massacre do Dia dos Namorados", tempestade de neve (2007), 130-132
van Gogh, Vincent, 108
Velcro, 29
capitalistas de risco, 121, 124
vídeos on-line. *Ver* YouTube
Visa, 89
Vogue, 55
von Hippel, Eric, 73

Walgreens, 16, 63
Ward, Thomas, 51-52
vestir, dispositivos de, 144-146. *Ver também* Jawbone
Web 2.0, 95
Corolário de Weed (Jeff Weedman) para a Lei de Moore, 189-191
Whitman, Meg, 89
Wilson, Alexandra Wilkis, 53-55, 117, 189. *Ver também* Gilt Groupe
Woodman, Nick, 66
Segunda Guerra Mundial, 141
Wrapp, 187

Xapo, 187
X.com, 25, 83, 90, 105

Yahoo, 65
Yammer, 83, 103-105
Yates, Dan, 114-116, 197. *Ver também* Opower
Y Combinator, 68, 109
Yelp, 15, 83, 94-97, 200
Yelp Monocle, 97
"sim... e", improvisação, 123-130
iogurte, 58-60. *Ver também* Chobani
Yoplait, 59-60
YouTube, 14, 83, 97-98, 186

Zip2, 24
Zipcar, 15, 70-72
Zuckerberg, Mark, 65-66, 186. *Ver também* Facebook